U0453144

吉林大学哲学社会科学银龄著述资助计划

潘 石◎著

# 潘石文集 第三卷
## 通货膨胀与通货紧缩及财税金融改革研究

中国社会科学出版社

**潘　石**，1944年4月出生于黑龙江省五常市，1964年8月考入吉林大学经济系政治经济学专业，1969年8月毕业后留校任教。1987年、1990年因教学科研成果优异分别破格晋升副教授、教授；1992年起享受国务院政府特殊津贴，并获宝钢优秀教师奖；1993年被国务院学位委员会审批为博士生导师；1998年被评为吉林省有突出贡献中青年专家。曾长期担任吉林大学经济研究所所长、教授、博士生导师，兼任中国民营经济研究会理事、吉林省工商业联合会执委、吉林省政治经济学会副理事长、长春市社会科学界联合会副主席。

主要从事政治经济学、社会主义经济理论与实践研究、《资本论》研究、制度经济学研究等课程教学工作，培养硕士研究生70余名、博士研究生59名。

科研方向为社会主义经济理论与实践研究。主持国家社科基金项目2项、教育部哲学社会科学研究重大课题2项、教育部博士点基金项目2项、省级课题十余项。在《经济研究》《中国社会科学》《管理世界》《世界经济》《财贸经济》等刊物上发表论文300余篇，多篇被《新华文摘》《社会科学文摘》《经济学文摘》及中国人民大学复印报刊资料转载；出版著作（含独著、合著）十余部。获全国高等学校首届人文社会科学研究优秀成果奖二等奖一项，获吉林省人民政府设立的优秀论文一等奖七项、优秀著作二等奖一项。

# 目 录

(第三卷)

## 一 通货膨胀与通货紧缩问题研究

关于目前我国通货膨胀的几个理论认识问题……………………（3）
通货膨胀与通货紧缩的"可容忍区间"及"交替性"分析……（25）
人口因素不是通货膨胀的原因
　　——与黄中发同志商榷…………………………………（35）
通货膨胀螺旋类型、形成机理及治理对策………………………（38）
中国通货紧缩：定义与成因分析…………………………………（53）
通货紧缩预期对我国经济发展的影响及应对策略………………（70）
西方通货紧缩理论评析……………………………………………（84）
通货膨胀预期与通货膨胀加速的关系及治理对策………………（99）
控制总需求膨胀是制止通货膨胀的首要任务……………………（109）
中国通货紧缩与经济周期波动……………………………………（123）
关于"高增长、低通胀"问题的思考……………………………（136）
通货紧缩与农业结构调整…………………………………………（147）
"工资—物价螺旋上升"之机理、效应及对策…………………（153）
论预期对中国通货紧缩的影响……………………………………（167）
西方通胀与失业关系理论评述及借鉴……………………………（188）
总需求控制论………………………………………………………（200）

# 关于目前我国通货膨胀的几个理论认识问题

## 一 要充分认识西方通货膨胀理论的局限性

改革开放以前，我国在理论上基本否定社会主义经济有通货膨胀，认为它是资本主义国家搜刮民脂民膏，对国民收入进行有利于资产阶级再分配的有力工具，是资本主义制度的必然伴侣，是资本主义经济周期发挥作用的客观结果；社会主义制度下实行计划经济，国家直接控制货币发行量并对市场上流通的货币量进行计划调节，一般不会发生通货膨胀，即使发生，也是偶然的。因此，对社会主义经济中的通货膨胀问题，很少进行系统的理论研究与探讨。

改革开放以后，我国急切地盼望现代化，试图把"文化大革命"造成的巨大损失及丧失的时间尽快夺回来，因而奉行了一条经济"赶超"战略。为了加快经济发展速度，自然要扩大投资，扩大基本建设规模。为了支撑庞大的基建规模，国家连年出现财政赤字；在"拨改贷"改革之后，银行的信贷规模也急剧扩大；再加上价格改革的推进，许多商品的市场价格放开，原来被计划经济体制强行压制的物价水平很快得到释放，开始大幅度上涨，经济生活中出现了明显的通货膨胀。

实践呼唤理论。通货膨胀的现实，迫切需要人们从理论上给予阐释与回答。于是，我国经济理论界开始较系统地分析研究社会主义经济中通货膨胀发生的条件、原因、传导机理及治理对策等有关理论问题。

由于我国长期否认社会主义经济有通货膨胀，理论研究十分滞后，因而一开始便很自然地引进西方研究成果。西方通货膨胀理论已经形成了体系，从通货膨胀形成机理角度看，主要有以下诸看：(1)"需求拉动说"；(2)"成本推进说"；(3)"货币数量说"；(4)"政府行为说"；(5)"广理性预期说"；(6)"市场垄断说"；(7)"混合因素说"；等等。这些理论是对资本主义通货膨胀的现实描述及理论概括。它们各从不同的侧面揭示了通货膨胀的生成原因，进而阐明了相应的治理对策，具有一定的科学性及很大的适用性。尤其是第二次世界大战后，愈来愈多的资本主义国家依据上述理论同高通货膨胀作战，取得了明显的效果，一些国家甚至创造了低通货膨胀率、高经济增长率的"奇迹"。

从一般意义上讲，上述通货膨胀理论，对我国来说也是适用的。在分析我国通货膨胀的生成机理时，也是可资借鉴的。道理很简单，通货膨胀作为一种货币现象，是商品经济运行失衡的共有现象，它不为某种社会制度所特有。无论是资本主义还是社会主义，只要商品经济运行严重失衡，就必然出现通货膨胀。改革开放以来，我国发生的几次通货膨胀无一例外是商品经济运行严重失衡的结果。因此，采用西方通货膨胀理论可以并且有助于我们从一般性上揭示我国通货膨胀的生成机理及传导机制。对西方通货膨胀理论采取排斥、否定的态度，是错误的。

但是，是不是西方通货膨胀理论对我国就完全适用、完全有效呢？有些同志对此作肯定的回答。我认为，这是不妥当的。必须清醒地认识到，西方通货膨胀理论在我国的应用有很大的局限性，因为中国的国情、社会制度、经济体制与经济结构以及消费观念等都与西方国家有很大的不同。这些因素会使中国的通货膨胀在生成机理及传导机制方面与西方国家的通货膨胀大相径庭，所以，简单地搬用西方通货膨胀理论来分析和阐明中国通货膨胀的生成机理和传导机制，不仅解决不了通货膨胀，反而会使其愈演愈烈。

这里，不妨以"成本推进说"为例加以分析说明。"成本推进说",是西方通货膨胀理论的重要组成部分。现今有不少学者运用"成本推进说"来分析我国目前通货膨胀的成因,甚至有的学者公开称,目前我国的通货膨胀就是"成本推进型"的。对此,1989年笔者就持怀疑和否定态度,这次通货膨胀虽然与那次相比有许多不同点,但仍没有足够的事实令我改变原来的观点及看法。

"成本推进说"的核心在于说明通货膨胀的生成机制或根本原因在企业。这在资本主义制度下是无可争辩的事实,因为资本主义企业确实存在着生成通货膨胀的机制,主要表现在两方面。第一,企业是完全独立的市场主体,并且为资本家或资本家集团所有,它们完全可以依据市场供求变化自行确定商品价格,尤其在形成垄断的情况下,它们为最大限度获取利润,往往实行垄断高价。企业掌握着完全的价格决策权,又要追求利润最大化,这就必然产生价格上涨刚性,推动物价水平不断上涨。第二,$V$ 和 $m$ 是对立的,工人阶级力求 $V$ 的最大化,资本家则力求 $m$ 的最大化。由于工会力量增强,斗争有力,使 $V$ 部分提高与增大。"工会依靠集体行动,比如罢工或其他的破坏生产的形式,与单独行动的个人相比,能够把大得多的费用强加到雇主头上。""政府政策的选择权就限于要么尽力控制工会运用其权力,要么允许通货膨胀继续上升。"[①] 把通货膨胀归罪于工会斗争,归罪于工人阶级,这再鲜明不过地表达了这种理论的阶级倾向性。目前,我国企业与资本主义企业的不同是显而易见的。除了所有制关系不同这一本质区别,还在于企业目前仍没有成为独立的市场主体,要达到这一目标尚需走很长一段改革之路。再说,公有制企业内部不存在劳资对立关系,$V$ 与 $m$ 不像资本主义企业那样尖锐对立与冲突,两者是统一的,工人阶级用不着也没有必要用斗争的方式去追求 $V$ 的最大化。到目前为止,国家一直控制着工资总额,企业尚不能完全自主地决定职工工资收入。因此,可以说,目前我国的公有制企业尤其是国有企业不存在工资推

---

① [英] 理查德·杰克曼,[英] 查尔斯·马尔维,[英] 詹姆斯·特里维西克:《通货膨胀经济学》,程向前、袁志刚译,上海译文出版社1991年版。

进式通货膨胀的生成机制。

对企业成本增大也要具体分析，不能笼统地说它是造成我国通货膨胀的原因。首先，可以肯定我国并不存在工资（$V$）的膨胀。所谓工资（$V$）的膨胀，在我看来是指工资增长超过劳动生产率增长而出现的工资过度扩张或不合理增大。随着企业生产的发展，职工的工资（$V$）应逐步提高，而职工工资（$V$）的提高，确实会使企业成本增大，这都是正常的合理的，不能视为通货膨胀的原因。我国长期实行低工资制度，在 20 世纪六七十年代由于天灾人祸等多种原因，有 10 多年时间职工没增加工资。改革开放后，党和国家十分关心职工生活，多次调整与提高职工工资，在很大程度上具有"弥补"性质。其一，弥补过去长期不涨工资的欠账；其二，弥补多次调高农副产品价格，职工生活费用提高的缺口，以保障职工实际生活水平不致下降。从较长时期看，我国不仅不存在工资膨胀，而且是工资增长过于缓慢，是世界上工资最低的国家之一。有的学者指出，我国 1952—1987 年"职工实际平均工资，年递增率仅为 1%—2%，在全世界是增长最慢的国家之一"。1988 年我国发生严重的通货膨胀，使得"全体职工实际平均货币工资比上年降低近 2 个百分点，34.9% 的家庭实际收入下降"。1989—1992 年上半年，我国又经历了长达三年之久的"市场疲软"和经济不景气，职工工资基本没有上升，并且承受着 1988 年高通货膨胀所带来的损失。1993 年大幅度调升政府公务人员、事业单位职工工资，实际上新一轮通货膨胀已经开始了。职工增加的工资尚未到手，市场物价早已大幅度升上去了。这次调高工资尽管幅度较大，但由于它一方面要弥补 1988 年通货膨胀给职工实际收入造成的损失；另一方面又要抵御目前发生的这一轮通货膨胀给职工造成的实际收入下降，所以，这里 $V$ 的增大完全是为了应对通货膨胀，不能视作通货膨胀生成的原因或根源。如果判定我国职工工资增长过快、过度膨胀，并已构成通货膨胀的生成原因，那么治理通货膨胀就理所当然要控制和压缩职工工资增长。现在职工的工资已经承受不了过高的通货膨胀，再压缩和控制工资增长，就会使职工的实际生活水平进一步下降，达到一定限度势必引起社会震荡。

成本增长过快，不在于职工工资（$V$）增长过快，而在于工资外收入过度膨胀。改革开放以来，各单位、各企业竞发奖金、实物，且攀比之风愈来愈盛；某些部门还利用"行业特权"大发"红包"、钱物，且有无可遏止之势。据统计，1990—1993年每年工资外收入增加约2448亿元，工资外收入增长远远超过工资收入增长，这是极不正常的。工资外收入在社会各阶层之间的分配是极不合理的，存在着严重的社会分配不公。有的人做一个广告、唱一首歌，几万元、几十万元，甚至上百万元。而有的人讲一天课、谱一首曲才十几元、几十元。这里，我们绝不是说所有的工资外收入都不合理，而是强调"工资外收入"这一块里问题特多，它的过度膨胀是加剧通货膨胀的一个重要因素。治理通货膨胀，应当对它进行有效的清理或抑制。

成本增大，确实同生产资料（$C$）价格上涨有直接关系。但这也要具体分析，不能一概视作通货膨胀的生成原因。构成产品成本的重要组成部分的原材料及燃料动力，其原来的价格是长期偏低的。经过国家几次调整，逐渐趋向合理，但按市场经济中价值规律的要求，仍没有到位。1992年以后，国家决定实行市场经济，大部分生产资料价格放开，结果许多原材料及燃料动力价格上扬，其中有相当一部分是合理的，是由于价格改革，理顺价格所致。由于基本原材料与燃料动力价格上扬，从而形成连锁反应，带动一系列中下游产品成本增大，形成市场物价水平上涨幅度过大。应当承认，我国这次通货膨胀有价格放开、成本加大并形成系列推动效应的因素在内，但能否就由此断定我国这次通货膨胀完全是由成本推动所造成的呢？回答是否定的。成本增大，形成推动价格不断上升的重要因素在于国家对生产资料市场管理失控，市场上非法寻租、投机倒把、垄断性涨价、联手哄抬物价等现象十分猖獗，各种"炒"风日甚一日。治理通货膨胀，主要应治理这些，坚决加以打击和取缔。而由于价格改革所带来的通货膨胀因素，是难以避免的，只能掌握分寸，调节力度。如果完全取缔，就无异于放弃和取消价格改革。

综上分析可见，西方成本推进理论对通货膨胀成因的分析，其立足点及归宿在于微观，将其发生的重要责任加在工会头上，公开为统治阶级的政策及利益辩护和开脱。这在西方国家资本主义制度下是很自然的。如前所述，资本主义制度下的企业确实存在着生成通货膨胀的机制。而在我国现阶段，企业不存在生成通货膨胀的内在机制，通货膨胀一般都是由于宏观原因所致，因而完全采用西方成本推进理论来阐释通货膨胀的成因，往往难以奏效，甚至谬之千里。

## 二 要正确认识我国当前通货膨胀的特点与成因

通货膨胀是一种复杂的社会经济现象，它是国民经济运行失常、失衡，各种矛盾尖锐冲突而呈现出的一种"病态"反映。把它只看作某种单一因素作用的结果，无疑失之偏颇。但认为各种引发通货膨胀的因素都是平均地起作用，无主次之分，当然也不切合实际。由于每次通货膨胀发生的历史背景、体制条件、经济基础、人们的心理预期等均不同，因而其生成的原因会大不相同，并且会呈现出明显不同的特征。这次通货膨胀与1988年通货膨胀相比，主要有以下几点不同。

第一，通货膨胀发生的市场环境不同。既然通货膨胀表现为市场物价水平持续上涨，那么它的发生就不能不与市场供求状况有直接关系。20世纪90年代以前我国发生的通货膨胀（包括1988年通货膨胀），基本上都是在卖方市场条件下发生的，即市场需求大于供给。无论是生产资料市场还是消费资料市场，都是供给短缺，需求过大，由此形成所谓的"需求拉动型"通货膨胀。但进入90年代以后，中国的市场状况发生了明显的变化，商品供求关系得到很大改善。不仅生产资料供给充足，而且消费品也极其丰富，出现了供给大于需求的买方市场。1988年，我国社会总需求大大超过总供给，供求差率高达16%；而1993年则有95%以上的商品市场供求基本平衡或供给略大于需求。可见，这次通货膨胀的"需求拉动"特征并不明显突出（当然，并不是与需求拉动无关）。

第二，金融机构对这次通货膨胀起了关键性的作用。20世纪90年代前通货膨胀（包括1988年）的发生，尽管也与金融机构有关（因为过多的货币毕竟是由银行放出去的），但那时的金融机构行为比较正常，金融市场与金融秩序没有发生明显的失常与混乱。而这次通货膨胀则不同，金融机构行为违章越轨，致使金融市场与金融秩序混乱，起了相当大的作用，在一定程度上可以说是起了关键性的作用。这主要表现在五个方面。其一，金融机构违章向非金融机构拆借与贷款，支持各地上项目"登台阶"，大建写字楼、高级宾馆、娱乐场所等，致使信贷规模急剧膨胀。其二，银行系统本身创办不脱钩公司，并且各种银行之间相互攀比，展开了一场"办企业竞赛"，企业所得基本上用于满足本系统小团体利益或某些人的私利。其三，有些银行不顾国家有关法令及政策规定，直接或间接参与炒地皮、炒股票，从事期货交易。其四，各银行机构为筹集资金，竞相开展有奖高息储蓄活动，巧立名目，进行各种集资，一时间"金融大战"硝烟弥漫。有人形象地说："80年代'炒物'，这次开始'炒钱'了。"其五，银企联手，共为实现利益最大化而搞项目、建工程，以便"利益分享"。这些都是迅速地促进投资膨胀与信贷膨胀，形成推动市场物价急剧上升的巨大力量。

第三，结构性矛盾尤为突出，特别是消费品供给结构失衡，是这次通货膨胀的一个显著特点。这次通货膨胀的初始阶段，虽然也表现出生产资料价格大幅度上扬，但并不是所有的生产资料价格都上扬，主要是钢材、水泥、砖瓦、木材、玻璃价格上扬猛烈，表现出明显的结构性特征。这主要与当时全国性大炒房地产，大建楼、堂、馆、所有关。在国家干预之后，生产资料市场很快降温，价格不仅明显回落，并且已开始出现滞销、积压、库存增加等现象。与生产资料市场相比，消费品市场也有类似情况。消费品价格涨幅巨大的，主要集中在基本消费品上，尤其是蔬菜、粮、油、肉、奶、棉花等农副产品，价格几乎是打滚似的往上翻，令人瞠目结舌，实难承受。而其他大部分消费品却供应充足，价格平稳，还有相当一部分销售疲软。这次通货膨胀充分暴露出我国的产业结构已经严重失衡，无论是生产资料的供给还是消费品的供给，都不能真正适应市场的需求。鉴于此，学术界有的同志将这次通货膨胀归纳为"结构型通货膨胀"，我认为在一定意义上是有道理的。

第四，价格改革对通货膨胀的影响程度明显增大。价格改革一直是经济体制改革的关键环节。价格改革风险极大，最直接最大的风险就是引发通货膨胀。正因如此，我国20世纪80年代的价格改革比较谨慎，一直坚持"调放结合，以调为主"的方针。市场上大多数商品价格没有放开，放开的部分也不完全，基本实行双轨价格，尽管1988年试图价格改革"闯关"，但由于引起全国大抢购和挤兑风潮，便很快刹车，进行治理整顿。可以说，整个80年代价格改革对通货膨胀的作用是很有限的，影响也不大。90年代则不同，由于1990—1993年出现了供大于求的买方市场，国家及时地放开了大多数商品价格，80%以上的商品由市场自由调节价格，并相继出台了一些市场调节的具体措施。这个时期的价格改革，基本上是以"放"为主，前进步伐之大，出台措施之多，几乎是前所未有的。80年代末没有闯过的"关口"，在90年代初特定的历史条件下较顺利地闯过了，不能不说是一个很大的成功。90年代放开价格的商品有相当大的部分是80年代不敢放开的商品，主要有能源、原材料、粮食、重要生产资料等，这些基础或"上游"产品由于其价格长期被压低或严重扭曲，一旦放开，必然呈现出强劲的涨势，并且要带动相关的"中、下游"产品价格上涨。所以90年代价格改革的步伐加快，措施增多，力度加大，对市场物价上涨所产生的推动力自然要大于80年代。据有关部门测算，1992年全国零售物价比上年上涨5.4%，其中有70%是受到价格调整及价格放开的影响；而在大中城市的物价上涨幅度中，有80%是由于价格调整及放开的作用。1993年价格改革出台的项目是较多的，它对物价上涨的影响已占到80%以上。

从上述外部特征看，这次通货膨胀显然不是某种单一类型的通货膨胀，而是由多种"病因"造成的"综合症"。为了有效地治理通货膨胀，必须认真查找"病因"，以便"对症下药"。为此，有必要深入分析我国这次通货膨胀生成的原因。

投资扩张与膨胀是这次通货膨胀的起因。投资扩张与膨胀是我国经济建设中的一个"老病"与"顽症"。我国在20世纪80年代发生的几次通货膨胀，几乎每次都是由投资扩张与膨胀引起的。其主要原因在于我国追求速度型的增长模式，而投资扩张则是实现这种模式的最好途径。投资扩张超过一定限度，便形成投资膨胀，而投资膨胀又必然带来通货膨胀，这已被实践证明是一个"通货膨胀生成定律"。我国这次通货膨胀仍是在这条"定律"支配下发生的，因为进入90年代后，我国更强烈地追求与奉行速度型增长模式。1991年下半年，随着我国经济走出紧缩中的低谷，进入加速增长阶段，投资需求迅猛增长，消费需求则增长平稳。1991—1992年全社会固定资产投资年平均增长30.5%，同期社会商品零售总额增长14%—15%。1992年春邓小平南方谈话发表后，全国各地纷纷掀起"经济跃上新台阶"高潮，到1993年春，经济已经明显"过热"，理应加强宏观调控，尤其应严格控制基建投资与货币信贷，但是，在"加速发展就是上速度"的误导下，全国投资规模严重失控。1993年全社会完成固定资产投资11829亿元，比上年增长50.6%。年末国有单位基本建设和更新改造项目的计划总投资23271亿元，比上年年末增长41.5%，扣除已完工程，未完工作量达13200亿元，增长60%。巨大的投资规模，形成强大的需求拉力，拉动生产资料市场价格全面上升，尤其是能源、交通、原材料等价格涨幅更大。1993年第一季度生产资料价格比上年同期上涨了38.2%；4月上涨48.2%，5月上涨52.9%，呈逐月上升态势。全年工业品出厂价格上涨24%，固定资产投资品价格上升28.6%．投资规模扩张与膨胀虽然带来了生产资料价格大幅度上涨，却仍未直接带来消费物价全面快速上升。因为生产资料市场与消费品市场虽然有密切的联系，但毕竟是两个市场。从生产资料市场价格上涨到消费品市场价格上涨，有一个传导过程。完成这个传导过程的作用机制，就是成本推进机制。

成本推进是我国这次通货膨胀的一个重要形成及推进机制。成本包括 $C$ 与 $V$ 两部分。前文已述，这次通货膨胀不是由于工资成本增加引起的，我国不存在工资膨胀。近年来，有的学者更明确指出，近期我国的通货膨胀不属于"工资成本推进型"，原因主要在于：在中国企业生产经营成本中，与西方国家相比，工资成本比重依然很小，尽管近几年个人收入增长较快，但还不能构成推动成本上升的主要力量。况且，相当一部分人在收入提高后并不加大生产经营成本，而表现为财富的转移，在国有企业经常表现为国有资产流失，在非国有企业更多地表现为逃税行为。这种分析是颇具见地的。成本推进对我国通货膨胀形成的影响主要表现为生产资料价格的连锁式上涨。由于生产资料价格上涨，使得消费品生产部门或企业的产品成本迅速加大或提高，从而导致消费品的市场价格上涨。如能源价格上涨推动钢材价格上涨；钢材价格上涨推动机器制造业产品成本提高，从而使价格上涨；而进行消费品生产的机器价格上涨，又会使消费品生产成本提高，从而推动消费品市场价格上涨。这种"上游"产品和基础产品价格上涨直接造成"中下游"产品成本依次递增，逐步扩张，最后导致最终产品价格大幅度上升，形成消费物价水平持续上涨，发生严重通货膨胀。近几年我国企业产品成本加大的另一个重要因素，是社会乱收费、乱摊派，企业乱摊成本。社会对企业乱摊派、乱收费，企业无奈只好打入成本；企业公款吃喝、公款旅游、公费出国等费用，也要进入成本。这些费用的大量增加，无疑会增加成本，对通货膨胀产生强有力的推动。

农副产品供给短缺，是引发我国这次通货膨胀的一个重要因素。这次通货膨胀的最突出表现是农副产品价格上涨猛烈，并且持续时间长，直接影响人民的基本生活。粮、棉、油、菜、糖等价格涨幅超过50%，甚至成倍地往上翻，到目前为止，仍无回落的趋势。我国农副产品供给短缺，主要有两个方面原因：一是社会需求量增大。其一，人口增加，对农副产品需求量增加。自1986年以来，我国进入持续10年以上的第三次人口生育高峰，每年净增人口1500多万。据分析，1987年我国增产粮食中的48.5%和增产肉类中的45.6%被新增人口吃掉。仅满足新增人口的需要，每年就需要增产粮食50亿—60亿公斤。其二，随着人民生活水平的提高，对粮食的直接消费会基本稳定，但对粮食的间接消费却会大幅度增加。人民生活质量提高，对肉、蛋、奶、酒等食品需求大增，而这些食品的生产却要消耗大量的粮食。仅酿酒一项，每年就消耗近300亿公斤粮食。养牛、养羊、养马、养猪、养鸡等所消耗的粮食比这还要多。其三，工业快速发展对农副产品需求增加。轻工业的原料80%以上来自农业。改革开放以来的15年，除少数年份外，我国轻工业每年都以两位数的速度增长，形成了对以粮、棉为主的农副产品的巨大需求。二是农副产品有效供给在减少。其原因在于四个方面。其一，耕地面积大量减少。20世纪80年代以来，我国耕地减少近6000万亩，平均每年减少500万亩，1992年减少1000多万亩，1993年比1992年减少得更多。现在全国人均占有耕地已不足1.2亩。耕地面积锐减，使农产品供求矛盾愈来愈尖锐。以粮食为例，1953年全国粮食净调出省份有21个；到1986年，净调出省份只有13个；1988年，只剩下5个省份；现在连5个也保不住了。其二，农业基础设施薄弱，抗御自然灾害的能力衰减。改革开放15年来，我国对农业的投入明显不足，农业基本建设严重落后，致使农业基础设施陈旧破损，抵御自然灾害的能力大大降低。目前我国农业每年受灾的面积达1500万—3000万公顷。近些年农村鼠虫灾横行，1989年12月7日《经济参考》报道，据商业部调查，农村贮粮被老鼠和虫子一年吃掉150亿公斤以上，相当于一个有6000万人口的省份一年的口粮。其三，农业科技落后，科技人员严重不足，科技在农业中的贡献率低。西方农业发达国家，科技在农业中的贡献率高达60%—80%，而目前我国仅为30%左右。其四，农业比较收益过低，严重损伤农民的生产积极性。近年来，我国有2亿多人口从农村盲目流出来，其中大部分为青壮年劳动力。这里尽管有合理转移的成分，但更重要的是农业生产比较收益过低，农民收入下降所致。1981年农民收入相当于城镇居民收入的

45%。随着农业生产的发展与农产品价格的提高,这一数字到1985年提高到54%。但1985年以后,政策向工业倾斜,农业基础被削弱,工农业产品"剪刀差"扩大,农民收入开始明显下降。1990年降到1981年的水平之后,1991年进一步降到41%,1992年降到38%,1993年继续下降。综上可见,农副产品需求与供给之间的矛盾在扩大和加剧,并且在短时期难以缓解,这怎能不使农副产品价格具有强劲的上涨势头呢?

地方与企业的利益刚性,驱动货币倒逼机制,逼迫银行增发货币,是我国这次通货膨胀发生的又一个重要原因。投资主体的多元化,充分调动了地方与企业投资的积极性。谁投资,谁收益。为了实现收益最大化,各地各企业竞相攀比扩大投资。这种投资利益刚性,启动了迫使银行增发货币、扩大信贷的机制。其表现主要有六点。一是地方政府与企业争项目、争投资,搞"钓鱼工程",银行若不追加投资,非但利息得不到,连原先的投资也"泡汤"了。二是企业新贷款还旧贷款利息,长期如此循环。三是企业之间形成严重的"三角债",为解开债务链,呼吁并请求银行注入资金。四是企业生产的产品不适销对路,库存积压严重,占用大量资金。企业为了维持正常生产经营必须有一定量的流动资金,解决企业流动资金不足的问题,也需要银行注入资金。五是相当数量的企业参与股票、期货、房地产的投机,有大量资金被套牢,为摆脱困境与危机,不得不向银行借贷,以求"解套"之策。据统计,全国目前有近4000亿元的投机资本,由于股市低迷、房地产冷却、期货降温,大部分被套在房地产上和股票、期货市场上。六是现有国有企业1/3明亏,1/3潜亏,这2/3的亏损企业多数濒临破产,企业给职工放长假,开不出工资。为保障职工基本生活,维持社会安定,银行不得不发"安定团结贷款",仅此一项,全国也得增发几百亿货币。为什么上述"倒逼"行为能够得逞?原因主要有两个:一是财政包干造成的"诸侯经济"(分税制不仅没有破除它,削弱它,反而使之更固定化,更加强化),使地方与企业具有强劲的地方主义和局部利益刚性,驱动"倒逼"机制顽强地发挥作用。二是宏观经济运行调控乏力，乃至严重失控。具体表现：一些地方为保护本地局部利益对中央的政令不能令行禁止，甚至采取"打擦边球""对着干"的政策。这两个方面原因结合起来，银行的"闸门"就很容易打开，票子大量涌出，自然要发生通货膨胀。

货币政策失误，货币投放过多，是导致我国这次通货膨胀的根本原因。一个国家的货币流通是否正常，与货币政策有直接的关系。可以说，通货膨胀的发生，大都是货币政策失误的结果，我国这次通货膨胀也不例外。因为通货膨胀总归是一种货币现象，货币不投放过多，不改变货币与商品的正常比例（例如我国经验表明：货币：商品＝1：7为正常），是无论如何都不会导致货币本身贬值的。我国流通中的货币，1978年仅有212亿元；1990年猛增到2644.4亿元，增长11.5倍；在此基础上，1991年又增发533.4亿元，比上年增长20.2%；1992年增幅更大，增发货币1100多亿元，比1991年增长34.6%。货币持续超量发行，必然促成市场价格水平全面大幅度上升，引发通货膨胀。这已成"定律"，早已被中外通货膨胀的史实所证明。

以上，我们较系统地剖析了我国这次通货膨胀生成的原因，可以说这诸多原因都同国家的货币政策失误有密切的关系。投资膨胀、信用扩张也好；成本增大，推进价格上升也好；国家赤字扩大，债务加重也好；农民收入下降，农产品供给减少也好，这些都是货币政策失误的结果。尤其是，银行违规，金融秩序混乱，金融投机猖獗，更是由于金融失控所致。因此，治理通货膨胀就应把重点放在政策调整上，变过度宽松的货币政策为适度从紧的货币政策。这里，"适度从紧"有两层含义：一是针对过度宽松而言的，意思是以前宽松过度了，现过抽紧一点；二是讲抽紧要"适度"，切不可太过、抽"死"，否则就要造成经济萎缩。当然，政策调整要依据经济发展需要和通货膨胀变化状况，具有灵活性，切不可长期一味地"从紧"下去，要适可而止。当通货膨胀明显缓和，经济发展需要货币支持时，应及时施行适度松动的货币政策，以利于扩大就业和支持经济增长。

## 三　要充分认识通货膨胀的负效应

为什么通货膨胀在我国一而再、再而三地出现呢？有人认为是旧体制在作怪，只要存在旧体制，就必然发生通货膨胀。可令人不解的是，西方发达国家早已建立并实行市场经济体制，为什么仍然发生通货膨胀？可见，完全从体制上找原因未必准确。

任何政策及行动，都有一定的理论作基础。沿着政策理论向深层挖掘，我们发现我国的通货膨胀是有理论支撑的，这就是"通货膨胀无害论"，或"通货膨胀有益论"。

我们这里特别强调：治理通货膨胀必须从理论根基上破除"通货膨胀无害论"，充分认识通货膨胀的祸害（负效应）。时下，我国反通货膨胀的论文相当多，可专门系统论述通货膨胀的祸害（负效应）者却不多见。只有把通货膨胀的祸害（负效应）搞深讲透，让人们视之为仇敌，才能自觉地抵制与克服通货膨胀。鉴于此，本文试图对通货膨胀的祸害（负效应）作较系统深入的分析。

### （一）通货膨胀使市场价格信号失真，对社会资源的配置起误导作用，造成社会资源的损失与浪费

在市场经济中，市场机制充当经济活动的基本调节者，对社会资源的合理配置起着基础性的作用。市场机制主要包括供求机制、价格机制、竞争机制等，它们结合起来，共同调节社会资源的合理配置。其中，价格机制对企业起着导向作用，这种导向作用主要通过价格信号功能来实现。所谓"市场引导企业"，即是市场价格信号对企业的引导。在一般情况下，即在价值规律正常发挥作用的条件下，某种商品市场价格上升，厂商们便会断定该商品已供不应求，生产与经营该商品有利可图，于是他们纷纷投资于该种商品的生产与经营，社会资源便因此流入该种商品的生产与经营领域；反过来，某种商品的市场价格下跌，厂商们便会断定该商品已供过于求，生产与经营该种商品已无利可图，于是他们不把资金投入该商

品的生产与经营，已投入的便设法尽快地撤出来，转投到有利可图的商品生产与经营领域。市场价格机制通过它的信号功能自动引导企业进行正确生产经营决策，调节社会资源在各种商品生产与经营上进行合理配置。但是，通货膨胀一来，价值规律正常发挥作用的条件与机制便遭到了破坏。市场价格的飞涨，使它既不反映商品价值，也不反映市场供求，如一件T恤衫几千元，一支口红几万元。这种严重扭曲失真的价格信号，必然对商品的生产与经营者产生误导，使他们作出错误的生产经营决策。他们如果真的将大量资金投入T恤衫和口红的生产与经营上去，势必要造成巨大的损失与浪费。因为，这种扭曲或失真的价格不会长久存在，价值规律的作用要求供给与需求大体平衡，价格基本与价值相一致。一旦价格与价值基本一致，原来投到T恤衫与口红生产与经营上的资源，就要有相当的一部分白白地损失与浪费掉。

**（二）通货膨胀使所有既定的计划、合同难以实现，扰乱社会经济正常运行秩序**

我国的社会经济活动是靠各种计划、合同联系起来，按照一定规则有序运行的。企业要履行同国家签订的计划与合同，企业之间也要严格按合同办事，企业内部也要实施各种计划与合同。这些计划与合同都是在先前某一时点，在一定的市场物价水平下确定的。现在，通货膨胀一来，它们首先受到冲击。由于市场物价水平大幅度上升，这些计划与合同就难以实现。社会上一部分企业不能如期兑现合同，就会使更多的企业合同难以兑现，引发愈来愈多的合同纠纷，使整个社会经济陷入混乱与困境。

**（三）通货膨胀会破坏正常的债权债务关系，使净债务人占便宜，净债权人受损失，容易引起债务危机**

在商品经济或市场经济中，各市场主体或各单位之间发生各种债权债务关系，是正常的。借款人（债务人）必须如期还款，并按规定支付利息，贷款人（债权人）的权益才能得到保证及实现。否则，贷款人（债权人）宁肯把钱锁在保险柜里，也不肯贷放出去。贷款人（债权人）就是为了获取较多的利息，实现更大的利益，才把货币贷放出去。但是，一旦发生了事前未能预期到的通货膨胀，那么，契约中指定的货币支付的实际价值便会和双方当事人在契约缔结时所预期的不一致。如果通货膨胀比预期的更迅速，那么，货币净债务人就可获意外利润，货币净债权人则受到相应损失。这就直接造成两种反常的不合理的局面：一是负债人到期不还债，还一味地借债，助长违约赖账行为；二是债权人不得不花大量人力物力和财力进行"讨债"，其正常的利益得不到保障和实现。这种"借债有利，还款吃亏，借债不还"的失信局面会引起严重的债务危机。目前，我国经济生活中"三角债"加重，同严重的通货膨胀有着直接的关系。企业向银行贷款，到期不还，长期拖欠，并且还申请继续借贷，一个很重要的原因就在于通货膨胀使借钱者可获得"意外利润"；银行所以资金困难，甚至发生经营亏损，一个重要原因在于众多企业赖账，不支付利息，更不还老本。并且，企业之间的拖欠也愈来愈严重，已严重影响企业的正常资金周转和生产经营。要认真清理这些债权债务关系，治理通货膨胀则是一个重要前提条件，因为通货膨胀是造成债务危机的一个重要因素。

**（四）通货膨胀加剧国民收入在各个地区之间的不合理分配，使贫富地区收入差距拉大，扩大与加深地区之间的利益矛盾和冲突**

通货膨胀是国民收入超分配的结果，它一旦发生又会加剧国民收入在各个地区的不合理分配。我国几个特区及沿海地区，由于改革开放先行，享受到不少优惠，因而商品经济发展较快，成为我国的经济发达地区。这些地区的市场价格早已基本放开，市场调节作用发挥得较充分，价格与价值严重不一致的状况并不十分明显、突出。通货膨胀到来之后，市场价格虽然也有波动，但相对而言波幅要小得多。同时，由于这些地区经济发展快，人民的收入水平提高得多，因而对通货膨胀的压力感受并不强烈。相反，内地及边远一些地区，由于改革开放起步晚，经济发展严重滞后，甚至仍处在贫困落后状态，其突出表现是，受传统计划经济体制束缚，市场价格上升的幅度要大得多，而由于这些地区经济长期落后，人民收入水平较低，这就使得人民对通货膨胀难以承受。通货膨胀的分配功能主要是通过价格功能来实现的。在通货膨胀条件下，贫困落后地区人民是收入少，支出多，损失大；而发达先进地区人民是收入多，相对支出少，损失少。并且，发达先进地区由于经济条件优越，获得较多地区比较收益，不仅能弥补通货膨胀带来的损失，而且还可以乘机向贫困落后地区销售商品（廉价的商品卖高价）获取更多的利润。这样一来，经济发达地区与落后地区的收入差距、贫富差距就会进一步扩大，它们之间的利益冲突与矛盾便随之加深。这种状况，在目前的中国已成为有目共睹的事实。

**（五）通货膨胀使整个国家的个人收入分配扭曲化，产生明显的收入分配不公，使工薪阶层（尤其离退休人员）实际收入下降**

通货膨胀对个人收入分配的影响是多方面的：第一，通货膨胀率高于个人收入增长率，会造成个人实际收入的下降。第二，物价上涨带来的差异会对不同收入群体产生不同影响，即存在收入分配不公和个人收入结构失衡。原因在于：在物价总水平的大幅度上涨之中总存在着不同商品与劳务价格上涨结构的差异，即有些商品与劳务的价格上涨率大大高于平均水平，有些等于或低于平均水平。物价上涨率高的行业或企业会通过高于平均水平的价格将其他行业或企业的一部分收入转化到自己手中，职工会分得更多的收入；而那些物价上涨率低的行业或企业，因此会损失一部分价值，职工的实际收入便会下降。第三，通货膨胀对不同阶层收入的影响也大有不同。个体户和私营企业主阶层，虽然在通货膨胀中也会蒙受损失，但一般来说他们都能弥补，并乘机发财。原因主要有三个。一是他们从事生产经营或劳务，作为卖者，可以从涨价中获取更多收入，对作为买者损失部分加以抵偿；二是他们一般都拥有一定资产或不动产，这些会由于通货膨胀率提高而相对升值，并且租金也随之攀升，这样在实际上获取的利益增大；三是他们是当今中国最富有的阶层，拥有几百万元的相当多，千万元户、亿万元户也大有人在，拥有十几万元、几十万的占多数。他们可以通过购物、购贵金属、换外汇等多途径保值，逃避通货膨胀造成的损失。包工头、承包主、经纪人、歌星、影星、穴头等也属于中国高收入阶层，他们的富有程度远不亚于私营企业主，通货膨胀带来的损失对他们来说是无所谓的。受通货膨胀打击最严重的是以工资收入为主的工薪阶层，包括各种经济类型的企事业单位职工、党政机关干部、离退休人员等。近年来，我国工薪阶层的收入虽然有较大幅度提高，但一般都没有高于严重通货膨胀下的高物价上涨率，尤其是几次调升工资都是在物价大幅度上升一段时期之后，这种做法本身就使得他们蒙受巨大的损失。通货膨胀使工薪阶层贫困人口大量增加，生活水平下降。据统计，1994年全国职工中生活困难者的比例已由5％上升为8％。1992年全国贫困职工已达到700多万人，按人均赡养系数3.03计算，贫困人口已达到2000万人以上。第四，通货膨胀使货币向高收入者手里流，使高收入者收入更高，低收入者收入更低，造成明显的两极分化。居民收入的剩余部分，现阶段采取储蓄、股票、债券与资本投资等方式进行保值增值，在通货膨胀严重、物价上涨率高的条件下，银行存款往往都是负利率。例如1988年，全国零售物价指数上涨18.5％，居民储蓄存款年利率不到8％，存款贬值10个百分点。这次通货膨胀已发生了较长一段时间，才采取保值的措施，根本弥补不了居民储蓄的损失。然而，购买股票、有价证券和进行资本投资，却大为不同。因为即使在通货膨胀的条件下，股票价格与资本价格也要大幅度上升，并且要高于物价总水平上涨率。拥有大量股票、债券和资本者一般都是高收入的富有者，而进行储蓄的大多数为工薪阶层的普通老百姓。市场价格的分配功能，就使得货币从原本收入低的一般居民手中向那些原本收入高的各种股票、债券和资本拥有者的手里流动，结果产生高收入者收入更高、低收入者收入更低，呈现出两极分化的趋势。这对经济稳定发展和社会安定是极为不利的，应引起高度重视。

**（六）通货膨胀会加剧经济"过热"，助长"泡沫经济"，带来的后果是"高速"、低效和无效**

通货膨胀往往是与经济高速增长相伴的。它既是经济增长过快的结果，同时也是加剧经济过度升温的一个重要因素。经济高速度增长，必须扩大投资，增加银行信贷，这就需要大量增发货币，而货币的过度超量发行，又必然发生严重的通货膨胀。严重的通货膨胀把整个市场物价水平拉高，这又会使原有建设项目成本提高，不追加投资，建设项目难以完成；而追加投资，拉动经济增长，却又会进一步加剧通货膨胀。通货膨胀与经济增长互为因果，互相推动，使经济像"泡沫"一样越鼓越大。这种经济增长是靠高投入（过量的货币投入），是靠高通货膨胀"胀"起来的，因而是虚假的"高速度"，它最终产生的结果是低效益和负效益。如1988年的严重通货膨胀，使1989—1991年这三年经济效益逐年下滑。1992年靠"政治拉动"，靠速度增效益，尽管有点回升，但各项具体指标仍不见好转。1992年工业品销售率只比1991年上升0.2个百分点，并且是产品从工厂仓库移到商业部门仓库，市场疲软，积压严重。1991年的资金利税率很低，仅有9.7%，1992年只上升0.4个百分点。国民经济整体效益和素质下降，这是高通货膨胀带来的一个直接恶果，这给我国经济进入良性循环，实现健康、稳定、快速发展，提高人民生活水平，造成了极大困难。

**（七）通货膨胀会助长各种非法寻租和投机活动，滋生社会腐败，为少数人暴发暴富提供了条件**

改革开放以来，我国处在两种体制转轨过程中，存在许多法律与体制上的漏洞，存在两种体制的摩擦与碰撞，一些人的寻租和投机活动无可否认地存在着。由于通货膨胀一来，社会经济秩序大乱，这就为各种寻租与投机活动大开了方便之门。

据有的学者计算，我国仅1988年价差、利差和汇差三项租金合计就达 3569 亿元,约占当年国民收入的 30% 以上,若加上其他杂项租金,估计总额达 4000 亿元左右,占国民收入的 40%。1992 年租金总额约 6343.7 亿元,占当年国民收入的 32.3%;与 1988 年比较,绝对额增加 2343.7 亿元。巨额租金的存在,诱使人们疯狂地追求。目前全国有 1000 多亿元投机资本在炒股票及证券,有 2000 多亿元的投机资本在炒房地产,还有 1000 多亿元的投机资本在炒期货与外汇。可以说,前一个时期的"股票证券热""房地产热""期货热",主要是由它们兴风作浪,暴"炒"的结果。

由于通货膨胀期间市场物价总水平是逐渐攀升的,并且呈结构性,这就使投机者和奸商能够依据市场预测及价格预期,进行抢购与囤积居奇,哄抬物价,牟取暴利。甚至欺行霸市,乘机抬价,漫天要价也到处可见。据不完全统计,仅 1994 年 3 月 10 日—5 月 10 日,全国就查出各类物价违法案件 19 万多件,非法所得 4 亿多元。通货膨胀使少数人大发不义之财,少数人又用不义之财拉拢、腐蚀、贿赂在通货膨胀中陷入困境的机关干部及在各单位掌握人、财、物实权的人,以获得更多的私人利益。而一些腐败分子则利用手中的权力,通过各种渠道与手段,大把大把地捞钱,使自己很快暴富起来。

总而言之,"恶性通货膨胀的最严重后果之一便是以牺牲普通公民的利益为代价而养肥了投机者和奸商",当然包括腐败者。因此,治理通货膨胀必须坚持同投机倒把活动做斗争,同腐败行为及非法寻租行为做斗争。

### (八) 通货膨胀会恶化外商投资环境,不利于对外开放进一步发展与扩大

外商来华投资,需要有一个良好的投资环境,这包括政局稳定、经济健康发展、市场繁荣、物价平稳、人民生活安定等。可是,通货膨胀一来,这些往往都要遭到破坏。市场物价急剧上升,货币贬值,使人们生活受到严重冲击,变得不安定;由于投机活动盛行,社会分配不公,各阶层利益矛盾与冲突扩大,社会开始震

荡。对此，外商是望而却步的，不敢贸然投资。因为，没有一个稳定的政治局面和安定的经济生活条件，他们的投资十分之八九要失败，不要说取得丰厚的利润，恐怕连老本也难以收回。

1992年邓小平南方谈话的发表，开创了我国对外开放的新阶段。到1992年年底，我国共批准外商投资项目48647个，比1991年增长2.8倍，协议外资金额581亿美元，比上年增长3.8倍。1993年1—6月外商投资又有进一步发展，半年共批准外资项目43632个，协议外资金额587.56亿美元，原因就在于：这个时期外商投资环境十分看好。然而自1993年下半年以后，严重的通货膨胀直接使社会经济生活的不稳定因素大量增加，影响了外商投资的进一步发展与扩大。

**（九）持久的恶性通货膨胀会导致国家金融体系崩溃，甚至使国家灭亡**

这绝不是危言耸听，而是有充分的事实根据的。旧中国蒋家王朝的覆灭，自然主要是由于他们政治腐败，维护大地主大资产阶级利益，站在反共反人民的立场上；但不可否认，也与他们长期实行恶性通货膨胀，搜刮民膏，使物价飞涨、货币贬值如废纸，人民处在水深火热之中，苦不堪言，奋起造反，有着直接关系。

苏联、东欧一些社会主义国家的相继解体，固然都有许多原因，但旷日持久的高达百分之几百甚至百分之几千的恶性通货膨胀，致使国家金融体系崩溃瓦解，人民生活水平严重下降，对政府失去信任，不能不说是一个重要的经济原因。

通货膨胀是一个经济问题，但绝不只是经济问题，还是一个严峻的政治问题，甚至是一个关系到国家生死存亡的大问题。诺贝尔经济学奖得主、美国著名经济学家弗里德曼说："由于通货膨胀，日本首相田中角荣在他的整个任期内声望低下。智利总统阿连德的丧命至少部分原因是由通货膨胀造成的。在当今整个世界上，通货膨胀是政治动乱的主要根源。"正因如此，西方所有国家的政治家在上台执政时几乎都毫无例外地宣称要同通货膨胀做斗争。一个国家的币值是否相对稳定，是这个国家的经济、政治是否稳定的一个重要标志与测量尺度。如果持久的恶性通货膨胀使货币极度贬值，那么就会使这个国家的人民对其政府丧失信心，产生极端不信任感，甚至起来造反。因此，许多经济学家把通货膨胀比作老虎，骑上它就难下来，谓"骑虎难下"；并且老虎张牙舞爪，弄不好它要"吃人"的。

这里，笔者绝非有意散布通货膨胀"恐怖论"。我国学术界不少同志认为通货膨胀"并不可怕"。我认为在一般情况下，普通的或温和的通货膨胀（物价上涨率达百分之几）确实并不可怕，只要采取有效的治理对策，是可以将其抑制和消除的。但物价上涨率高达百分之二十几，乃至百分之几百，并且长久地持续下去，那就相当"可怕"了。此时，还认为"不可怕""不必忧虑"，那就十分危险了。

(本文发表于《吉林大学社会科学学报》1995 年第 4 期，被《新华文摘》1998 年第 10 期全文转载)

# 通货膨胀与通货紧缩的"可容忍区间"及"交替性"分析

无论是通货膨胀，还是通货紧缩，它们在客观上都存在一个社会承受力所容许的"可容忍区间"。从理论上抽象分析，通货膨胀的"可容忍区间"与通货紧缩的"可容忍区间"是两个独立的区间，但不是截然分开、毫无关系的，而是互相联系、互相交替、互相转换的关系。无论是控制通货膨胀还是控制通货紧缩，都必须正确认识和把握这个"可容忍区间"，正确认识和把握二者的关系。

## 一 通货膨胀与通货紧缩的"可容忍区间"

从经济学角度看，通货膨胀与通货紧缩本身都有一个程度问题，它们本身都内含一种数量关系，即我们通常所说的通货膨胀率与通货紧缩率。关于通货膨胀的"数量界限"问题，经济学界对不少问题进行了可贵的探讨，陈东琪同志提出了"可容忍区间"[①]，是很有科学价值的。我认为，通货紧缩也有一个"可容忍度"或"可容忍区间"，在这个限度内，它的积极效应存在并能得以发挥；通货紧缩如果超过了这个限度，越过了"可容忍区间"，其积极效应完全丧失，而其负面效应即危害作用便上升为

---

[①] 陈东琪：《通货膨胀和通货紧缩交互换位时代的政策操作——兼论中央银行如何用微调方式稳定经济增长》，《财贸经济》1998年第11期。

主导方面。这时，通货紧缩就有百害而无一利了，必须全力消除之。

由此可见，研究和掌握通货紧缩的"度"即其"可容忍区间"，具有十分重要的实际意义。首先，它为国家决策层进行有效的宏观经济调控提供依据。通货紧缩与通货膨胀一样，都是国民经济运行失衡状态的一种表现。只要它是在"可容忍区间"运行，决策层就应采取相关政策，充分利用其积极效应，抑制其负面效应和危害作用的扩展与上升。这样，既可保持经济的快速发展，又可维持社会局势的基本稳定。通货紧缩一旦加剧，越过"可容忍区间"的警戒线，就向国家决策层亮起了"红灯"，国家决策层便应立即出台调控政策和措施，对其进行有效控制。其次，它也对国家决策层的宏观经济调控能力和水平及调控艺术提出了更高的要求。它要求国家决策层对通货紧缩是否发生做出及时准确的判断，对通货紧缩的程度（百分比）有科学准确的计算和衡量，有对通货紧缩运行及其效应释放状态进行有效的跟踪与监测，并对通货紧缩治理对策有充分的思想准备与物质准备，有治理通货紧缩政策措施得以充分有效贯彻实施的保障系统等。国家决策层如果不能在上述诸方面保证符合要求，通货紧缩一旦越过"可容忍区间"，达到不可控制的地步，其后果将不堪设想。

现在的关键问题是如何从理论与实践的结合上界定通货紧缩的"可容忍区间"。

首先，必须明确：通货紧缩虽然与通货膨胀是对立、对应的，但二者并非完全对称的，即具有非对称性。凯恩斯指出："通货膨胀与通货紧缩显然不相对称：盖若把有效需求紧缩到充分就业所必需的水准以下，则就业量与物价都降低；但若把有效需求膨胀到这个水准以上，则只有物价受到影响；这一点也许令人不解。然而这种不对称，正是事实之反映。"[①] 这就是说，从后果上看，通货膨

---

① [英]凯恩斯：《就业利息和货币通论》，徐毓枬译，商务印书馆1997年版，第251页。

胀要比通货紧缩好一些。因为通货紧缩会使就业和物价二者都降低，而通货膨胀只会使物价水平上升，不会减少就业，从而可能会增加就业。这样，在确定通货紧缩的"可容忍区间"时，就不能机械地同通货膨胀的"可容忍区间"相对应或相对称。比如，通货膨胀率或物价水平上涨达7%—8%，可视作通货膨胀的"可容忍区间"，但物价下跌至-7%——8%却不能认为是通货紧缩的"可容忍区间"。

其次，还应明确：通货膨胀时由于受需求扩张的拉动与物价上涨的刺激，生产往往呈增长趋势；而通货紧缩时由于受需求不足的限制与物价下跌的打击，生产往往呈下降趋势；前者基本不会出现负增长，而后者则基本上是负增长。在生产负增长的条件下确定通货紧缩的"可容忍区间"，不能同在生产正增长条件下确定通货膨胀"可容忍区间"简单等同或简单相对应。生产负增长，就是明显的经济衰退了，而经济衰退是人们难以"容忍"的，因此，通货紧缩率绝不可以太高。

最后，我们还必须注意到：中国经济正处在由计划经济向市场经济过渡或转轨的时期，经济增长方式还没有实现根本性转变，经济增长模式仍是速度效益型的。美国的经济增长率一般达2%就算可以了；如达3%，就相当可观了；若超过3%，美联储主席格林斯潘就认为"经济过热"了，开始提高银行利率，以防止通货膨胀发生。这是因为美国经济是集约增长方式，是质量效益型经济。而中国经济仍停留在粗放增长方式，是一种速度效益型经济，没有必要的增长速度，经济效益也几乎没有了。不要说0值以下的负增长，即使是较长时期在2%—3%的增长速度上徘徊也是无法"容忍"的，甚至有的同志认为中国经济增长率在4%—5%便进入低潮期了。考虑到上述实际情况，中国的通货紧缩"可容忍区间"切不可定得过大。我认为，物价水平在0%—3%可视为通货紧缩"可容忍区间"，如图1所示。

如果市场物价总水平在-3%以内运行，可视为轻度通货紧缩，是"可容忍"的；那么它一旦超过-3%便进入严重通货紧缩，是

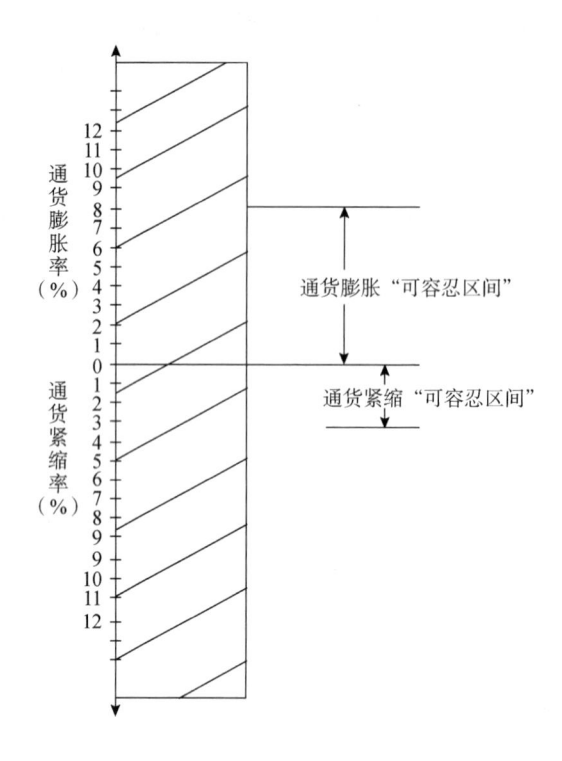

**图1 通货膨胀和通货紧缩的"可容忍区间"**

人们"不可容忍"的，必须采取有力措施加以整治。否则，就可能引发严重的经济社会危机，破坏社会的稳定。

必须强调指出，物价总水平在0%—3%区间运行虽然是"可以忍受"的，但并非无任何条件限制、可以永远"忍受"下去的，而是要有一定时间限制的。具体来说，市场物价总水平在0%—3%区间运行达两年以上，就会使经济运行中的总量矛盾、结构矛盾、体制矛盾及各种利益冲突累积起来、激化起来，由"量变"引起部分"质变"，使轻度通货紧缩日渐加重，乃至演变为严重通货紧缩。此时，尽管是在"可容忍区间"，也绝不可麻痹大意，掉以轻心，而要积极扩张社会总需求，以拉动物价总水平回升到零值以上，实现从通货紧缩到"可容忍的通货膨胀"的转变。

## 二 通货紧缩与通货膨胀的"交替换位"

当今世界经济已经实现了由通货膨胀到通货紧缩的"交替换位"。这恐怕是人所共知的不争事实。

第二次世界大战结束到20世纪90年代，世界经济一直被通货膨胀所困扰，西方主要资本主义国家都把通货膨胀视作经济领域的头号敌人而与之作斗争。20世纪五六十年代，基本上是经济高增长伴随着高通货膨胀率；70—80年代基本上是经济停滞伴随高通货膨胀率，即陷于"滞胀"状态。这40多年里，无论是在高潮时期还是在低谷时期，无论是"繁荣"还是衰退，都明显存在通货膨胀，只是严重程度不同而已。通货膨胀没有消失，通货紧缩没有发生，二者之间没有发生交替转换。进入90年代以来，尤其是90年代中后期，生产过剩、物价下跌已成为全球经济的主导性趋势。大凡农产品、原材料产品、工业制成品，甚至钢铁、石油、矿石、橡胶、天然气之类的战略性物资，都已全面过剩，价格一再走低。美联储主席艾伦·格林斯潘敏锐地洞察到了世界经济的这个重大变化，他在1998年1月8日举行的美国经济协会年会上的报告中18次提到通货紧缩，并指出："迅速和反复无常的通货膨胀和通货紧缩都会导致恐惧和不确定性的局面，而该局面往往与风险成本的巨大增加和经济活动的相应下降联系在一起。"仅过了一周多时间，1月19日，美国著名经济评论家迈克尔·曼德尔在《商业周刊》上发表题为"零通货膨胀的经济"的文章，认为"零通货膨胀的经济也会带来新的危险，具体而言就是可能出现通货紧缩"。格林斯潘和曼德尔的文章，反映了世界经济运行中主要矛盾及主要危险已由通货膨胀转为通货紧缩。由此我们完全可以断定，1997—1998年，世界经济基本实现了通货膨胀与通货紧缩的"交替换位"。从此，在亚洲、欧洲以及拉丁美洲均出现程度不同的通货紧缩，各国政府开始了同新的敌人——通货紧缩做斗争。

对于这次世界经济的通货紧缩与通货膨胀的"交替换位"，美国最负盛名的投资家加利·西林博士在《通货紧缩》一书中进行了系统分析。他认为，当今世界经济的通货紧缩正是过去长期通货膨胀发展的直接结果。原因有许多，概括起来为两个方面：一方面是原先导致通货膨胀的一些因素，如今转而成为造成通货紧缩的主要因素；另一方面是20世纪90年代以后产生了一些新的导致通货紧缩的力量或因素。在加利·西林博士看来，全球削减军费、政府支出和财政赤字下降、中央银行持续不断地进行反通货膨胀斗争、退休人员激增导致福利下降和收入与支出增长放慢、世界性结构调整与重组、高新技术的发展带来成本下降和劳动生产率提高、经济信息化和网络化、市场竞争日趋激烈、价格管制放松、资源在全球优化配置、亚洲金融危机、美国人从举债消费转为储蓄、全球实行市场经济制度，等等，都是形成和引致通货紧缩的重要因素。从经济运行层面看，这种分析和看法是很有见地的，也是科学的。对世界各国政府如何有针对性地采取防治通货紧缩的政策及措施，是具有重要的参考价值和实用价值的。但是，必须看到，正如所有的资产阶级学者一样，他全然没有注意到资本主义制度因素的作用。通货紧缩与通货膨胀的"交替换位"，从理论上看，恰恰是资本主义基本矛盾在科技进步推动下日益发展和尖锐化的结果，也是资本主义生产关系与高度社会化生产力尖锐矛盾的表现。具体来说，是战后反凯恩斯主义理论兴起乃至影响各国政府决策的直接后果。而通货紧缩对通货膨胀的取代与换位，预示着凯恩斯主义的"复兴"。

实事求是地讲，中国经济几乎是同世界经济同步实现了由通货膨胀到通货紧缩的"交替换位"。中国改革开放近20年，整个国民经济的对外依存度大幅度提高，加入世贸组织实际步骤基本完成，这说明中国经济已经融入世界经济体系，世界经济的任何重大变化都不可能不影响我国经济的运行与发展。东南亚金融危机虽然没有使中国发生像泰国、韩国、日本等国那样严重的金融危机，却使中国对外贸易遭受较严重的冲击，加剧了国内产品的过剩和市场物价的下跌。尽管中国实现通货紧缩与通货膨胀"交替换位"的国内条件及原因有所不同，但同步实现了这个"交替换位"本身就说明其中存在某种共同的规律性。

其实，通货紧缩与通货膨胀之间的"交替换位"，并非新鲜事儿，只不过是在我国首次发生。在历史上，西方国家曾经发生过许多次通货紧缩与通货膨胀的"交替换位"。一般规律是：高通货膨胀之后往往会发生严重的通货紧缩；严重的通货紧缩之后往往会发生高通货膨胀。例如，美国内战（1861—1865年）期间经历了严重的通货膨胀后，紧接着便出现了1864—1897年的严重通货紧缩。其间，消费物价指数下降了65%，黄金购买力上升了40%。[①] 这是"先胀后缩"，通货紧缩取代通货膨胀。"先缩后胀"的典型事例是1929—1933年大危机。其间发生的世界性经济大萧条、金融通货大紧缩，几乎使所有主要资本主义国家的金融体系陷于崩溃。摆脱这场大危机之后，美、日、德、英、法等主要资本主义国家便出现严重的通货膨胀。所以，从世界经济发展史上看，自有商品经济和市场经济以来，通货膨胀与通货紧缩便往往在"长波"周期中呈现出一种"交换位"的运动，并且在各个国家的表现不同：有的通货膨胀持续时间较长，随后的通货紧缩持续的时间较短；有的通货紧缩持续时间较长，随后的通货膨胀持续的时间较短；等等。而在"中短波"周期中却往往表现为通货膨胀或通货紧缩的单一作用，并没发生二者的"交替换位"。例如，1864—1897年，美国只是存在通货紧缩，没有出现通货膨胀。

从上可见，通货膨胀与通货紧缩的"交替换位"，并非在世界经济发展的任何阶段都必然发生的，也不是每个国家的任何一个发展阶段都会发生的。所以，认为通货膨胀与通货紧缩的"交替换位"是一种客观必然，是一种难以避免的客观规律，是不恰当的。因为这种观点把通货紧缩与通货膨胀都视为一种人们不可抗拒的东西，从根本上否认了国家发挥经济职能，进行有效宏观调控，治理和克服通货紧缩与通货膨胀的必要性。

但是，我绝不否认或者说应当承认：通货膨胀与通货紧缩的

---

[①] 钱小安：《通货紧缩论》，商务印书馆2000年版，第32页。

"交替换位"具有可能性。这种可能性内生于商品经济。在简单商品经济中它就存在，在现代市场经济条件下这种可能越来越大。认识这种可能性，有助于防止通货膨胀与通货紧缩的交替发生，尤其是有助于目前我国避免在严重的通货紧缩后陷入严重的通货膨胀。

在商品经济运动中，包含着商品与货币的对立和买与卖的对立，从而使通货膨胀与通货紧缩的发生以及二者之间的"交替换位"有了现实的可能性。货币与商品的对立运动，形成了两个相对独立的商品流与货币流，这两个流的脱节也有引发危机的可能。尤其是纸币的发行与流通更是加大了二者相脱节的可能性。

资本主义市场经济是一种高度发达的商品经济，其运动轨迹如下：

$$G—W\genfrac{<}{}{0pt}{}{A}{Pm} \cdots P \cdots W'—G'$$

在这个资本运动轨迹中几乎处处蕴含危机的可能性，资本主义商品经济发展到大机器工业阶段以后，更是使这种危机具有了周期性质。正如马克思所说："工厂制度的巨大的跳跃式的扩展能力和它对世界市场的依赖，必然造成热病似的生产，并随之造成市场商品充斥，而当市场收缩时，就出现瘫痪状态。工业的生命按照中常活跃、繁荣、生产过剩、危机、停滞这几个时期的顺序而不断地转换。"① 马克思这里讲的"热病似的生产"或"中常活跃、繁荣"时期，往往就伴随严重的通货膨胀，"生产过剩、危机、停滞"时期往往伴随着严重的通货紧缩；通货膨胀与通货紧缩作为货币流通中的失常、失衡现象就是伴随马克思讲的上述"几个时期的顺序而不断地转换"。

中国的市场经济是社会主义市场经济，除了公有制占主体这一点与资本主义市场经济相区别以外，在运行与体制层面已经同资本

---

① 《马克思恩格斯全集》第二十三卷，人民出版社1972年版，第497页。

主义市场经济没有多大的区别。中国的市场经济也是现代市场经济，其运行轨迹如下：

$$G\text{—}W{<}_{Pm}^{A}\cdots P\cdots W'\text{—}G'$$

只不过这里的资本是国有资本、公有资本。由于我国社会主义初级阶段实行以公有制为主体、多种所有制经济共同发展的基本经济制度，因而除了公有资本以外，尚有许多私有资本（中国私有资本与外国私有资本）。这些私有资本在性质上与资本主义国家中的资本已无二致。所以，把公有资本的特定生产关系规定排除掉以后，我国现阶段的所有资本完全是依照上述运动轨迹运行的。这样，通货膨胀与通货紧缩的发生以及二者的"交替换位"就都是可能的。排除这种可能是不符合实际的，也是有害的。

我们必须清醒地认识到，通货膨胀与通货紧缩在一个国家中频繁地"交替换位"，必然给经济社会发展带来严重危害。莫里斯·阿莱指出："过度的通货膨胀以及为了校正前一段时期货币超量发行而采取的通货紧缩政策这两者的不断交替发生，一般来说对经济增长都十分有害的。"[①] 它将使经济陷入恶性循环，难以自拔。所以，应尽量避免之。

现在的问题是，目前我国的通货紧缩与通货膨胀"交替换位"的可能性正在逐步加大。这不仅是由于资本运动中危机可能性在加大，还由于以下因素的作用：第一，目前，我国通货紧缩已持续了近4年。通货紧缩的构成要素及作用机理都得到了较充分的释放，市场物价下跌的势头已明显趋缓，并得到遏制。第二，近2年治理通货紧缩政策措施力度仍在逐渐加大，政策效果明显显现，具体表现是投资需求与消费需求都在扩大。第三，经过近3年的总量压缩与结构调整，生产过剩、供给大于需求的状况已明显改善，生产由

---

① ［法］莫里斯·阿莱：《无通货膨胀的经济增长》，何宝玉、姜忠孝译，北京经济学院出版社1990年版，第2页。

"冷"趋"暖",市场物价止跌回升。第四,我国周边国家经济开始复苏,我国对外贸易明显好转,且出现上升之势。第五,受国际市场竞争及价格上涨的影响,我国的钢材、石油及基建材料价格已经上涨。所有这些表明,尽管目前通货紧缩症状远未消失,但通货膨胀的苗头与因素都在悄悄形成与生长,并且随着宽松的财政货币政策的大力施行而不断扩大与发展。这是各级领导尤其是中央决策层必须清醒注意到并予以足够重视的。

目前我国通货膨胀与通货紧缩"交替换位"的可能性在加大,但并不是说二者必然要换位,而是说,在我国走出通货紧缩困境后必然立即又陷入严重通货膨胀。这里起关键作用的因素是国家宏观调控政策是否正确,力度是否得当。国家的宏观调控政策正确,力度适当,通货紧缩就不会被严重的通货膨胀所取代,至多是出现轻微的通货膨胀;反之,如果国家的宏观调控政策失误,或力度过大,则不可避免地引致通货膨胀的强劲反弹。可见,提高国家的宏观调控政策水平极为重要。它直接关系到我国的经济能否避免大起大落,实现持续稳定的快速发展。所以,我国的宏观调控部门要通力协作,密切关注我国通货紧缩的现状及动态走向,适时调节财政货币政策的力度,有效控制通货膨胀反弹因素的成长,以使国民经济保持良好的运行态势。

(本文发表于《经济学动态》2001 年第 5 期,被中国人民大学复印报刊资料《金融与保险》2001 年第 10 期转载)

# 人口因素不是通货膨胀的原因

——与黄中发同志商榷

黄中发同志在《通货膨胀原因新说——人口因素》(《光明日报》1989年3月18日第3版)一文中提出一种"新说"：人口因素是"形成我国通货膨胀，物价上涨的原因"。我认为这个"新说"是不能成立的。

人口膨胀和通货膨胀是两种不同的社会经济现象。人口膨胀是指人口再生产中人口增长速度过快所导致的人口总量过度增大。通货膨胀是指由于货币发行过多，大大超过流通的实际需要量而导致的货币贬值和物价总水平上涨。前者是违背人口再生产有计划进行的规律的结果，而后者则是违背商品经济中货币流通规律的产物。显然，二者的发生领域、发生机制是不同的。

我国的人口膨胀，早在新中国成立以前就存在，尤其是20世纪50年代末批判马寅初"新人口论"以后，一直迅速膨胀。而通货膨胀，并不是新中国成立以来一直存在的，只是在某几个特定历史时期发生。从因果关系来看，人口膨胀的结果并不必定带来通货膨胀，通货膨胀也并不必然造成人口膨胀。有些发达资本主义国家人口下降，不存在人口膨胀，仍发生通货膨胀。比较典型的是西德。它在1973—1977年平均每年减少15.6万人。但1973—1975年，物价水平上涨6.9%。这说明，通货膨胀、物价上涨，同人口膨胀与否没有内在的联系。因此，如果把人口膨胀作为通货膨胀的一个原因，就会引出一个不恰当的结论：人口膨胀不解决，通货膨胀也治理不了。我们认为，无论有无人口膨胀，通货膨胀都应尽快治理；不管有无通货膨胀，都要坚决控制人口增长。

黄中发同志为了论证人口膨胀是通货膨胀的原因，提出了三条论据。我认为，这三条论据都是站不住脚的。

第一，"人口数量膨胀"并不必定"形成需求拉动性通货膨胀"。诚然，人口总量膨胀会使社会需求总量增加。但这仅是问题的一个方面。另一方面，随着人口的增长，从事生产劳动的人口不可能丝毫不增长，必然要或多或少地增加，从而会使社会供给总量也增长。只要需求总量增长不是大大超过供给总量增长，引起社会总需求与总供给的矛盾严重失衡，就不会发生通货膨胀。

第二，"人口质量与人口需求偏好"不是"造成结构性通货膨胀的因素"。黄中发同志认为，目前我国人口质量低，消费水平低，人们的消费面很窄，过度集中于粮食、副食、烟、酒等少数几种需求弹性小的商品上，而对文娱用品的消费比例极低，"这必然引起食品价格大幅度上涨，形成结构型通货膨胀"。这里有以下几点明显不妥：其一，我国目前发生的通货膨胀已不仅仅是"食品价格大幅度上涨"的"结构性通货膨胀"，而是消费资料和生产资料的价格全面上涨的总体性通货膨胀。其二，文章中所引用的消费结构畸形——过度集中于少数几种商品上的资料，不能说明通货膨胀的原因，而恰恰说明它是通货膨胀的结果。在严重通货膨胀、货币实际购买力下降的情况下，人们必然要牺牲文化娱乐消费，而集中保障必要的物质生活消费。其三，人口质量低，消费面较窄，这种状况在我国早已存在，并在今后一个较长时期内不会有根本改变。为什么它早没有引发而偏偏在现在引发"结构性通货膨胀"呢？显然，"人口质量低，消费面较窄"不能成为产生"结构性通货膨胀"的原因。

第三，通货膨胀同"人口生育高峰"没有必然的联系。黄中发同志认为："每次人口生育高峰都伴随着出现通货膨胀与物价上涨绝非偶然。"这实在令人难以苟同。人口每隔若干年总会出现生育高峰，这是社会人口生育和成长的规律。按照黄中发的说法，通货膨胀也会周而复始地伴随生育高峰的出现而不断出现。这样一来，通货膨胀岂不成为周期发生的规律？

(本文发表于《光明日报》1989 年 4 月 8 日)

# 通货膨胀螺旋类型、形成机理及治理对策

何谓通货膨胀螺旋，在已有的通货膨胀理论研究中很少涉及。赫尔穆特·弗里希的《通货膨胀理论》一书中只有"工资—物价螺旋上升"[①]的提法，未有关于通货膨胀螺旋的明确定义。帕尔伯格在《通货膨胀的历史与分析》中指出，德国于1922年进入通货膨胀的"螺旋上升阶段"[②]，仍未对通货膨胀螺旋范畴给出确切的界定。李拉亚指出："企业按预期通货膨胀率预先提高产品销售价格，居民按预期通货膨胀率努力争取更高的名义货币收入，甚至政府也不得不预先增发货币，以应付物价上涨带来的货币需求量增加。此时，出现通货膨胀产生通货膨胀现象。"[③] 笔者把这种通货膨胀产生或推动通货膨胀，形成居民物价水平螺旋上升的现象定义为通货膨胀螺旋。其基本内涵有二：一是通货膨胀螺旋是在通货膨胀基础上产生或形成的，二是物价水平是呈螺旋状持续上升的。

依据上述通货膨胀螺旋范畴及其内涵，可以确定当今中国已发生通货膨胀螺旋。2010年5月，中国居民消费价格指数（CPI）达

---

[①] [奥] 赫尔穆特·弗里希：《通货膨胀理论》，费方域译，商务印书馆1992年版，第220页。

[②] [美] 唐·帕尔伯格：《通货膨胀的历史与分析》，孙忠译，中国发展出版社1998年版，第72页。

[③] 李拉亚：《通货膨胀机理与预期》，中国人民大学出版社1991年版，第143—144页。

3.1%，已发生了通货膨胀。此后，虽然6月降至2.9%，但7月升至3.3%，8月达3.5%，9月为3.6%，10月升至4.4%，11月高达5.1%。2010年年底至2011年年初，政府出台了一系列调控政策进行强力打压，但到2011年3—5月仍跃上高位，分别达到5.4%、5.3%、5.5%；进入6—7月，再创新高，分别为6.4%、6.5%。从上述物价走势不难看出，2010—2011年中国的通货膨胀已发展成为通货膨胀螺旋，尽管其处于初始阶段，但上升势头依然强劲，不可小觑。由于通货膨胀螺旋是通货膨胀的拓展与深化，表现为CPI水平逐渐提升，尽管它与通货膨胀存在着范围、水平上的差异，却有着本质与基础的同一性。因此，通货膨胀有什么类型特征；通货膨胀螺旋大体上就具有什么类型特征，通货膨胀的生成机理，基本上就是通货膨胀螺旋的生成机理。通货膨胀因其生成机理的不同而区分为不同的类型，针对不同的通货膨胀类型及其形成机理，提出切实有效的治理对策，是本文的主旨与任务。

## 一 货币供应超量型通货膨胀的生成机理及其适度调控

任何通货膨胀都与货币供应超量或纸币发行过度有关。弗里德曼有句名言："通货膨胀总归是一种货币现象。"探寻通货膨胀及通货膨胀螺旋的生成原因，如果离开了货币供应或投放问题，是不可能阐释清楚的。所谓通货膨胀也就是流通中的货币膨胀，亦即货币发行过度。帕尔伯格指出："所有案例都呈现出通货膨胀的共同特征——太多的货币追逐太少的商品——它们的起因都是太多的货币。"[1] 他还指出："造成通货膨胀的原因固然是多方面的，但就操作层面而论则只有一个，即纸币过度发行。"[2] 这就十分清楚地告

---

[1] ［美］唐·帕尔伯格：《通货膨胀的历史与分析》，孙忠译，中国发展出版社1998年版，第10页。
[2] ［美］唐·帕尔伯格：《通货膨胀的历史与分析》，孙忠译，中国发展出版社1998年版，第170页。

诉人们：所有的通货膨胀都起因于货币供应量过多，都是由于政府的财政货币政策"操作"失误使货币过量或过度发行造成的。当今中国也不例外，本轮通货膨胀正是由于财政货币政策操作失误，致使货币过度发行而造成的，因此这种通货膨胀或通货膨胀螺旋也可以称作"政策失误型"，即从操作层面上由政府货币部门的财政货币政策操作失误造成的。

首先，财政政策过度扩张。2008年，中国为应对世界金融—经济危机，中央政府果断推出4万亿投资基金，以刺激就业与经济增长。这在当时被称为"下手快，出重拳，下狠招，收奇效"，为遏制国际金融危机，阻止失业增长与经济增速下滑，确实起到了一定效果。但这一举措却使中国的财政政策成为当时世界上最具扩张性的，占GDP的比重高达13.3%；而经济危机发源地美国，其财政扩张的规模仅占GDP的6.8%。更为严重的是中央的扩张性财政政策的示范带动效应颇为巨大，各省份地方财政性投资几倍乃至十几倍地增加，形成了财政投资扩张热潮。这数以几十万亿计的财政投资资金最终都要从银行流出，进入市场流通。

其次，货币政策"超宽松"。2008—2010年，中国名义上推行"适度宽松"的货币政策，但实际执行的却是"超宽松"的货币政策。在此前的正常年份，每年新增贷款一般控制在2万亿元以下，基本上能满足扩大再生产的需要。在2006年，新增贷款3万亿元，已是略有扩张；2007年猛增到4万亿元，已是明显扩张了。2008年各项贷款规模已达30.34万亿元，2009年新增贷款9.6万亿元，贷款总额高达39.96万亿元之多，已超过当年GDP总量。2010年预增贷款7.5万亿元，年中开始严加调控，但到年底仍实际增贷7.96万亿元。[①] 据中国统计年鉴数据，2007年中国的货币供应量已达403442.2亿元，仅隔一年，2009年即猛增至606225亿元，到2010年年底，我国的货币供应量已高达72万亿元之多，是2010年

---

① 张平：《后危机时代宏观政策转变：从需求扩张转向供给激励》，《经济学动态》2010年第12期。

GDP 的 200% 左右。① 如此急速大剂量供给货币，不能不谓之"过度宽松"或"超宽松"。

既然通货膨胀是由财政货币政策双扩张或双过度宽松所引发的，所以治理通货膨胀，防止通货膨胀螺旋发生，必须实行财政与货币的"双紧"政策。首先，针对货币供应超量，紧缩货币政策，减少货币供应量是必要的。其次，财政政策必须与货币政策相配合，同步紧缩，才有可能控制通货膨胀，防止通货膨胀螺旋发生。最后，"双紧"也要适度，切不可过度。凡事都有界限或"度"，过犹不及。财政货币政策的"双紧"也是如此。当今中国的财政货币政策，主要问题是货币政策"紧缩过度"，而财政政策依然扩张过度，这就不能不导致通货膨胀加剧与通货膨胀螺旋发生。

## 二 成本推动型通货膨胀的生成机理与控制

由于成本推动型通货膨胀螺旋是成本推动型通货膨胀加剧发展的结果，成本推动是它们形成的共同机理与类型特征，因此必须深入分析成本要素以及成本要素是如何推动价格刚性上升的。

### （一）能源、原材料价格上涨的推动

能源、原材料是企业生产的必备要素，它们构成企业生产成本的主要部分。电力、石油、煤炭是当今中国企业生产的主要能源。由于电力紧张，并且要优先保障民用（尤其是在炎热的夏季），企业生产用电价格一涨再涨；国内石油供应50%以上要依赖进口，尤其是国际市场油价不断攀升，迫使国内市场油价节节走高，企业生产用油必然加大成本；煤炭供应因保护资源与环境，降低生产安全事故，大量强行关闭小煤窑，致使煤炭供应明显减少，企业需求紧张，煤炭价格大幅上涨，无疑加大了企业的成本压力。原材料作为

---

① 魏杰：《反通胀、保增长、调结构的"平衡点"》，《经济学动态》2011年第3期。

企业产品成本的重要组成部分，其价格上涨直接加大了企业成本。铁矿石是钢铁厂的基本原材料，中国钢铁厂对铁矿石进口的依存度超过70%，绝大部分要从澳大利亚、巴西等国进口。2008年，铁矿石价格在以前的高位基础上又上升65%。[①] 铁矿石的价格上涨，必然推动钢铁产品成本上升，从而推动钢铁产品及相关产业产品价格上升。

**（二）农业生产资料价格上涨的推动**

新中国成立以来发生的每一次通货膨胀几乎都是从农产品价格上涨开始的，而每一次农产品价格大幅度上涨又都是由农业生产资料价格所推动的。这次通货膨胀及其在较短时间就演变为通货膨胀螺旋，仍主要是由农业生产资料价格持续上涨所推动的。据农业部测算，2004—2006年，粮价年均上涨2%，总生产成本年均上升6.6%，其中，人工、土地、物质与服务费用分别增长3.5%、12.4%、2.8%；2007—2009年，粮价年均上涨7.1%，总生产成本年均上升11.7%，其中人工、土地、物质与服务费用分别增长11.3%、29.2%、15.0%。近年来，农业生产资料总体呈现不断上涨趋势，化肥、农药、种子、农机等价格上涨使农业生产成本加大，必然推高农产品价格，而农产品价格升高，又必然推动相关产品成本升高，从而推动相关产业产品价格上涨。比如，作为饲料工业生产用的玉米、大麦和豆粕，2007年平均价格分别比2006年上涨17.9%、102.4%、91.7%，直接引起2008年年初混合饲料平均价格上涨到2.6元/公斤，比2007年年初上涨41.3%，比2006年年初上涨62.5%。[②] 而饲料价格的上涨，又必然加大养殖业的生产成本，2011年猪肉、鸡蛋价格几乎成倍上涨，无疑与饲料价格大幅度上涨有直接关系，基本上是由农业生产资料价格上涨推动的结果。

---

① 林兆木：《新一轮通货膨胀与近期经济走势》，《经济与管理研究》2008年第8期。
② 中国人民银行课题组：《我国农产品价格上涨机制研究》，《经济学动态》2011年第3期。

### (三)"工资—物价螺旋上升"的持续相互推动

工资是劳动力的价格形式,是企业生产成本的重要组成部分。改革开放以来,中国职工的工资收入是呈快速增长趋势的,工资上涨具有明显的刚性。但应该承认,工资上涨总是在物价上涨之后,不仅其上涨刚性弱于物价上涨刚性,而且其上涨幅度总是小于或低于物价上涨幅度。凯恩斯指出:"虽然工资和其他社会成本会追赶物价上升,但(根据以上假设)物价会始终不断地提前20%,不论工资提高多少,花费这些工资的行动会始终把物价在前面推进许多。"由于工资上涨相对于物价上涨存在一定的时滞,因而在追求"充分就业"目标的形势下,必然导致"工资—物价螺旋上升"的局面。赫尔穆特·弗里希指出:"在原有的充分就业假设下,商品市场上的超额需求会造成劳动力市场上的需求压力。这种情况连同企业主有利可图的前景,会导致货币工资在一般物价水准以前上涨的范围内充分提高。一旦实际工资恢复到它们原来的水准,它们就会在商品市场上创造出新的通货膨胀缺口,这新的通货膨胀缺口会导致物价再次上升。如果货币工资在下一轮中相应地跟着提高,这种情况就会导致物价进一步上升。结果形成工资—物价螺旋上升的局面。"[①] 在这里,通货膨胀缺口的产生与存在是"工资—物价螺旋上升"的关键与枢纽。所谓通货膨胀缺口就是消费品和劳务市场的超额需求,它是"工资—物价螺旋上升"的重大推动力量。这个缺口的产生是货币工资提高到原来实际工资水平的结果,同时它的存在又使货币工资上升,从而推动物价上升,而物价上升又推动工资再上升,工资上升再进一步推动物价上升,如此循环往复,工资与物价不断互相促进、互相推动,形成"工资—物价螺旋上升"。正是在工资追赶物价的螺旋式上升进程中,成本推进型通货膨胀愈演愈烈。

应当看到,中国工资成本上升是市场经济发展的必然现象与趋

---

① [奥]赫尔穆特·弗里希:《通货膨胀理论》,费方域译,商务印书馆1992年版,第220页。

势，并非坏事。近年来，随着中国劳动力市场的变化，各地政府普遍提高了最低工资标准，企业为了解决用工难问题，尤其是劳动者提高了协议工资的自主能力，工资水平有了较大提高。这对提高劳动者生活水平无疑是件大好事，对国家来讲也符合改善民生的经济发展根本目标。但工资的提高确实使企业工资成本加大，推动了企业成本的上升，给企业生存发展带来巨大压力，尤其是对劳动密集型企业的生存压力更大。这迫使企业为了生存往往通过抬高产品销售价格或通过种种变相涨价手段来转移或释放成本加大的压力，这就推动了通货膨胀的加剧，促进了通货膨胀螺旋的形成。

由上可见，成本推进型通货膨胀及其发展形态通货膨胀螺旋的生成机理具有二重性：既具有符合规律的合理性，又有背离规律的非合理因素，因此治理起来较为复杂与困难。首先，在资源稀缺或短缺的条件下，资源及生产资料价格上升具有客观的必然趋势。在计划经济条件下，资源无价，使用无偿，对中国的资源造成巨大的浪费与损失。实行市场经济后，中国开始推行资源有价、有偿使用的制度，必然使资源价格向合理化方向运动与提升。这种符合资源价值规律的价格提升而形成的企业成本提高，是合理的，不仅不能人为地强行限制，反而要积极主动促进资源价格合理化。其次，利用控制稀缺资源的优势地位，操纵生产资料的供给价格，或进行囤积居奇、投机炒作、哄抬物价，这都是违背市场规律的非合理推进成本提高因素，一定要严肃查处及纠正，因为它是当今中国产成通货膨胀及其发展形态通货膨胀螺旋的一个重要原因。最后，对于职工工资上升，只要是在劳动生产率提高、企业经济效益增加的条件下均应视为合理行为，不仅不应限制，而且应予以大力支持。但对于一些企业和单位滥发奖金、实物，大搞"隐性工资""高额分红"，实行差距过分悬殊的"职务薪金"等，都是不合理加大企业工资成本的行为，应当予以限制和治理。所以，控制成本推进型通货膨胀，防止通货膨胀螺旋发生，不能笼统地控制成本，更不能不分青红皂白地对 $C+V$ 的构成部分一概加以控制，而应重点反对与防止乱摊成本、借通货膨胀之机搭车涨价等现象。这或许是抑制成本推进型通货膨胀、防止通货膨胀螺旋产生的一个理性选择。

## 三 利润推进型通货膨胀的生成机理及对策选择

利润型通货膨胀持续一定时间、发展到一定阶段便演进为利润推进型通货膨胀螺旋。其显著标志是利润通货膨胀形成后半年时间市场居民消费价格指数持续上升，它并不排斥由于国家调控政策打压个别月份略有下降，而表现为总体趋势呈现上升态势。

据笔者所知，国内外对利润型通货膨胀螺旋的生成机理分析几乎是空白的。《宏观经济分析》一书指出："在一个大量存在所谓'操纵价格'的经济中，至少有可能可以操纵这些价格以大于成本增长的速度上涨，以便赚取更多的利润。如果这一过程得以推广，于是就会产生利润推进型通货膨胀。"[①]

利润是商品价值中必不可少的组成部分。在商品价值构成 $C+V+M$ 中，$C+V$ 表现为产品成本价格，相应 $M$ 就表现为利润。在市场经济条件下或在现代商品经济中，商品生产者和经营者对利润的追求是无止境的，目标是利润最大化。在生产经营成本上升的条件下，他们也绝不会放弃这个目标，而必然要在 $C+V$ 基础上附加最大限度的利润。如果 $M$ 或其转化形态利润最小化或为零，那是商品生产者和经营者不堪忍受的，因为那意味着他们仅仅保本，无利可图。谁心甘情愿白忙乎呢？赚钱发财，追求利润最大化，不仅仅是资本主义生产方式的基本规律，也是现代商品经济发展的绝对规律。

夏皮罗把利润推进通货膨胀生成限于"操纵价格"的经济中，有一定合理性，但仅限于此，似过于狭窄和简单。垄断组织操纵

---

① [美]爱德华·夏皮罗：《宏观经济分析》，杨德明等译，中国社会科学出版社1985年版，第655—656页。

价格，获取垄断利润，无疑会产生利润推进通货膨胀。垄断行业由于靠垄断地位从价格上涨中获取更多的利润，因而它们不断提高对利润的追求，必然促进利润推进型通货膨胀演进为通货膨胀螺旋。必须看到，上述由于垄断而"操纵价格"所产生的利润推进型通货膨胀还属于合法行为，是国家政策许可范围之内的。实际上，除了国家垄断行业"操纵价格"行为，市场经济中尚存在大量的非"操纵价格"而疯狂逐利的行为。美国金融危机爆出华尔街金融资本大鳄以所谓"对冲基金""创新基金"等名目制造各种花样的"资本运作"，疯狂地追逐利润，聚敛财富。前纳斯达克主席麦道夫就是一个典型。为了追逐100%—300%的高额利润，他伙同其儿子马克，以高利息回报的许诺，疯狂地将客户的钱揽入其父子控制的"庞氏基金"，总额高达600多亿美元。艾伦·斯坦福自1995年以来，玩弄与麦道夫相同的手法，号称其手下的"斯坦福银行"一年期存单收益率可达摩根大通银行的3倍，年投资回报率固定在10.3%—15.1%，以此攫取上百亿美元的利润。在中国，以"资本运作"之名，炒卖黄金，倒卖房地产、稀土资源，甚至进行假融资真圈钱、金融诈骗等，不都是一幅幅贪婪地追逐利润的血腥图画吗？这些非"操纵价格"的疯狂逐利行为，汇合为一股涌动的社会明流或暗流，无疑对利润推进型通货膨胀起到了推波助澜的作用。

基于上述分析，有必要采取以下对策：第一，对由于国家垄断而"操纵价格"的逐利行为还不能彻底否定和取消，但要进行改革，尽可能引入竞争机制，对其进行限制，并通过竞争机制的作用，使利润平均化；第二，对违法逐利行为要坚决打击，尤其对那些为了100%—300%的利润"敢犯任何罪行""敢践踏一切人间法律"的人坚决绳之以法，不然还谈什么"市场即法治经济"？

## 四 结构失衡型通货膨胀及其控制

将经济结构变化对市场居民消费价格指数的影响纳入通货膨胀

理论研究，是通货膨胀理论研究的一个重大进展。结构型通货膨胀的提出，突破了货币主义的狭义通货膨胀成因说，开始从更深层次即经济体内在结构运行层面阐释通货膨胀及其螺旋的生成，不仅仅有货币方面的原因，还有经济结构发展变化方面的深层原因。

结构型通货膨胀是查理·舒尔茨在详尽考察美国经济结构变动与居民消费价格指数关系后提出的一种通货膨胀成因及类型说。他认为，造成结构型通货膨胀的因素有三个：第一，工资与价格缺乏下降弹性；第二，资源缺乏流动性；第三，短期内需求在部门之间大规模转移。在舒尔茨之后，P. 斯特里坦（P. Streeten，1962）和 W. 鲍莫尔（W. Baumol，1967）以及 G. 梅纳德和 W. V. 里克格姆（Maynard 和 W. V. Ryckeghen，1976）等一批经济学家详尽地论证了结构型通货膨胀说，并把结构型通货膨胀的成因归纳为以下四个因素的交互作用：其一，工业部门和服务部门的生产率差别；其二，这两个部门的货币工资增长率保持一致；其三，这两个部门产出的价格弹性及收入弹性的差别；其四，价格和工资有限的伸缩性。奥地利经济学家、维也纳大学教授赫尔穆特·弗里希对此评价后指出："结构性通货膨胀隐含着这两个部门供给价格的相对变化。相对于工业部门的供给价格来说，服务部门的供给价格是上升的。用简明的言辞表达，决定性的是，这种形式的通货膨胀假定服务部门的产品需求具有高收入弹性和低价格弹性。"[①]

上述"三因素说"也好，"四因素说"也罢，无非是讲工业与服务的两个部门由于劳动生产率存在差异，服务部门供给价格相对于工业部门是"上升的"，因此为保持这两个部门的货币工资增长率的一致性，工业部门的货币工资增长率就要攀比上升。他们讲的是"两部门结构"，我们认为完全可以拓展为"多（各）部门结构"，就是说：在社会上各部门的劳动生产率存在差别（不一致）的条件下，货币工资增长率若保持一致，势必造成居民消费价格指

---

① ［奥］赫尔穆特·弗里希：《通货膨胀理论》，费方域译，商务印书馆1992年版，第220页。

数全面上涨。其原因在于：劳动生产率较低的部门要向劳动生产率较高的部门或如上述学者所说的"进步的工业部门"与"保守的服务部门"进行收入"攀比"，与它们的货币工资增长率保持一致，唯一的途径是使其供给价格上涨。这种由各个不同部门结构内产生的收入攀比机制，促进了供给价格水平的攀升，形成了结构型通货膨胀。

蔡重直在《中国通货膨胀形成的研究》一书中专门讨论了"停滞企业""停滞部门"职工收入攀比引发结构性通货膨胀问题，提出了著名的"收入攀比通货膨胀模型"。蔡重直指出："正像其他模型一样，收入攀比模型是在一系列假设条件下的抽象化，而经济生活实践则丰富得多。从我国改革之后的实践看，少部分先进企业，随着劳动生产率的提高，收入增长，大部分企业劳动生产率相对增长缓慢，但是他们收入要向前者看齐，还有一部分企业劳动生产率呈下降趋势，但是，他们的收入也要向前者看齐。"现实生活实践确如蔡重直所说，远比理论分析丰富得多，当今中国的收入攀比不仅存在于落后部门和企业与先进部门和企业之间，更明显地表现在非垄断部门和企业与垄断部门和企业之间。还有不同地区收入的攀比，落后地区的收入要向较发达地区看齐。京、沪、粤、闽、浙、苏等地区收入远高于中西部，中西部也千方百计缩小与这些地区的收入差距。这种收入攀比机制如果是建立在劳动生产率提高基础上则有其合理性一面，而如果脱离劳动生产率提高，单纯攀比收入，无疑会加剧各地区、各部门、各行业及各企业之间劳动生产率与产出结构的矛盾与不平衡，从而推动居民消费价格指数持续上升。

因此，控制与治理结构型通货膨胀，防止通货膨胀螺旋发生，是一项极为艰巨的工作。首先，调整结构难以短期奏效。某一种经济结构的形成是一个缓慢过程，把这种经济结构调整为另一种经济结构需要较长时间，不可能一蹴而就。经济结构的演进有自身的特定规律，急于求成或盲目蛮干不仅不会取得良好效果，而且往往适得其反。但不能以此为借口阻滞经济结构的调整，尤其是通货膨胀时期更要积极推动经济结构的优化与升级。其次，经济结构的变化总是同经济总量变化相联系并结合在一起的。需求结构与需求总量相联系、相制约，供给结构与供给总量相联系、相制约，并且需求结构与供给结构还有一个质量与数量上相适应和相匹配的问题。这样，结构调整就是一个十分复杂的系统工程。控制结构型通货膨胀，要供给与需求两方面双管齐下：从需求角度说，要在控制总量的同时，把需求分类与分层，抑制那些过旺的需求，刺激那些不旺的需求；从供给角度说，要压缩"长线"供给，扩张"短线"供给，并从总体上协调与衔接好需求结构与供给结构，实现两者的基本平衡。这需要国家宏观经济管理部门既有切实有效的短期通货膨胀治理对策，又有通货膨胀的深层次的长期应对方略，把短期治理与长期方略结合起来。

## 五　中国目前的通货膨胀：复合式综合型通货膨胀

中国目前的通货膨胀属于何种类型？搞清这个问题至关重要，因为它涉及"病因确诊"问题，以便针对"病因"进行有效施治。如果"病因"判断失误，不仅治理不好通货膨胀，反而会给经济体运行留下诸多隐患。

综合以上通货膨胀类型分析，结合中国目前的通货膨胀现实及特点，我们认为中国当前的通货膨胀不属于某个单一类型，即不单纯是货币供求失衡型、成本推动型、利润推进型、结构失衡型和预期型，而是具有上述类型通货膨胀一些典型特征的复合式的综合型或混合型通货膨胀。据此，中国业已生成的通货膨胀螺旋亦为复合式的综合型或混合型通货膨胀螺旋。

所谓复合式混合型通货膨胀，就是说中国目前的通货膨胀既有货币供求失衡的作用机理与特征，也有成本推动的作用机理与特征，还有利润推进、结构失衡及预期的作用机理与特征，是它们交叉、重叠和复合在一起所形成的通货膨胀。正因为它是一种"综合征"，因此不能"单方"用药，而必须"混方"综合诊治，采用各种配套措施，全方位控制与治理。如果以为只是简单控制货币供应量，或简单控制成本上升，或防止疯狂追逐不法利润，或解决好结构失衡问题，或消除人们对通货膨胀的心理预期等，就能治理好中国目前的通货膨胀，那不仅在理论认识上是片面的、错误的，而且在实践上也不会取得良好的效果。近一年多来的通货膨胀控制与治理实践已雄辩地证明了这一点。当然，"混方"综合诊治，并不意味着不分轻重缓急，一律"打家伙"，而是要区别短期与长期，针对不同类型特征，有重点、分阶段地进行治理。

关于经济增长与发展方式与通货膨胀类型及生成机理的关系问题，也是不能回避的，需要进一步探讨。

任何一种类型的通货膨胀都是在某种经济增长与发展方式下产生并形成的。中国改革开放以来发生的每次通货膨胀，无不与传统的经济增长与发展方式密切相关。传统经济增长与发展方式的典型特征是过度依赖资源和能源的消耗，以牺牲生态环境及未来发展条件来盲目追求数量扩张，迷恋与崇拜 GDP 的增长，把 GDP 的增长当作经济发展的唯一目标。这种发展方式必然造成经济"过热"：一方面社会总需求全面急剧扩张，形成总需求拉动型通货膨胀，同时，由于投资需求扩张引发生产资料价格强劲上涨，从而推动企业生产成本不断上升，形成成本推动型通货膨胀；另一方面由于供给扩张存在着盲目性及片面性，极易产生结构失衡，即市场迫切需要的产品由于价低利小而无人生产或问津，而市场上业已过剩的产品由于价高利大而拼命生产和增加供给，这就难免造成结构型通货膨胀。而经济"过热"，又往往是由货币当局实行过度宽松的财政货币政策所造成的，过度宽松的财政货币政策又是货币供应超量型通货膨胀产生的直接原因。因此，传统的经济增长与发展方式是总需求拉动型、成本推动型、结构失衡型、货币供应超量型等诸多类型通货膨胀的重要经济基础及深层的经济原因。

中国目前的通货膨胀是不是一种"体制型通货膨胀"呢？20世纪90年代初，逄锦聚在《体制货币与通货膨胀》一书中批驳了"通货膨胀与经济体制无关"，"它纯粹是一种货币现象"的观点，强调指出:"确切地说,通货膨胀与不合理的经济体制密切相关,是不合理经济体制运行的必然结果。"任何通货膨胀都是在某种经济体制下生成的,但笔者认为并非任何通货膨胀均由体制而生,均是"不合理经济体制运行的必然结果"。在中外历史上,确实有一些通货膨胀纯粹是由于货币过度发行引起的,即所谓"纯粹货币现象",与经济体制并无因果关系,或主要不是由经济体制造成的。经济体制作为一个因素,甚至作为一个根本性的因素对通货膨胀形成发挥作用,但它绝不可能作为唯一的因素起作用。通货膨胀通常是在多种因素作用下生成并发展的。经济体制作为一个动态的完善与发展过程,任何时候都难免存在合理因素与非合理因素,不能说通货膨胀只是与其"不合理因素有关",仅是其"不合理因素作用的必然结果",而同其"合理因素"毫无关系。在通货膨胀生成过程中,若不合理的经济体制因素起决定性作用,那么这种通货膨胀是可以称为"体制型通货膨胀"的。

当今中国市场经济体制框架已基本建立,但传统的计划经济体制尚未完全退出历史舞台,新旧经济体制的交互作用与摩擦,确实使体制型通货膨胀的发生存在可能。通货膨胀并非计划经济体制的专利,市场经济体制也不能根除与否定通货膨胀。体制型通货膨胀是否生成,关键在于体制问题对通货膨胀生成一定要起主要或决定性作用,不管其是计划经济体制还是市场经济体制,也不问其是否合理。西方发达市场经济体制曾被称为最先进合理的经济体制,为什么照样一再发生通货膨胀呢?可见,通货膨胀并非某种经济体制运行的必然伴侣与结果。当然,这并不排斥我们对每一次通货膨胀可以从经济体制探寻其生成的深层原因,因为这有助于中国经济体制改革的深化与发展。

基于上述分析与认识,我们认为,治理目前中国的通货膨胀,防止通货膨胀螺旋产生与发展,一定要坚持内外结合、标本兼治、突出重点、协调配套、立体推进、综合治理的原则,总体方略应是控货币、降成本、逐正利、涨工资、防"外输"、扩内需、调结构、转方式、抓改革、促发展。这30字方针既包含治理通货膨胀的措施与手段，又包含了治理通货膨胀的近期与长期目标，尤其突出扩内需、调结构、转方式、抓改革、促发展，这是应对通货膨胀的根本方针与策略。我们相信，只要坚决执行与贯彻好这 30 字方针，目前中国的通货膨胀一定能够得到有效控制与治理，国民经济也会健康协调地实现可持续发展。

（本文与周琳合写，发表于《学习与探索》2012 年第 2 期，被中国人民大学复印报刊资料《国民经济管理》2012 年第 6 期全文转载）

# 中国通货紧缩：定义与成因分析

## 一　通货紧缩的含义及其判别标准

什么是通货紧缩？其主要含义是什么？学术界对此看法不一致。迄今为止，主要有以下几种说法。

第一，"物价总水平下降"说。陈东琪同志认为，"按照萨缪尔逊和斯蒂格里茨的定义，通货紧缩是指'物价总水平的持续下降'。为了精确，我们还可以将这个经典定义作补充：第一，价格总水平持续下降在零值以下，表现为CPI（西方）和全国零售物价上涨率（中国）连续负增长；第二，持续下降的时间在6个月以上。"[1]

第二，"三个要素"说。蒲宇飞同志认为："所谓通货紧缩，主要是指这样一种连续状态：在一定时期内，随着价格总水平的不断下降，总需求没有相应的增长"。对此他还做了以下四点解释。一是关于"一定时期"，他界定在18个月以上。二是关于价格，他认为主要是居民消费价格、商品零售价格和固定资产投资价格。三是关于社会总需求下降，他认为其主要标志是"通货量和货币供给量下降"。四是关于"总需求没有相应增长"，包括三种状态分别为低位徘徊、处于停滞状态、严格单调下降。他特别强调指出："不管具体表达方式怎样千差万别，价格、需求、时间这三要素，

---

[1]　陈东琪：《通货膨胀和通货紧缩交互换位时代的政策操作——兼论中央银行如何用微调方式稳定经济增长》，《财贸经济》1998年第11期。

一个都不能少,单独使用任何一个或者两个要素进行定义,都是不完整的和容易引起歧义的。"①

第三,"两个特征,一个伴随"说。北京大学中国经济研究中心宏观组认为:"一般地说,通货紧缩有两个特征,一个伴随。首先它是一种货币现象,与货币流通量下降有关;其次它会'符合规律地导致物价变化'(哈耶克语),再就是它通常伴随着经济衰退出现。因此,所谓通货紧缩是'减少货币发行量以提高购买力或减轻货币贬值,并引起物价普遍下降的过程'。"他们强调,通货紧缩作为一种货币现象,首先是货币流通量下降,而不等于价格下降,有的权威工具书(如《简明新美国大学辞典》)仅以货币流通速度下降来定义通货紧缩,而完全没有提到价格。②

以上三说的不同之处或分歧在于,其一,物价总水平下降是不是判别通货紧缩的唯一标志,其二,物价总水平持续下降多长时间,如6个月以上还是18个月以上,可以判定为通货紧缩;其三,要不要考虑总需求没有相应增长的因素;其四,要不要考虑货币币值变化的因素。接下来,本文就以上四个问题阐明自己对通货紧缩定义及其内含的看法。

第一个问题:物价总水平持续下降是不是判别通货紧缩的唯一标志?

回答是否定的。造成物价总水平的持续下降,可能有诸多原因。如果是由于社会科学技术进步,劳动生产率提高,使得所有企业产品成本下降,从而使得市场物价水平不断降低,这种由科技进步因素所引致的市场物价总水平下降,应视为正常合理的,与通货紧缩无任何直接关系。只有市场物价总水平的持续下降是由货币供应量过少,与市场商品流通量的需要量严重脱节所引起的,才与通货紧缩有直接关系。市场物价总水平持续下降是通货紧缩的直接结

---

① 蒲宇飞:《持续刺激:治理通缩的新思路》,《经济学家》1999年第4期。
② 北京大学中国经济研究中心宏观组:《面临新千年的话题:通货紧缩与反通货紧缩》,《改革》1999年第4期。

果与显著表现，因此它是判别通货紧缩的一个重要标志，但并不是唯一的标志。因为，市场物价总水平持续下降并不完全等同于通货紧缩。自1893年以来，美国市场物价水平超过两个季度持续下跌有10多次，但公认的通货紧缩只有2次，即1921年一次、1929—1933年大萧条那次[①]。因此，判别是否发生通货紧缩，不仅仅要看市场物价总水平是否持续下跌，还要考察市场物价总水平持续下跌是由什么因素引起的。由于通货紧缩是一种货币现象，因此它发生的直接原因必然是在货币供求失衡上，必然是货币供给量过少，其他非货币供给量因素引起的市场物价总水平下降，不能认为是通货紧缩。否则，会发生判别失误，而判别失误，必将导致政策失误。

第二个问题：市场物价总水平持续下降多长时间可以判定为通货紧缩？

我赞同"6个月以上"的提法。这里，时间的界定很重要。时间界定得太短或太长，都不利于对通货紧缩的科学判断。时间界定得太短（如3个月），容易把非通货紧缩判定为通货紧缩；时间界定得过长（如18个月），容易将已发生的通货紧缩判定为非通货紧缩，而这种误判都会导致宏观经济政策操作偏差及失误。我之所以认为时间界定为6个月以上较为合适，基于以下两点考虑。一是市场物价的下降和上涨一样，都存在着一种运动"惯性"。将市场物价总水平持续下降时间界定为6个月以上，充分考虑了价格下降运动的惯性及连续性。这样有利于排除那些偶然的、暂时的，或短期的物价水平下降。同时，也有利于防止对通货紧缩的迟判，贻误"战机"。二是财政货币政策对经济运行的作用存在一定的"时滞"。从政策上说，治理通货紧缩主要靠运用好财政货币政策，而财政货币政策操作要有一个过程，它们从启动到发挥作用不仅需要时间，而且存在作用"时滞"（比如一笔巨资从拨付投资到实际发

---

[①] 北京大学中国经济研究中心宏观组：《面临新千年的话题：通货紧缩与反通货紧缩》，《改革》1999年第4期。

挥作用一般要有大约6个月的时滞)。将市场物价总水平持续下降6个月判定为通货紧缩,此时开始启动财政货币政策进行治理,增加货币供应量,要到第10—12个月后才能见实效。按此道理,将物价总水平下降18个月界定为通货紧缩,显然时间太长了,必定影响对通货紧缩的及时判定和治理。

第三个问题:要不要考虑社会总需求没有相应增长即社会有效需求不足的问题?

我的回答是肯定的。总需求不足与货币供应量过少有直接关系,它也是直接导致市场物价总水平持续下降的重要原因之一。总需求不足无论是由投资需求不足引起的,还是由消费需求不足引起的,或是二者都不足综合起来引起的,都与货币供给量不足有关——投资资金不足与消费资金不足。投资资金不足必然造成企业开工不足、失业增加、生产下降;消费资金不足必然使居民收入下降,消费支出减少,而上述这些表现均是通货紧缩显著特征。世界上治理通货紧缩的最著名也是最有效的理论——凯恩斯创立的"有效需求不足"理论,就是运用增加货币供应量的办法来刺激社会总需求增长,实现经济增长的目标。正如通货膨胀一般是由社会总需求膨胀引发一样,通货紧缩亦一般是由社会总需求不足所引发的。因此,判别通货紧缩无论如何也不能离开或抛弃社会总需求不足这个因素。在这个问题上,我认为蒲宇飞同志的"三要素"中列入"需求"一项,是有一定科学道理的。

第四个问题:要不要考虑货币币值变化的因素?

在上述对通货紧缩进行定义的"三说"中,唯有北京大学中国经济研究中心宏观组的定义提到货币币值变化的因素。他们基本上是按照《经济学大辞典》(团结出版社1994年版)来定义通货紧缩的,指出:"所谓通货紧缩是'减少货币发行量以提高购买力或减轻货币贬值,并引起物价普遍下降的过程。'"这里讲的"提高购买力或减轻货币贬值",就是指货币币值的变化。货币购买力的提高意味着同样的货币购买到更多商品和服务,意味着货币升值。"减轻货币贬值"与通货膨胀的货币贬值是反向的,具有升值的意思。货币发行量、货币币值及物价水平三者之间有密切的因果联系。货币发行量减少，物价水平降低必然使货币币值上升。所以，考察和判别通货紧缩不能忽视货币币值变化的因素。如果货币没有升值，仅仅是由原来的不稳定回归到稳定，那就不能认为是通货紧缩。

总之，我认为必须与通货膨胀相对立和相对应来给通货紧缩下定义，确定其内含。所谓通货膨胀是由于货币发行过多，超过了商品流通实际需要量而引起货币贬值、物价总水平持续上升的一种现象。这里有四个方面的含义：一是货币供应量过多；二是多多少，必须是超过了商品流通的实际需要量，使得社会需求膨胀；三是货币贬值；四是市场物价水平持续上涨。通货紧缩作为通货膨胀的对立面，理所当然要包括上述四个方面的反向含义。概括起来讲，通货紧缩就是由于货币供应量过少，远远不能满足市场商品流通的正常需要，从而引起货币升值、市场物价总水平持续下跌的一种现象。所以，我对通货紧缩的定义是"四要素"说，即货币供应量、社会需求、货币币值、物价水平。对通货紧缩进行科学定义，无论如何不能抛开这四个因素。这四个因素是紧密相连、不可分割的，只有统一和结合起来，才能科学地界定通货紧缩范畴的真正含义。

## 二　中国发生通货紧缩的条件及原因分析

新中国成立以后，我国曾发生多次通货膨胀。仅改革开放以来，比较严重的通货膨胀就有三四次。1980年通货膨胀率为6.0%，1985年通货膨胀率为8.8%，1998年通货膨胀率为18.5%。每次治理通货膨胀都采取了比较严厉的紧缩政策，结果都没有产生通货紧缩现象。而令人不解的是，1993—1995年的高通货膨胀经过1995—1996年的治理后，为什么会发生明显的通货紧缩呢。在20世纪90年代末，中国出现通货紧缩，绝非偶然的，而是有深刻的社会条件以及原因的。

第一,"过剩经济"的出现,使20世纪90年代末的中国具备了产生通货紧缩的客观经济条件。

改革开放之前,由于计划经济体制严重束缚和阻碍了社会生产力的发展,因此必然造成社会有效供给不足,形成"短缺"经济。"短缺经济"是计划经济固有的典型特征。在"短缺经济"条件下,几乎什么商品都供给不足,买东西凭票排队,各种票证有几十种之多,可以排几天的排队,吃穿住行样样都难。从20世纪70年代末开始,中国对计划经济体制进行根本改革。放权让利也好,利改税也好,实行租赁承包制也好,甚至推行股份制也好,都对市场机制与价值规律有效运作产生了积极促进作用,尽管每一步改革有其局限性及不足,但都在很大程度上解放了社会生产力,促进了社会生产力的发展,使我国经济的"短缺"程度有了很大的改变。一个外在的直观的表现就是,市场上各种商品供应充足,各种票证相继消失,排队现象也很少见了。从80年代末到90年代初,中国经济已经悄悄地由"短缺经济"向"过剩经济"转变。这个判断的实证就是,1988年的全国大抢购,并没有把商品"抢光",许多商品仍供应充足,抢购者只是把国家和众多企业的"库存"抢购了。所以,1990—1991年出现了市场疲软,各种"卖难"现象相继出现。1992年春,邓小平南方谈话发表以后,党中央决定在中国建立社会主义市场经济新体制,这两个重大的事件,就如强劲的东风,有力地推动了中国经济的超常规发展。1992—1995年连续4年呈两位数以上的高增长(GNP增长率1992年为14%,1993年为13.3%,1994年为11.6%,1995年为10%)[①],1996年虽然稍有下降,但仍高达9.7%,1997年也达8.8%。可以肯定地说,GNP连续五六年的高增长使社会总供给与总需求的关系发生了根本性的变化——"短缺经济"时代宣告结束,供大于求的"过剩经济"已经形成和开始。据国内贸易局统计,1997年我国市场有93.8%的商品供求平衡或供大于求。1998

---

① 茅于轼:《也说通胀和失业》,《改革》1996年第2期。

年下半年，通过对 610 种主要商品的调查，供求基本平衡的有 403 种，占 66.07%；供大于求的有 206 种，占 33.77%，二者合计占 99.84%，供不应求的商品只有 1 种，即棕榈油。1999 年上半年，国内贸易局通过对 606 种主要商品排队分析，结果为：供求基本平衡的商品有 168 种，占 27.27%，供大于求的商品有 437 种，占 72.11%，两项合计占 98.83%。① 供大于求的商品的比重，1999 年比 1998 年明显上升了。这表明中国的经济过剩已远远超过了"合理过剩""必要过剩"的限度，进入了典型的"过剩经济"时代。这种过剩，有相当部分产品是根本没有社会需求的，市场上没有相应的货币使其价值得以实现，因此，它是产生通货紧缩的根本物质基础和主要经济条件。

第二，货币供应量减少，满足不了市场商品流通的正常需要，是导致目前我国通货紧缩的直接原因。

通货紧缩总归是一种货币现象，探寻其发生的原因，不能也不应该脱离货币关系。货币是在商品流通中产生，并为商品流通服务的。货币供应量必须与市场商品流通的需要量相适应，这是马克思揭示的货币流通规律的基本要求。无论是通货膨胀还是通货紧缩，都是违背货币流通规律的结果。当货币供应过多，超过了市场上商品流通的实际需要量，就必然发生这种状况——过多的货币追逐较少商品，物价上涨，出现通货膨胀；当货币供应量过少，不能满足市场商品流通的需要，就必然产生与上相反的情况：较多的商品追逐过少的货币，商品价格下跌，出现通货紧缩。可见，通货紧缩与通货膨胀都是货币供求关系严重失衡的结果，所不同的是，通货膨胀是货币供大于求，而通货紧缩是货币供不应求。

自 1997 年以来，我国的货币供应量增长速度明显下降，其结果是货币供应严重不足。以 M1 为例，1990—1996 年 M1 的年均增长速度超过 25%，1997 年降到 16.5%，1998 年进一步降到

---

① 王洛林、刘树成、刘溶沧：《论如何进一步启动经济》，《财贸经济》1999 年第 4 期。

11.9%，已不足 1990—1996 年平均水平的 1/2。1999 年加大了货币的投放，但 M1 的增长率仍由 2 月份的 16% 滑落到 5 月份的 13%。① 造成货币供应量减少的原因是多方面的，其中主要有五点。其一，企业普遍开工不足，大批企业破产，下岗、失业职工增多，不开支的企业和拖欠工资的单位越来越多，全社会工资供给减少。其二，众多国有企业产品成本上升，亏损增加，经济效益逐年下滑，欠银行的债务越来越多，根本无力偿还。举借新债又无好项目可投资，所以不敢也不愿向银行贷款。这就形成"两不贷"的局面，即企业不向银行贷款，银行也不再对效益下滑企业贷款，从而使得银行的信贷供给减少。其三，国家通过商业部门收购农副产品，是投放货币、增加货币供应量的一个重要渠道。近些年农副产品越来越"难卖"，各地打"白条"现象有增无减。这也使广大农村货币供应量显著减少，农民货币收入减少，影响与制约了农民消费的增加。其四，储蓄增加，投资下降。储蓄增加意味着更多的货币退出流通进入银行"蓄水池"，尤其是一年以上的定期储蓄的增加，表明这些货币在一年乃至更长的时间不会进入流通领域，除非由银行贷放出去。1992 年全国城乡居民储蓄（年末余额）为 11545.4 亿元，到 1998 年猛升到 53407.5 亿元，增长近 5 倍。② 尽管银行多次降息，居民储蓄仍居高不下，1999 年 1—5 月累计增加 5599 亿元，已接近 6 万亿大关。③ 孤立地看银行储蓄增加是好事，并没有值得大惊小怪的问题，但是与投资减少和下降联系起来看，问题就大了。它说明有更多的货币滞留在银行。1999 年 5 月全部金融机构存款大于贷款的差额由年初的 9438 亿元增加到 12453 亿元，增长了 32%。④ 这些巨额资金没有转化为投资，成为促进经济增长的因素，还增加了利息的负担，使银行没有贷差，丧失利润，发生经营亏损。实行"拨改贷"之后，各企业和单位进行投资已不能取

---

① 范剑平：《通货紧缩是当前经济运行中的首要问题》，经济形势高级研究会资料。
② 范剑平：《扩大内需政策效果评价与下一步对策》，《经济学动态》1999 年第 2 期。
③ 范剑平：《通货紧缩是当前经济运行中的首要问题》，经济形势高级研究会资料。
④ 范剑平：《通货紧缩是当前经济运行中的首要问题》，经济形势高级研究会资料。

得财政拨款，而主要依靠银行贷款来进行。尽管从去年开始国家加大了投资的规模和力度，民间投资（非国家投资，主要是企业与单位、个人投资）却没有跟进，整个社会固定资产投资明显回落。1998年非国有经济的固定资产投资仅为7180亿元，比上年11849亿元下降了30%多。[1] 1999年1—5月，固定资产投资比去年同期增长17.6%，但比第一季度的22.7%有较大幅度的回落。投资降幅较大的是4月，这个月的固定资产投资仅增长11.3%，比上月下降了7.7个百分点。[2] 需要指出是，1996年以来的投资下降有合理的因素，那就是针对1993—1995年投资膨胀的投资下降，不仅是必要的，而且是合理的。尤其是把过热的房地产投资和过热的股市投资降下来，更是有益的。问题在于"刹车"过急，下降速度过大过猛，几乎是"一刀切"地收缩投资基金，造成众多"半截子工程"，使投资由"过热"变得"过冷"。其五，外汇占款使得基础货币投放减少，这也加剧了市场货币供应量的减少。1995—1997年，我国的外汇储备猛增，外汇占款率较高，分别达到51%、41%、40%。

但是，通过外汇占款的基础货币投放却没有相应的增长，仅增长1.94%。1998年，我国贸易顺差继续增长，达到426亿美元，但由于企业推迟结汇和骗汇逃汇，使国家外汇储备仅增长52亿美元，应结汇而未结汇的仅以400亿美元计算，通过外汇占款渠道少投放基础货币30亿元，以1998年第四季度货币乘数4.05计算，流通中短缺了13446亿元。[3]

第三，社会消费需求不足，消费结构失衡，是目前导致我国通货紧缩的一个重要原因。

生产决定消费，消费也反作用于生产，消费水平受生产水平所决定和制约，消费水平的提高也能促进生产的发展，这是马克思

---

[1] 范剑平：《扩大内需政策效果评价与下一步对策》，《经济学动态》1999年第2期。
[2] 范剑平：《通货紧缩是当前经济运行中的首要问题》，经济形势高级研究会资料。
[3] 范剑平：《通货紧缩是当前经济运行中的首要问题》，经济形势高级研究会资料。

关于生产与消费关系的基本原理。对这个原理，在一个很长时期曾有过片面理解，认为消费是被动的，它是由生产决定的，只要生产增长了，消费不会成问题，因而只重视生产，严重忽视消费。迄今为止，我们对马克思关于消费对生产的决定作用的认识与研究仍不够。

马克思指出："没有生产就没有消费，但是没有消费，也就没有生产。因为如果这样，生产就没有目的。消费从两方面生产着生产。（1）因为产品只是在消费中才成为现实的产品。……（2）因为消费创造出新的生产的需要。"① 马克思还特别强调指出："最后，消费的需要决定着生产。"② 在"过剩经济"时代，消费对生产的决定作用尤为明显。因为"过剩经济"的基本特征是供给大于需求，生产大大超过消费并且与消费严重脱节，许多商品没有社会消费需求，找不到买主，这时有没有社会消费需要已成为社会生产能否发展的关键性的决定因素。

自1997年10月以来，我国进入了消费严重不足，影响和决定生产的阶段。目前我国发生的通货紧缩，不仅是由于社会消费需求总量不足所致，同时也与消费结构失衡有关。因为，目前我国发生的生产过剩，不仅仅是总量过剩，更重要的是结构性过剩；通货紧缩也不仅仅是总量紧缩，同时也包括结构性的紧缩。相对于总量矛盾而言，结构性矛盾是较深层次的矛盾，是更难以解决的一种矛盾。在我国总量明显不足的社会消费结构中，生产消费与生活消费的比例严重失衡，表现为生活消费滞后于生产消费。资料显示，近几年城乡居民实际消费增长迟缓。1997年全国城镇居民家庭减收面达39%，比1996年增加了3个百分点。1998年由于失业人数剧增，失业面扩大，减收面超过40%。这两年农民的收入也是近些年来的最低点。在生活消费中，城镇居民的生活消费水平与农民的生活消费水平差距进一步拉大。目前农民的人均收入仅相当于城镇居

---

① 《马克思恩格斯全集》第四十六卷（上册），人民出版社1979年版，第28页。
② 《马克思恩格斯全集》第四十六卷（上册），人民出版社1979年版，第37页。

民的40%,消费水平与城镇比较要低一、二个档次。这不仅是由于农民收入增长速度相对较慢,更重要的是近些年来农民的各种负担非但没有减轻,反而日趋加重;同时,也与农村市场不发育,制约了农民的消费有一定关系。由于当今中国收入差距明显扩大,各阶层的消费也存在一种畸形化的倾向。首先,高收入的富人阶层是"有钱不买",因为他们该买的东西几乎都买完了,什么洋房、轿车、高档家具、名牌电器等应有尽有。其次,中等收入的所谓"白领阶层"及中下等收入的"工薪阶层"都"惜买",因为他们都在尽力地积攒货币,前者在进行资本积累,以便有一天跨入"富人阶层";而后者则为以后儿女上学攒钱,为防止自己失业而攒钱,为防止自己及家庭成员出现"天灾病祸"而攒钱,为自己购房而攒钱,等等。为防后顾之忧,他们必须节"欲",必须节制消费。再次,低收入阶层的人群只能维持个人及家庭的基本生活消费需要,无力购买彩电、冰箱、空调及家具等大件商品,对发展资料及享受资料根本不可能或极少问津。最后,最差的人群就是"失业者阶层",他们所在的企业破产了,断绝了收入来源,好一点的能领到一点微薄的"失业救济基金",相当多数的人完全要靠自己去谋求生路。他们是中国承担改革成本最大的人群,也是收入水平、消费水平最低的阶层。消费阶层结构的畸形以及贫富差距的拉大,更是加剧了整个消费结构的失衡,而失衡的消费结构又与生产结构严重错位、脱节,无法适应生产结构的要求,加剧了社会生产的"过剩",进而使得通货紧缩"雪上加霜"。

第四,在向市场经济转轨过程中,计划经济体制与市场经济体制的矛盾、摩擦乃至激烈的冲突,是目前我国发生严重通货紧缩的一个重要体制原因。

从改革那天起,尤其是在市场化改革的进程中,随着计划经济体制的每一个环节的突破和新的市场经济体制因素的产生和确立,新旧两种体制的矛盾和摩擦越来越激烈。传统的计划经济体制是一种高度集权的主要依靠行政手段和指令性计划来推动经济增长的体制,它否定市场机制与价值规律,追求数量扩张与速度,以粗放的增长方式为特征。而市场经济体制则是一种分权的经济主体自主决策的体制模式，它主要靠市场机制的调节来配置社会资源，价值规律自动支配和推动经济的运行和增长，它是一种追求质量与效益，以集约增长方式为特征的高效率体制。但两种体制存在内在矛盾，它们在运行与转换过程中，这种内在矛盾必然要外在化、显形化，形成激烈的体制摩擦与冲突。传统计划经济体制追求数量扩张，追求高速增长，这必然引起经济"过热"以及需求膨胀，从而引发通货膨胀；而市场经济体制注重质量的提高，追求效益及效率的提高，就必然要求经济增长方式由数量粗放型转变为质量效益型。目前我国的计划经济体制虽然在很大程度上有所改变，以追求数量和速度为特征的粗放的增长方式却没有根本转变，所以经济肌体内仍存在一种无限扩张的冲动，尚有产生与形成"生产过剩"的动力机制与条件。而市场经济体制的逆向作用，在讲究质量与效益机制的作用下，又会对社会总需求扩张有重要的遏制作用，这样总需求的遏制与生产的无限扩张冲动便发生矛盾与冲突，是导致通货紧缩的一个重要的深层原因。

第五，"适度从紧的财政货币政策"从紧过度是导致目前我国通货紧缩的一个重要政策原因。

通货紧缩作为一种宏观经济现象，与国家的宏观经济政策有着密不可分的关系或联系。它与产业政策、投资政策、收入分配政策等都有关，但主要与财政政策和货币政策这两大宏观经济政策有着十分密切的关系。具体来说，它是财政货币政策"从紧"过度的结果。

人所共知，1992年，在全国一片争上"新台阶"的巨大声浪中，投资扩张、"房地产热""股票热""期货热"等一再升温，致使社会总需求急剧扩大，引发了改革开放后最严重的一次通货膨胀。1993年通货膨胀率达13.2%，1994年猛增至21.7%，1995年为15%。面对如此严重的通货膨胀形势，国家采取了严厉的措施：撤换了人民银行行长，对金融机构与金融秩序进行了强有力的整顿与治理，并开始实施"适度从紧的财政货币政策"。我认为，这一切都是必要的、及时的，也是正确的。倘若此时再不踩"刹车"，高速增长的、已经过热的中国经济势必要发生日本那样的"泡沫经济"，其后果是不堪设想的（日本由于泡沫经济"泡沫"的破灭，导致战后以来最严重、持续时间最久的一次经济衰退）。问题主要在于，"刹车"过急，力度过大。确立"适度从紧的财政货币政策"是科学的，符合当时我国的实际，问题在于实施过程中由于操之过急、力度过大，超过了"适度从紧"的界限。有的同志认为，这次宏观调控是一次成功的"软着陆"，是一次重大的胜利，尤其是东南亚金融危机爆发后更证明了这一点。对此，笔者有不同的看法。笔者认为，这次宏观调控是对过热的经济强行"降温"，是一次基本成功的"硬着陆"。正因为是"硬着陆"，冲力过大，所以难免要带来一些负面效应，即物价水平下降过快过大，由表1可知。

表1　　　　　　　　1992—1998年我国物价总水平

| 年份 | 1992 | 1993 | 1994 | 1995 | 1996 | 1997 | 1998 |
|---|---|---|---|---|---|---|---|
| 物价总水平(%) | 5.4 | 13.0 | 21.7 | 14.8 | 6.1 | -0.8 | -1.5 |

资料来源：《中国统计年鉴》（1998）。

从1995年开始宏观调控，抽紧财政货币政策，只经过一年左右的时间就把物价总水平从14.8%压到6.1%，陡降8.7%，近9个百分点；1997年又由1996年的6.1%，剧降到0.8%，降幅也高达5个百分点多；到1998年已降为负值。可见，紧缩之狠、力度之大，无论如何不能认为是"适度从紧"。经济肌体犹如人体一样，发热时只有服"温药"，缓缓降温，才会治疾病而不损伤肌体；而施"猛药"，强行急剧"降温"，非但治不好，反而会严重损伤肌体。目前我国发生的通货紧缩实际上就是对上一轮通货膨胀的矫枉过正，是宏观调控力度过大过猛，财政货币政策从紧过度的结果，也是我国经济"硬着陆"所带来的一个负面效应。

第六，东南亚金融危机的影响，我国外贸出口大幅度下降，也是导致我国通货紧缩的一个重要条件和因素。

东南亚金融危机首先是从泰国开始的。1997年7月2日，泰国当局宣布放弃长达13年之久的泰铢与美元挂钩的汇率制度，随后泰铢贬值超过50%。泰国的金融危机很快波及印度尼西亚、马来西亚、菲律宾、新加坡等国，形成了一个席卷东南亚地区的金融风暴。这场风暴发生后很快蔓延到韩国、日本、俄罗斯及欧美国家，使国际市场上的世界性需求下降，众多国家宣布货币贬值，商品价格持续下跌，整个世界经济处在激烈动荡之中。

东南亚金融危机对我国的影响与冲击是相当大的。随着当今世界经济的日趋一体化，任何国家或地区都不可避免地受到来自其他国家或地区的影响。中国作为一个新兴的亚洲"经济大国"，伴随对外开放步伐的加快，早已被纳入世界经济体系。据国家统计局统计，我国经济的对外依存度已从1978年的9.8%上升到1996年的35.6%，GDP增长2个百分点是靠外贸出口带动来实现的。从我国与东南亚及东亚各国的相互依存关系上看，对外贸易的依存关系更是日益加深。1997年，在我国前20名的贸易伙伴中，东南亚国家联盟（简称"东盟"）就有4个，东亚的日本、韩国均是我国最大的贸易伙伴。东南亚、东亚各国发生的金融危机自然就要对我国对外贸易造成巨大的影响与冲击。首先，出口额下降。东南亚金融危机爆发的一个重要原因是这些国家债务负担过重，债务到期无力偿还引起的。为了偿还已到期的债务，势必要削减支出。它们这样做的直接结果就会影响我国对该地区的出口。从1997年8月开始，我国对东南亚地区的出口成交额明显下降，有不少已签订的合同未能执行，停止生产；有些合同要求延期执行，并降低出口商品价格。其次，出口商品结构的矛盾更加突出。我国对东南亚和东亚一些国家如新加坡、菲律宾、泰国、马来西亚及韩国等国的出口商品均以纺织品、化纤制品、电气产品和机械产品为主，出口额均占各国进口总额的一半以上。近些年来，由于这些国家经济增长率降低，国内市场严重萎缩，它们不仅大量减少进口，还采取种种政策措施鼓励这些产品出口，这就使得我国对这些国家的外贸额必然下降。最后，出口商品的竞争力下降。由于金融危机的影响，东南亚及东亚地区各国的货币纷纷大幅度贬值，本国货币对美元的比价几乎都降到近10年来的最低点。据报道，近一年来，泰铢对美元的汇率已经贬值68%，马来西亚的货币币值贬值45%左右，新加坡的货币币值下降超过15%。随着东南亚金融危机的四处扩张与蔓延，世界上许多国家（如欧美一些国家）为了保持本国出口产品的竞争能力，纷纷采取本国货币贬值的办法。在我国周边国家和地区大刮"贬值风"的情形下，我国硬是坚持人民币不贬值，似乎是得不偿失的。因为这样做大大削弱了我国的出口商品的竞争能力。人所共知，其他国家货币贬值，而我国的货币不贬值，在其他条件不变的情况下，相当于我国货币升值。这一降一升，产生截然不同的"外贸效应"（进出口效应）。货币贬值，使得本国商品在国际市场上价格便宜，加强了其在国际市场上的竞争能力，有利于限制进口和扩大出口；而货币升值却使得我国商品价格相对升高，降低了它在国际市场上的竞争能力，直接限制了我国商品出口的扩大。在国际贸易中，同样的商品，谁的价格越便宜，谁就越有竞争力。事实上，由于我国坚持货币不贬值，使我国的对外贸易蒙受了巨大损失。在国内商品供大于求以及市场疲软的情况下，急切需要通过扩大外贸出口摆脱困境，而东南亚、东亚地区的金融危机又对我国的外贸出口形成巨大冲击，使我国外贸出口下降，大批外贸企业陷入经营亏损的困境，乃至破产企业增加，这在客观上促进和加剧了国内的通货紧缩。所以，东南亚、东亚地区金融危机对我国的冲击，是导致我国通货紧缩的重要条件和客观因素。

综上所述，目前我国发生的通货紧缩是由多种因素造成的，确实"是多种原因的并发症"[①]。上述六个因素都对通货紧缩的产生发挥作用，任何一个因素是都不可否定的。但它也绝非由某个单一

---

[①] 北京大学中国经济研究中心宏观组：《面临新千年的话题：通货紧缩与反通货紧缩》，《改革》1999年第4期。

因素孤立作用的结果。有的同志认为,"中国目前通货收缩的根本原因是企业经济效益下降"①。我认为,这样认识和概括过于简单化。我国国有独立核算工业企业主要经济效益指标见表2。

表2　　　　　我国国有独立核算工业企业主要经济效益指标

| 年份 | 每百元固定资产原值实现利润和税收(元) | 资金利税率% | 产值利税率(%) |
|---|---|---|---|
| 1980 | 24.5 | 23.5 | 24.1 |
| 1990 | 12.9 | 12.4 | 12.0 |
| 1995 | 9.3 | 8.0 | 11.1 |

资料来源:《中国统计年鉴》(1996)。

由表2可见,企业经济效益尤其是国有企业经济效益下降,并非近两年新出现的现象,可以说它是我经济运行与发展中始终强调解决而又一直没有很好解决的老问题。为什么20世纪80年代中后期和90年代初都没有引发通货紧缩,而偏偏在90年代后期成为通货紧缩的"根本原因"?"生产成本上升所导致的企业亏损"②确实使企业经济效益下降,但它在1988年以及1994年、1995年都成为引发成本推进型通货膨胀,而却没有成为通货紧缩的"根本原因"。可见,"用企业经济效益下降"这单一因素来说明目前我国通货紧缩产生的"根本原因",似乎不够全面和科学。通货紧缩无疑是一种宏观经济现象,其产生固然有其微观原因,但根本原因不在微观领域,只能从宏观上寻找。在我看来,在上述六条重要原因中,有两条可以看作其产生的"根本原因":一是体制,即粗放型经济增长方式赖以生存的传统计划经济体制是产生通货紧

---

① 余永定:《打破通货收缩的恶性循环——中国经济发展的新挑战》,《经济研究》1999年第7期。

② 余永定:《打破通货收缩的恶性循环——中国经济发展的新挑战》,《经济研究》1999年第7期。

缩的深层原因，这是客观因素；二是政策，即财政货币政策从紧过度是产生通货紧缩的具体原因，这是主观因素。其他因素可以认为是由这两个因素决定和派生的，这两个因素的结合是产生通货紧缩的根本原因。

（本文发表于《吉林大学社会科学学报》2000年第2期，被中国人民大学复印报刊资料《社会主义经济理论与实践》2000年第5期全文转载）

# 通货紧缩预期对我国经济发展的影响及应对策略

## 一 目前我国通货紧缩预期的主要表现、基本特征及危害

所谓通货紧缩预期，就是指社会经济活动当事者依据已有的理论、信息与资料，对通货紧缩的未来走向与趋势所做的预测。这里讲的社会经济活动当事者，包括社会上所有的各个阶层的民众。无论哪个阶层或群体中的人，都与社会经济活动有着直接或间接的关系。生产、交换、分配、消费是社会再生产的四个环节和领域，参与这些领域活动的人，都是经济活动的当事者。

通货紧缩预期是自1997年10月中国经济运行出现通货紧缩之后出现的，是与通货膨胀预期相对立和对应的。学术界对通货膨胀预期已有许多的研究，而由于通货紧缩及其预期是当今中国经济运行中发生的一种新现象，因而缺乏深入系统的研究。我认为，通货紧缩预期作为一种社会心理现象，它是通货紧缩实际的反映和作用结果。伴随通货紧缩的蔓延、拓展和加重，通货紧缩预期也不断蔓延、拓展和加重。经过近两年的治理，日趋严重的通货紧缩势头已得到有效控制，但通货紧缩预期作为一种独立的现象，由于其前冲性、连续性及惯性的作用，非但没有减弱，反而在许多领域和方面还有所强化与加重。主要表现在以下几方面。

第一,从生产领域来看,生产者预期未来边际生产率下降,边际收益下降。之所以会产生这样的预期,根本原因在于,目前我国生产资料供大于求,总量与结构双失衡的状况在短期内不会有根本性改变。如钢材、煤炭、石油、水泥等总量均居世界前列,有不少产品产量位居世界第一,而却为"世界第一"所苦恼;因为总量过剩与结构失衡的矛盾非常突出。1999年全国钢产量达1.2亿吨,居世界第一,但由于大部分为粗钢和低质钢,品种、规格单调,不适应国内市场需要,导致大量滞销和库存积压;同时企业生产需要的优质钢、特种钢等却又不得不依赖国外进口。我国每年从国外进口优质钢、特种钢达1000万吨以上。其他许多位居"世界第一"的产品,均存在类似情况。在煤炭、纺织、家电等行业,结构性矛盾尤为突出。只有把总量压下来,把结构调整好,实现总量与结构双优化,才能上水平、出效益、增盈利。然而,这不仅需要一定的时间,更需要付出较大的代价。面对这种前景,企业生产者的心理预期必然难以看好。而在总量与结构双失衡条件下对生产前景丧失信心的企业,是不可能走出困境的,企业的生产效率和收入也不可能有明显的改善和提高。

第二,从流通领域看,经营者预期未来经营风险加大、成本提高,盈利的机会越来越少,因此,或退出经营,或缩减经营规模。之所以会产生这样的预期,根本原因在于目前我国经济的经营管理水平低下,秩序混乱,市场竞争过度。无序竞争、恶性竞争、垄断竞争等愈演愈烈,价格大战狼烟四起。在"短缺经济"时代,商家卖什么都好卖,卖什么都赚钱,用不着怎么费力推销,更不用付高昂的产品广告及宣传费,经营成本低廉;而现在不同了,经济发展进入"过剩"时代,绝大部分商品"过剩",商家经营什么都难卖,卖什么也都不太赚钱,抑或是拼力打广告搞推销,甚至低价倾销,也难以在激烈无序的竞争中取胜。经营亏损使不少商家倒闭,退出经营领域,这就越发加重了经营者们的不良心理预期,给经营水平升级和经济的健康发展带来巨大的负面影响。

第三,从分配领域看,广大民众日益感受到社会收入分配的差距越来越大，普遍预期未来收入不稳定，不仅未来生活提高是个未知数，而且未来维持生活缺乏可靠保障。之所以造成民众这种心理预期，有多种因素。一是分配不公加重，两极分化倾向明显，依靠勤奋劳动不能致富，搞歪门邪道、非法经营能发大财。二是公有制经济中"穷庙富方丈"，大量企业亏损，职工收入减少，甚至企业破产，大批工人失业，没有收入来源。三是职工再就业难。我国劳动力市场严重供大于求的局面，在短时期内不会根本改变。职工失业后欲再就业，完全依靠国家安置已不可能，也做不到。进入劳动力市场，自谋职业，恐怕是唯一的选择。由于目前我国的劳动力市场发育不充分，管理又极不规范，缺乏健全的规则和必要的制度，所以通过市场机制实现再就业也还是相当困难的。职工如不能顺利实现再就业，以后的生活就没有必要的收入作保障。四是失业救济基金尚未完全建立，失业者不能按时足额领到失业救济金，职工失业后无人过问的状况日益增多，"送温暖"活动仅是一种象征性的"关怀"，且是一种权宜之计。失业保障线的构筑不仅需要巨额资金，而且需要政策与法规支撑。而这都需要有一定的时间过程，也是影响人们的未来预期的重要因素。面对严重的收入差距扩大和两极分化的现象，面对严重的失业及未来收入不稳定的情况，人们为了防患于未然，自然要把现在有限的收入积攒起来，储蓄起来，自己为自己构筑"失业保障线"及"最低生活保障线"。而这样做，必然使大量货币沉淀下来，或在银行储存起来，减少即期购买力，影响市场商品的销售和价值的实现，促进市场进一步疲软，加剧通货紧缩进一步恶化。

第四，从消费领域看，全社会的民众作为消费者普遍预期市场物价水平会逐步下降。越来越多的人持币不买，使即期消费明显下降。1998年居民做出消费物价走低的预期，1999年被证实。1998—1999年，国家出台了种种扩大内需、扩大消费的措施，试图拉动市场价格回升，并有一定的涨幅，但效果并不明显。2000年春节尽管有一个假日消费高潮，也没持续很久便落了下来，市场物价仍陷于比较低迷的状态。据国家统计局公布的数字，2000

年2月，居民消费价格连续22个月负值运行之后首次出现上涨，但涨幅也只有0.7%。消费者对市场物价水平继续走低的预期不仅没有消除，反而进一步加重和强化。进入3月，消费者对市场物价水平继续降低的预期再一次被证实。家电、布料、服装、肉类、蛋类、粮食等与人们生活消费密切相关的商品价格进一步下跌。2001年，国家进一步加大启动市场的力度，但消费品市场价格回升仍十分乏力。消费品市场物价水平持续低迷，不仅会严重打击生产，更为严重或令人担忧的是物价水平一再走低的预期不断被证实，人们便会不断地持币不买，等待物价水平更进一步下降，由此形成一个不断自我强化的循环，产生"预期—通货紧缩螺旋"。它与"预期—通货膨胀螺旋"恰好相反，前者为上升螺旋，后者为下降螺旋，但后者比前者更难治理。因为通货膨胀是搜刮消费者，以价格为手段从消费者口袋里取钱，容易引起消费者震怒和强烈反对；而通货紧缩则对已经就业并有货币收入的消费者"有利"，物价水平的下降等于提高了他们手中货币的实际购买力，同等数量的货币收入会比以前购买到更多的商品和服务。由于他们会从中得到实惠，自然不会像对通货膨胀那样厌恶，那样激烈抨击和反对。所以，一个国家的经济一旦进入"预期—通货紧缩螺旋"的循环，就无异于陷入一个烂泥潭，除非有大的治理动作与措施，否则难以自拔。

综观目前我国通货紧缩预期的发展状况，不难发现以下几个显著特点。

第一，预期日益趋向理性化。在1997年上半年乃至1996年，虽然人们普遍沉浸在市场物价水平从1994年（21.7%）和1995年（14.8%）的高位降下来的欢乐之中，但对通货膨胀的恐惧并没有消失，仍担心通货膨胀会反弹和加剧。因为1996年的市场物价水平仍为6.1%，通货膨胀预期并未有根本性转变，这时可以说全无通货紧缩的准备和预期。1997年10月至1998年上半年，广大民众已从经济生活中切身感觉到通货紧缩在他们身边发生，并影响着他们的经济生活；但这时仍谈不上对通货紧缩的理性认识与预期。因为这时他们只是从感性上知道到处"钱紧",生产者的生产状况不佳,产品销售困难,经营者经营困难,他们都喊"钱难赚""生意不好做""厂子要停产"等,可以说对通货紧缩的认识与理解完全是处于一种非理性状态。自 1998 年下半年以后尤其是 1999 年,在党和国家针对通货紧缩的积极财政货币政策大力实施,各种舆论工具和宣传媒体从理论上阐释通货紧缩的形成机理、一般特征、社会效应、应对措施的情况下,广大民众对通货紧缩的认识越来越趋向理智,由通货紧缩的非理性预期逐步转向通货紧缩的理性预期。至 2002 年,人们已经在通货紧缩状态下生活了 3 年多,对通货紧缩的预期能力及水平有了显著的提高。人们对家电市场价格变动的预期,对房地产市场价格和汽车市场价格的预期等,都清楚地表明——当今中国的广大民众对通货紧缩的预期已经在很大程度上理性化了。

第二,同政府行为"对策"化。广大民众对通货紧缩预期理性化的一个重要标志在于,他们不仅像政府一样可以对市场物价走势依据自身的经验、信息进行理智的预期,对通货膨胀或通货紧缩状况做出理性判断,而且对政府的政策行为变化也进行一种理性预期(尽管许多人仍处在非理性预期状态),这就会大大影响政府应对、治理通货膨胀或通货紧缩政策的实施效力和实施效果。广大民众对政府的施政行为是可以预测的。政府公布的经济增长速度、货币价值变动数据、财政变量及市场价格指数等均可成为民众对政府行为预测的依据。即使政府某些货币运作及财政活动现在是不可预测的,但并非以后永远不可预测。随着市场经济逐渐发育成熟,政府公开的市场业务日益增多,施政行为的透明度不断提高,广大民众会越来越增强对政府行为的预期能力。况且,在国民经济运行的不同时期的相同周期上,如在前期的扩张阶段和现期的扩张阶段,或前期的收缩阶段和现期的收缩阶段,往往会重复同样的或大致相同的政策措施。如治理通货膨胀,一般总是采取紧缩的财政货币政策,以抑制社会总需求;治理通货紧缩,一般都会采取扩张的财政货币政策,以刺激和扩张社会总需求。这会使社会公众形成一种对政府行为的基本相同的预期观念。当这种预期观念逐渐排除那些非理性因素而走向成熟时，就形成一种对政府施政行为的理性预期。这种预期一旦形成，并在社会上形成"气候"，会使政府的政策效力和效果大为降低，甚至导致政府政策效果为零。因为，社会公众实现了对政府行为的完全准确的理性预期，便会事先自动地调整自身的行为，采取应对政府政策的对策，以最大限度地保护自身的利益，并尽力利用政府的政策为获取最大的自身利益服务。这就是所谓"上有政策，下有对策"。下面的对策，会使得政府的政策效力和效果大减，甚至为零。

第三，预期带有明显的黏性化。关于通货膨胀预期具有黏性问题，国内已有人做了详尽的阐述和分析[①]。我认为，通货紧缩预期也同样具有很强的黏性。所谓黏性，指通货紧缩预期发展到一定程度便会黏附在一定水平上。这种黏性的通货紧缩预期，是很难改变的。它不仅会对通货紧缩起固化乃至推波助澜的作用，加快经济的"滞—缩"过程，同时极易产生预期的"陷阱效应"，使得国家为改变通货紧缩预期的财政货币政策失效。因为，国家此时为启动市场、拉动经济增长而增加货币投入，但多投放的货币，大都被"预期陷阱"所吸收，大量货币被人们积存起来，或增加储蓄，或持币待购，这显然会进一步加剧市场疲软和经济衰退。可见，通货紧缩预期的黏性化，给国家从根本上摆脱通货紧缩困境增加了难度，这是必须清醒地认识并予以高度重视的一个问题。

综上可见，通货紧缩预期对社会经济生活发生了广泛深刻的影响，给社会再生产的各环节和各方面都带来许多消极作用。概括起来讲，通货紧缩预期的消极作用有四点。其一，它在生产上加剧了总量与结构的双失衡，不仅总量过剩的局面不会改变，并有扩大之势，而且使结构上的矛盾更加尖锐化，从而可能导致生产停滞和经

---

[①] 李拉亚：《通货膨胀机理与预期》，中国人民大学出版社1991年版，第143—144页。

济衰退。其二，在流通领域，它使结构性的"卖难"将扩展到全面"卖难"，市场局部萎缩可能引致市场全面疲软，甚至引发大批商业企业倒闭，发生商业危机。其三，在分配领域，它加剧与扩大了社会分配不公，使建立在公有制基础上的按劳分配制度受到冲击和动摇，使社会收入的两极分化的现象更加严重，调节得不好可能会进一步加深社会各不同利益阶层及群体的矛盾，影响社会的稳定发展。其四，在消费领域，通货紧缩预期的最大危害和消极作用是引发"预期—通货紧缩螺旋"，人们越是预期市场物价水平下降，就越在实际上推动并加剧市场物价水平下降，进而导致通货紧缩的自我加重与强化，这不仅不会促使经济回升，反而会进一步推动经济走向衰退。所以，我们千万不可低估通货紧缩预期的作用。如果说通货膨胀预期对通货膨胀起了推波助澜的作用，那么完全可以肯定，通货紧缩预期则是一个地地道道的推动通货紧缩的"加速器"或"加油站"。

## 二 改变通货紧缩预期的对策方略

正因为通货紧缩预期是推动我国经济运行中通货紧缩的一个"加速器"，所以要使我国经济走出或根本摆脱通货紧缩，必须改变通货紧缩预期，打破这个"加速器"。根据我国目前通货紧缩预期的现状及特点，我认为应有针对性地采取以下治理措施。

第一，树立正确的投资理念，变紧缩投资预期为扩张投资预期。投资是影响和决定经济增长的关键因素。投资紧缩是目前我国通货紧缩、经济增长率下降的一个重要原因。投资紧缩的形成固然有诸多原因，但投资紧缩预期无疑是其中一个非常重要的原因。因为任何投资行为都是在一定的投资心理和投资理念支配下进行的和完成的。一般来说，投资紧缩总是投资紧缩预期的结果。它是投资者对投资前景、预期收益看差，对投资风险看大，缺乏正常的投资信心与理念的产物。目前我国的民间投资规模缩小、领域变窄、增速下降，都与投资者的心理预期紧缩直接相关。投资紧缩预期作为一种心理现象，尚未达到理性化，可以说具有很大的自发性、盲目性，是投资者心态失常、失衡的一种表现与反映。它产生于经济运行过程中的投资行为，但投资紧缩预期一经形成，便直接作用于或支配投资者的投资行为，进一步推动和加剧经济运行中的投资紧缩状态。所以，改变投资紧缩状态，进而走出通货紧缩，实现经济快速增长，必须在思想理论上做文章，认真学习、宣传、贯彻科学的投资理论，使全社会树立正确的投资理念。为此，政府不仅自身要在正确的投资理念支配下合理扩大投资，而且要积极引导广大企业和居民解决目前存在的投资心态失常与失衡的问题，变紧缩投资预期为扩张投资预期，以拓宽投资领域，扩大投资规模，提高投资增长速度和效益。这里关键的问题是，扩张投资总量，优化投资结构，以便集中力量解决我国生产领域的突出矛盾——总量过剩与结构失衡并存的问题。要把扩张了的投资总量或新增投资主要用于改善和优化我国的经济结构，淘汰落后的长线产业或企业，重点扶持新兴产业、短线产业、基础产业和高新技术产业，以及那些具有高附加值、中远期经济社会效益看好的产业或企业。经济结构优化了，总量过剩的问题便可迎刃而解，这样通货紧缩与经济衰退便可挥之即去。然而，变投资紧缩预期为投资扩张预期并非易事。一是投资紧缩预期一旦形成，便有一定的运动惯性。所谓惯性，即它有前进的冲力，犹如汽车虽然已经刹车仍会前冲一段距离一样。二是投资紧缩预期的产生依赖于一定的客观物质基础与条件，那就是经济运行中客观存在的投资紧缩状况。这种状况不改变与消除，投资紧缩预期就难以根本改变与消除。因为，存在决定意识和物质决定精神，心理预期永远要受物质经济条件所决定和制约。这是马克思的辩证唯物主义和历史唯物主义的基本原理。所以变投资紧缩预期为投资扩张预期需要有一定的时间和过程，需要花费一定的物质成本和时间代价，需要政府充分发挥主导作用，领导和引导广大企业和居民树立正确的投资理念，为实现社会主义经济的可持续、高速增长，积极扩大投资，努力提高投资效益。这是我国经济走出通货紧缩困境、实现国民经济良性循环的一个最根本的、最现实的选择。

第二，规范市场行为，变物价走低的预期为物价回升的预期，使价格预期合理化。市场价格机制是市场经济正常运作的基础性环节。市场商品价格的高低变化关系企业的生存兴衰。市场价格走高，说明企业产品适销对路，供不应求，它可以刺激与要求企业更加努力地进行生产，同时也会给企业带来更多的收益，使企业能够增加竞争实力，更快发展起来。反之，市场价格走低，一方面表明企业产品不适销对路，供大于求，它要求企业必须减少或停止该产品的生产；另一方面表明该企业在市场竞争中失利，迟早要发生亏损乃至破产。然而，市场价格高低变化是由价值规律、供求规律与竞争规律所决定的。当人们对市场价格的预期符合价值规律、供求规律和竞争规律的要求时，就会趋向理性预期；反之，则为非理性预期。目前，由于我国经济正处于传统计划经济向市场经济转轨或过渡的时期，市场体系尚未形成，各种市场都发育不完善，市场秩序混乱，市场行为极不规范。供求关系严重失衡，恶性竞争，低价倾销，使市场价格严重扭曲，大量商品价格低于其价值。这种客观状况造成了人们对市场价格走低的心理预期。可以说，这种扭曲了的非理性的价格预期又反过来推动了市场竞争的无序及价格扭曲。因此，要保障市场价格机制正常运作，除了改善供求关系、规范市场竞争行为以外，还必须大力扭转和改变人们已经扭曲了的价格走低预期。在这里，重点是改善和调整供求结构，使供给与需求基本相适应，同时制止恶性竞争，限制垄断竞争，保护与扶持合理竞争。只有这两方面的工作做好了，改善了市场价格机制作用的条件，才能使市场价格机制的作用趋向正常。与此相适应，人们的价格心理预期也会由失态转向常态，由扭曲转为合理。合理的价格预期无疑会促进市场价格机制正常合理地运作，从而促进市场经济健康发展。

第三，理顺分配关系，调节收入差距，造成人们对未来收入水平不断提高的合理预期。如前所述，由于我国现行分配体制不合理，按劳分配得不到很好的贯彻，依靠勤奋诚实劳动不仅难以致富，还存在下岗失业的巨大风险，以及收入大有减少或下降之势；而那些非法经营、巧取豪夺者却能够迅速暴富，聚敛起越来越多的钱财。这种收入差距日益扩大、两极分化现象加重的现实，造成人们心理上的巨大反差，使人们形成未来收入不确定并有下降趋势之预期，可以说是必然的。然而，这种预期并非合理的，因为它是由客观已经扭曲的不合理的分配关系所造成的。扭曲的分配关系要理顺，扭曲的收入预期必须改变。为此，要深化我国收入分配体制改革，强化按劳分配的实现机制和保障体系，保护和弘扬劳动致富，打击和取缔非法致富，运用合理的收入分配政策，有效调节收入差距，在全社会形成一种劳动者对自己未来的收入日趋稳定合理并不断提高的预期。收入是消费的基础与保障。广大劳动者有了稳定可靠并日益增长的收入，才有可能放心大胆地增加即期消费。而只有广大劳动者的即期消费普遍增加了，市场才会被启动和激活，物价水平下降的势头才会扭转，从而走出通货紧缩。

第四，更新消费观念，走出传统消费误区，鼓励人们站在消费促进生产的高度，适度扩大消费。勤俭节约是中华民族的优良传统，在市场经济条件下也应该保持并发扬光大。铺张浪费在任何时候都是一种犯罪行为，必须坚决予以反对。勤俭节约绝不意味着节制消费，也不是节制需求欲望。随着收入水平的提高，人们的消费理应增加。消费的增加，绝不是对勤俭节约原则的违背和否定。"新三年，旧三年，缝缝补补又三年"，从经济学上说，这是一种陈腐的消费传统与观念，是不利于推动和促进生产的。同时，它也不是真正意义的勤俭节约。迎新消费、迎时消费、超前消费，只要是属于有支付能力范畴的，均可视为合理消费、适度消费。随着市场经济的发展和人们生活水平的提高，消费观念也要不断创新。以往，超前消费被视为一种非合理消费而加以排斥和否定，休闲娱乐消费被视为"资产阶级享乐主义"而加以批判，现在都已成为新的时尚性消费。如果至今仍固守传统计划经济体制下形成的"节欲"型的消费观念，显然已不适应市场经济发展的要求了。例如，大件商品如住房、汽车等借贷性消费在计划经济中几乎是不可能的，因为那时不允许也不存在消费信贷制度，而在如今各地银行普遍开展消费信贷业务的条件下，却日益成为现实。只有消费不断创新，才能推动和促进生产不断创新；而消费创新则依赖于消费观念的更新与创新。消费如果是"几十年一贯制"或"几年一贯制"，其结果也必然会造成生产"几十年一贯制"或"几年一贯制"，这是已被实践证明了的真谛。在当今中国社会消费需求不足，人们消费观念陈旧、老化，消费预期趋紧的情况下，更是需要更新消费观念，走出节制消费的误区，扩大消费领域，增加新的消费热点，提高全民的消费档次，以全面刺激和扩张社会消费需求，拉动经济增长。

当前，改变居民不确定的悲观的消费预期，确立稳定的乐观的消费预期，是改变通货紧缩预期的关键环节和步骤。由上文可知，生产经营形势的不确定和就业和收入的不确定，必然导致人们对消费预期的悲观和不稳定，这样人们就会自动抑制自身的消费需求，削减消费或基本节制消费支出，增加预防性储蓄。收入、消费和储蓄三者之间存在密切的关系，在充分完全的信息假定下，三者的关系式可表示如下：

$$Y = C + S$$

这里 $Y$ 代表收入，$C$ 表示消费，$S$ 代表储蓄。

如果是在信息不充分、不完全的假定下，三者的关系式则表示如下：

$$Y = C + S_1 + S_2$$

这里，储蓄 $S$ 分解为 $S_1$ 和 $S_2$。$S_1$ 代表非预防性储蓄，$S_2$ 代表预防性储蓄（$S_1 + S_2 = S$）。

在各种信息充分与完全的条件下，人们可以充分利用各种信息，能够比较准确地预期未来，这样，人们的消费 $C$ 便会与整个储蓄 $S$ 发生替代。

但是，在不完全、不充分的信息条件下，人们难于或不可能利用充分有效的信息准确地预期未来，这就使消费与储蓄的关系发生重要变化——整个储蓄中预防性储蓄会保持不变或增加,而非预防性储蓄会减少,并且人们的消费只与非预防性储蓄发生替代。因为预防性储蓄是由信息不充分、不完全所造成的预期不确定带来的。各种信息越是不充分、不完全,人们对未来的预期越不确定,这种预防性储蓄便越会大幅度增加。我们国家目前显然属于这种情况。

据中国人民银行近几年对城乡居民储蓄的问卷调查材料证实,在城乡居民收入增幅明显减缓的同时,对未来12年的预期收入呈下降趋势。反映居民收入信心指数,从1995年第一季度的高值(近30%)逐步下降到2000年第四季度的7.9%。在预期收入减少的同时,还预期今后1—2年各种支出都会大幅增加。我国政府正在对计划经济时期遗留下来的社会福利制度进行改革,着手构建与市场经济要求相适应的社会保障体系,但人们对住房、医疗、教育、劳保等方面的改革程度及结果并不清晰,难以做出准确预期与判断。特别是某些社会保障改革措施的超前出台,既没有国家财政的充足配套资金投入,又没有企业现实资金的有效支撑,把本应由国家、企业、个人三者(其中主要由国家和企业)分担的费用,全部"改"到个人负担。再加上某些舆论机构与宣传媒体强化炒作的偏差,给人们造成一种错觉和误导,以为今后养老、看病、上学、住房等诸多问题完全由个人承担,国家和企业不再管了,这就迫使老百姓人人自危,为防未来的不测而加大储蓄。值得注意的是,人们的这些预期在许多方面正得到证实。当前人们这方面的支出增长速度已大大超过了收入的增长速度,这不仅挖掉了一大块已有的预防性储蓄,而且使人们对社会福利制度变革后的个人负担产生更加不良的预期。这种收入减少而支出增大的预期,必然增加人们节制消费,扩大储蓄的动机和行为。最具说服力的事实是,我国从1996年5月1日到1999年6月10日中央银行已连续7次下调存款利率,银行存款仍大量增加。其间,银行活期存款从2.99%降到0.99%,降了整整3倍;一年期定期存款利率从9.18%降到2.25%,降了4倍多。然而,城乡居民储蓄存款却一年上一个台阶。1996年全国城乡居民储蓄存款年底余额为38520亿元，比上年增长了30.3%；1997年上升到46279亿元，比上年增长了20.4%；1998年增至53407亿元，比上年增长17.1%；1999年6月，已达59173.5亿元，比上年增长超过18.5%。自1999年年底开征利息税以后，2000年年初银行储蓄才出现增幅减缓势头，但储蓄总量仍在增加，现已达到6.5万亿元之多。这表明，1999年和2001年虽然两次大幅度提高了低收入阶层的收入，但这些收入并没有转化为消费，除有相当部分进入股市投资，仍有相当大一部分转化为储蓄。

从上可见，收入、消费和储蓄三者之间具有密切的相关性，若要改变人们的消费预期，变悲观的不确定的消费预期为积极的稳定的消费预期，必须处理好收入、消费和储蓄三者的关系。首先，增加城乡居民的收入，稳定人们对未来收入逐步增长的信心和预期，这是改变人们消极的不确定的消费预期，切实实现消费增长的根本保证。只有收入实实在在增加了，人们从切身利益感觉到收入有保障了，才敢去扩大消费，才有条件去扩大消费。否则，扩大消费就成了无源之水，流于空谈。其次，减少居民的预防性储蓄，使之尽可能转化为消费。为此，需要加紧构建完善的社会保障体系。只有使人们在失业、医疗、劳保及保险等方面有可靠的保障，增加稳定感，才有可能减少预防性储蓄，扩大实际消费。最后，提高改革的透明度，增加信息量及其传递速度，尽可能使人们对每一项改革措施的出台以及效应有一个正确的预期，防止非理性的悲观预期对广大居民的消费行为产生不良影响。

一种消费预期一旦形成，使之改变并非容易的事情。1998—1999年消费不振，2000年春节消费旺了一阵子之后又转入不振，2001年"五一"假日经济也只是热闹了一阵子，并没有从根本上扭转市场疲软的局面。所有这些都与居民业已形成的消极的消费预期有关。居民未来生活的不确定性、不稳定因素增加的状态，在短期内不会根本扭转。社会保障体系的构建需要时间。随着政府机构改革与企业改革向纵深推进，各种利益矛盾还会出现，各种不确定、不稳定因素还有增加的可能。所有这些都会给人们消费预期的转变带来困难。但是，要想摆脱消极不良的通货紧缩预期，必须奋力开拓，创造一个积极稳定的消费预期。这是唯一的出路，也是正确的选择。

（本文发表于《吉林大学社会科学学报》2002年第1期，被中国人民大学复印报刊资料《国民经济管理》2002年第7期全文转载）

# 西方通货紧缩理论评析

## 一　引言

　　从理论上了解和探究西方通货紧缩理论，对于深入研究目前我国通货紧缩的成因、特点，探寻相应的对策，无疑是大有裨益的。

　　长期以来，我国理论界对西方通货膨胀理论的研究较多，著述甚丰，涌现不少上乘之作；而对西方通货紧缩理论却很少研究，不仅缺乏产生巨大影响的"经典力作"，甚至连较系统的文献资料也较少。相对通货膨胀理论而言，它在一定意义上可以说是一片"未被开垦的处女地"。为什么会这样呢？我考虑主要有以下几个方面的原因。第一，西方的通货紧缩理论远没有通货膨胀理论发育得成熟，尤其是第二次世界大战以后，更是如此。这里起决定作用的是实践。在西方国家的经济实际发展过程中，通货紧缩与通货膨胀往往是交替出现的，有时先通货紧缩后通货膨胀，有时先通货膨胀后通货紧缩。但总的来说，在1929—1933年大危机之前，通货膨胀发生次数较多，对社会经济发展的影响与震动较大；而通货紧缩虽然也曾在一些国家发生过，但次数较少，对社会经济发展的影响也不大（起码没有像通货膨胀影响那么大），所以各国政府及理论界对它的关切度远不如通货膨胀。由于通货膨胀一直是西方国家宏观经济运行的主要的、突出的问题，尤其是第二次世界大战以后凯恩斯主义在西方各国普遍推行，通货膨胀愈演愈烈，成为困扰西方各国经济发展的重大难题，所以很自然地引起各国政府及学术界的百倍关注与重视。对其理论研究，必然全力以赴，涌现种种通货膨胀理论。第二，我国曾在一个很长时期否定社会主义经济存在通货膨胀，自然也否定通货紧缩。在改革开放之前，20世纪60年代初，我国曾发生过二次严重的通货膨胀，但理论界一直认为那是在困难时期的特殊情况下发生的，中国的社会主义计划经济有无比巨大的优越性，可以消除经济危机和通货膨胀。此外，甚至认为通货膨胀是资本主义制度的伴侣，是资本主义经济的特有范畴，与社会主义计划经济不相干。所以，目前社会主义的通货膨胀理论研究是滞后的、不成熟的。改革开放以后，随着思想解放和理论创新活动的发展，特别是改革开放后我国几度发生通货膨胀，客观实际要求介绍与研究西方通货膨胀理论，并运用西方通货膨胀的理论与方法探讨中国通货膨胀的形成机理与治理对策。这样，中国的社会主义通货膨胀理论才开始产生并发展起来。由于新中国成立后照搬苏联社会主义模式，实行计划经济，而计划经济实质是低效率、短缺的经济，根本不存在发生通货紧缩的客观经济条件，事实上也未曾发生过通货紧缩（通货紧缩政策除外，它不等于通货紧缩），所以自然无人关注和研究这个问题。在我国目前这次通货紧缩发生之前，我国的通货紧缩理论研究可以说是一个"空白"。正因如此，我们更有必要研究和借鉴西方通货紧缩理论，构建有中国特色的社会主义的通货紧缩理论，以推动和指导中国经济较快地走出通货紧缩的困境，实现持续、健康、快速发展。

1929—1933年，伴随资本主义世界经济大危机，经典的通货紧缩在西方主要资本主义国家相继发生。它很快蔓延到整个资本主义世界，成为一种世界性的通货紧缩。在此之前，西方一些国家如古罗马、西班牙、美国、法国、德国等都曾发生与灾荒、战争和革命相联系的通货膨胀，而没有发生由于市场商品供大于求引发的经典的通货紧缩。为了医治这场世界性的通货紧缩"病"，西方资产阶级经济学家几乎竭尽全力，寻求各种"药方"，创造了各种通货紧缩理论。下面，我们择其要者加以评介。

## 二 凯恩斯的"有效需求不足论"

以往,经济学界(包括西方经济学界)只认为凯恩斯是通货膨胀理论大师,其代表作《就业利息和货币通论》是通货膨胀理论的经典文献。这是片面的,不完整的。其实,凯恩斯的《就业利息和货币通论》是治理通货紧缩的经典之作,凯恩斯是通货紧缩理论的伟大奠基者和创始人。

他的"有效需求理论"是直接针对20世纪30年代大危机中存在大量非自愿性失业和严重通货紧缩提出的。"有效需求不足"确实是凯恩斯主张实行通货膨胀的重要依据,但更重要的是,它首先是对大危机中失业与通货紧缩的分析与机理判断。他认为,资本主义经济之所以会发生世界生产过剩危机,产生失业与严重通货紧缩,根本原因在于社会"有效需求不足"。这个论断确实抓住了资本主义经济运行失衡的症结所在,宣告了古典自由资本主义理论的破产,是资产阶级宏观经济学的一个极为重大的贡献。美国著名经济学家、诺贝尔经济学奖得主克莱因认为,凯恩斯的"有效需求不足"原理的提出,是经济学上的"凯恩斯革命"。因为在此之前,在资产阶级经济学上占支配地位的一直是古典自由主义理论。该理论的基本观点是,供给会自动创造它自身的需求,社会经济完全由一"看不见的手"自动调节供求关系,无须任何外力介入,市场机制的作用会自然形成社会供求的平衡,根本不会发生过剩的经济危机,也不会产生"非自愿失业"与通货紧缩。这种理论已被1929—1933年大危机的现实所击破,不适应资本主义经济运行与发展的需要了。而"有效需求不足论"则完全适应资本主义经济运行与发展的需要,为资产阶级国家摆脱通货紧缩走出大危机提供了可靠的理论基础和政策依据。

资本主义经济为什么会存在"有效需求不足"呢?凯恩斯认为,"有效需求不足"包括投资需求不足和消费需求不足,而它们又是由"三个基本心理规律"即消费倾向"规律"、资本边际效率

"规律"、利流动偏好"规律"所决定的。以往我国经济学界一直对这三个"规律"彻底加以否定和批判，甚至认为"凯恩斯的有效需求不足理论是地地道道的庸俗辩护论"[1]。现在看来，确实失之偏颇。凯恩斯提出的建立在上述三个心理"规律"基础之上的，"有效需求不足"理论，实质上是否定和抹杀资本主义生产与消费之间的对抗性矛盾，是掩盖资本主义的基本矛盾，也确实是为资本主义制度做辩护并寻求出路的。这是不可否认的。但我认为，这只是问题的一个方面，即非科学的方面。问题的另一方面，就是它还有科学的方面或因素。具体来说，凯恩斯指出的消费倾向、资本边际效率下降和流动偏好问题，尽管不一定称其为"规律"，却实实在在是当时资本主义经济运行中发生的带有普遍性的现实问题。引进和运用心理学研究经济问题，是西方经济学尤其是凯恩斯经济学的一大特色，具有重要的科学性，更有重大的适用性。长期以来，我国经济学界严重忽视这个问题，甚至把运用心理学分析经济问题简单地看作主观唯心主义，大加排斥和否定。实践证明是不对的，也可以说是有害的，因为这样做不能对客观的经济现象作出符合实际的科学判断与分析。以往我们对"三个心理规律"不加分析地冠以主观唯心主义加以否定，实际上否定了其中包含的合理的科学成分。下文我们具体加以分析和说明。

首先，关于消费倾向问题。凯恩斯讲道："无论从先验的人性看，或从经验中之具体事实看，有一个基本心理法则，我们可以确信不疑。一般而论，当所得增加时，人们将增加其消费，但消费之增加，不若其所得增加之甚。"[2] 为什么会这样呢？因为随着收入的增加，人们用来储蓄的部分所占比例越来越大，用于消费部分所占比例相对减少，从而造成消费需求相对不足。这种"消费倾向"会直接影响消费品生产部门的生产与就业的增加，进而制约和影响

---

[1] 付殷才：《经济学基本理论》，中国经济出版社1995年版，第185页。
[2] [英]凯恩斯：《就业利息和货币通论》，徐毓枏译，商务印书馆1997年版，第85页。

生产资料生产部门的生产与就业,最终导致整个社会生产萎缩与下降。从经济运行层面上看,凯恩斯关于"消费倾向"问题的论断,在一定程度上科学地揭示了大危机期间生产下降、失业增加和通货紧缩的具体原因。对分析当今中国的失业增加和通货紧缩问题借鉴意义。1997年以来,我国在收入增加的情况下不是储蓄强劲增长而消费需求严重不足吗?这不正是凯恩斯所讲的,"消费倾向"吗?当然,是不是一个"心理规律",尚可进一步探讨,但起码是一个对客观经济现象的科学认识与判断。不能因为其目的是掩盖资本主义基本矛盾,而将这一合理性及科学性也完全否定。泼污水,绝不能将孩子一起泼掉。

其次,关于"资本边际效率下降"问题。凯恩斯指出:"所谓资本之边际效率,乃就资本资产之预期收益及其当前供给价格来下定义的。故资本之边际效率,乃以钱投资于新产资产,所可预期取得之报酬率(Rate of Return)"[1]。在生产过剩危机的大背景下,人们对投资信心不足,原因在于投资预期收益下降而引起的资本边际效率下降。投资需求不足,导致生产资料市场疲软,大量生产资料商品积压,卖不出去,更加剧了生产过剩的危机,使得失业与通货紧缩进一步扩大与加剧。我国目前的通货紧缩,显然也与投资预期收益和资本边际效率下降,有直接的关系。所以,完全将投资预期收益下降问题斥之为主观唯心主义加以否定,肯定不利于我国对通货紧缩的正确判断与有效治理。

最后,关于"流动偏好"问题。凯恩斯指出"所谓灵活偏好(又称流动偏好——引者)者,乃一种潜势或一种函数关系,设利率已定,则此种潜势或函数关系决定公众愿意持有之货币量。令 $r$ 代表利率,$M$ 代表货币量,$L$ 代表灵活偏好函数,则有 $M = 1(r)$。"[2] 为什么会存在或产生流动偏好呢?凯恩斯认为,"是起因

---

[1] [英]凯恩斯:《就业利息和货币通论》,徐毓枬译,商务印书馆1997年版,第115—116页。

[2] [英]凯恩斯:《就业利息和货币通论》,徐毓枬译,商务印书馆1997年版,第143页。

于（Ⅰ）交易动机，即需要现金，以备个人或业务上作当前交易之用；（Ⅱ）谨慎动机，即想保障一部分资源在未来之现金价值；以及（Ⅲ）投机动机，即相信自己对未来之看法，较市场上一般人高明，想由此从中取利"[①]。正是出于上述三种原因，人们偏好于手中保持足量的现金。这种"流动偏好"直接影响货币量，会有更多的货币存储在他们的所有者手中，减少货币流通量，或流通中的货币供应量；同时，它还会促使利息率升高，因为大家有钱不存，势必迫使银行调高利率，以吸纳现金；这两种情况都会减少有效需求，降低就业水平，增加失业。

从上可见，凯恩斯提出的"消费倾向"说、"资本边际效率下"说和"流动偏好"说，从资本主义经济运行层面上如实地概括了社会"有效需求不足"的成因，进而在一定程度上科学地揭示了大危机中通货紧缩的根本原因。至此，我们完全有理由认为，凯恩斯提出的建立在以上"三说"基础上的社会"有效需求不足"理论，舍掉其资本主义生产关系的特殊性质规定，对我们分析与研究社会主义制度下的通货紧缩及通货膨胀不失为有重要的借鉴价值及应用价值。

## 三 费雪的"债务—通货紧缩"理论

费雪（Irving Fisher，1867—1947），美国著名经济学家，耶鲁大学教授。他在1911年出版的《货币的购买力》一书中，提出一个关于货币流通量与产品价格关系的交易方程，即著名的"费雪交易方程式"。

$$MV = PQ \text{ 或 } P = \frac{MV}{Q}$$

在方程式中，$M$代表流通中的货币量，$V$代表货币流通速度，

---

[①] ［英］凯恩斯：《就业利息和货币通论》，徐毓枬译，商务印书馆1997年版，第145页。

$P$ 代表商品的平均价格，$Q$ 代表商品和劳务的交易量。

　　费雪的"债务—通货紧缩"理论就是在这个著名的方程式基础上发展起来的。费雪认为，货币是有购买力的，它是指每一单位货币所能购买到商品和劳务的数量。在整个方程式中，他特别注重货币量 $M$，认为货币量 $M$ 在其中居主导地位，起支配作用。费雪还认为，在方程式 $P = MV/Q$ 中，$V/Q$ 应为一个常数，这样货币量 $M$ 发生变动时，物价 $P$ 就会随之按比例波动。他说道："货币数量增加的正常影响之一，是一般物价水平确切地按比例增长。"同样，货币数量减少的正常影响之一，便是一般物价水平的按比例下降。可见，他把货币供应量多少视为一般物价水平的决定因素，而货币量的多少或增减又取决于货币当局的行为及政策。是货币当局的通货收缩政策与行为，导致流通中货币量尤其是现金供应量不足，企业普遍银根吃紧，资金周转不开，形成长而又难以解开的债务链，爆发严重的债务危机。费雪认为，30 年代美国大危机中的大批失业与严重的通货紧缩主要是起因于债务危机。由于负债过度，大量资金被用于支付利息，企业的利息负担越来越重，一方面迫使它举借新债还旧债，债务积累越来越多，难以偿还和解脱；另一方面利息负担加重迫使企业成本与费用升高，这在市场销售困难的条件下，必然发生亏损，促使企业经济效率下降，进而完全丧失了还债的能力。社会上绝大部分企业陷入"债务陷阱"，被纵横交错的债务链捆住，整个经济运行便进入恶性循环，市场物价水平不可避免地持续下跌。货币供应量减少—银行和企业"债务危机"—企业经济效率下降—通货紧缩，这就是费雪交易方程式延伸与发展起来的"债务—通货紧缩"机理。

　　在费雪的"债务—通货紧缩"机理中，起关键作用的是货币当局的收缩政策与收缩行为。为什么货币当局会奉行收缩政策和发生收缩行为呢？原因在于预期资本边际效率下降。在这一点上，费雪与凯恩斯是一致的。因为他们共同直接面对的是 20 世纪 30 年代大危机，面对投资严重不足的经济局面，在理论认识上发生一致性也是很自然的。凯恩斯说："费雪教授于所著《利息论》（1930 年出版)一书中,虽未用'资本之边际效率'这一个名词,但他所用'报酬超过成本率'(Rate of Return over Cost),与我所谓'资本之边际效率',完全相同。"① 两人都探讨利息率对通货紧缩及就业的影响,但凯恩斯认为费雪没有说清楚货币币值之改变。② 而他自己则正确地说明了货币币值改变对资本边际效率的影响。他指出:"由于这个因素,故若人们预测货币之购买力,未来与今日不同,亦足影响当前产量。若预测币值下降,则可以刺激投资,增加一般就业,因为此种预测乃提高资本之边际效率表,亦即提高投资需求表。反之,若预测币值上涨,则对当前之投资及就业有不利影响,因此种预测乃降低资本之边际效率表。"③ 由此可见,货币当局两种不同的货币币值或货币购买力预测,会产生两种相反的后果:第一,币值下降→↑投资增加→就业扩大→通货膨胀→资本边际效率提高;第二,币值上升→投资不足→就业减少→通货紧缩→资本边际效率下降。

因此,费雪同凯恩斯一样,他们都把货币币值的变化视作通货膨胀与通货紧缩的决定因素之一,即都把币值上升视为通货紧缩的一个重要决定因素。而币值之所以上升,关键的因素又在于货币当局的紧缩政策与紧缩行为使流通中的货币供应量减少,这在生产过剩的环境下,必然是过多商品追逐少量货币。

费雪的"债务—通货紧缩"理论,同样具有其阶级局限性。最根本的问题在于,掩盖资本主义基本矛盾,认为债务危机和通货紧缩的产生不是由于资本主义制度的原因,而是由于货币当局的投资预期不好,资本边际效率下降,银企之间、企企之间形成无法解开的债务链所致。他不可能从资本主义制度上寻找问题的根源,不会

---

① [英]凯恩斯:《就业利息和货币通论》,徐毓枬译,商务印书馆1997年版,第120页。
② [英]凯恩斯:《就业利息和货币通论》,徐毓枬译,商务印书馆1997年版,第121页。
③ [英]凯恩斯:《就业利息和货币通论》,徐毓枬译,商务印书馆1997年版,第121页。

认为资本主义制度出了毛病，这是由他们的阶级利益与立场所决定的。

但不可否认，费雪的"债务—通货紧缩"理论，还是具有一定的科学合理性的。费雪从经济运行角度，从流通中的货币供求矛盾分析入手，揭示通货紧缩与危机的发生，符合马克思的唯物辩证法。马克思认为，商品经济中市场买卖的脱节及货币作为流通手段与支付手段都包含经济危机的可能性。特别是马克思对纸币流通规律的分析，更是揭示了货币供应量与通货膨胀与通货紧缩的关系。尽管费雪的"交易方程式"有其不足之处，但它仍在一定意义上阐明了通货紧缩形成的具体机理。

## 四 萨缪尔森、布坎南、瓦格纳等人的"滞—缩"理论

这是战后出现的一种反凯恩斯主义的、与"滞—胀"相对应的新理论。针对20世纪30年代的大危机、大紧缩，凯恩斯依据"有效需求不足"原理，明确提出加强国家干预，运用通货膨胀的政策进行治理。由于对"病因"诊断准确，"下药"对"症"，因此，取得了良好的效果——采用通货膨胀政策的西方主要资本主义国家纷纷走出危机，摆脱了通货紧缩的困境。美国的"罗斯福新政"，就是一个很有力的证明。在美国的影响下，各主要资本主义国家大力推行国家资本主义，扩大政府开支，运用赤字财政刺激投资与消费，有力地促进了战后经济迅速恢复和繁荣。在五六十年代，还出现了经济全面高涨的繁荣时期。由于国家干预过多和长期服用通货膨胀药，进入70年代后，资本主义经济便染上一种"新病"——"滞—胀"，即生产停滞与通货膨胀交织并发。凯恩斯主义在实践中陷入困境，在理论上开始受到攻击，众多资本主义国家开始实施强有力的反通货膨胀政策——通货紧缩政策。战后"滞—缩"即生产停滞与通货紧缩交织并发局面的产生以及"滞缩"理论的发展，都是这种通货紧缩政策的产物。法国经济学家莫里斯·阿莱指出：

"过度的通货膨胀以及为了校正前一段时期货币超量发行而采取的通货紧缩政策这两者的不断交替发生,一般来说对经济增长都是十分有害的。"① 从上文可知,通货膨胀的结果是"滞—胀";通货紧缩的结果是"滞—缩";通货膨胀与通货紧缩二者并非毫无关联,往往是经常相伴和互相交替的。

"滞—缩"理论的主要代表人物有布坎南、瓦格纳、萨缪尔森等人,他们都是反凯恩斯主义者。他们认为,通货膨胀也好,通货紧缩也好,它们都是政府政策的产物,原因在于政府干预过多,政策失当。布坎南、瓦格纳认为:"政府活动的扩展本身就可能是不稳定的一个根源。"② 通货紧缩的一个重要标志是"市场呆滞气要从高通货膨胀恢复到经济正常发展过程必然会经历衰退,衰退是恢复过程的一个必不可少的组成部分。"③ 并特别强调指出:"只要采取减少总开支的紧缩政策就可以减缓通货膨胀。失业要求扩大开支,而通货膨胀又要求紧缩,这就是其窘境,明了而又简单。"④ 如控制过高的通货膨胀容易导致通货紧缩,而治理通货紧缩又要求扩大开支,实行通货膨胀,二者一旦交替循环,便会陷入进退维谷、左右为难的"窘境"。所以,"滞—缩"同"滞—胀"一样特别难于治理。

关于"滞—缩"的形成和作用机理,美国著名经济学家保罗·A. 萨缪尔森和威廉·D. 诺德豪斯阐述得十分清晰、明确。他们在《经济学》一书中指出:"货币收缩(通过公开市场业务)抬高利息率。这压低投资支出,并且通过乘数抑制总需求,并以此降低产量和价格。这个基本顺序是:$M$ 下降→$i$ 上升→$I$ 下降→$AD$ 下降→

---

① [法] 莫里斯·阿莱:《无通货膨胀的经济增长》,何宝玉、姜忠孝译,北京经济学院出版社1990年版,第2页。
② [美] 詹姆斯·M. 布坎南、[美] 理查德·E. 瓦格纳:《赤字中的民主》,刘廷安、罗光译,北京经济学院出版社1988年版,第28页。
③ [美] 詹姆斯·M. 布坎南、[美] 理查德·E. 瓦格纳:《赤字中的民主》,刘廷安、罗光译,北京经济学院出版社1988年版,第174页。
④ [美] 詹姆斯·M. 布坎南、[美] 理查德·E. 瓦格纳:《赤字中的民主》,刘廷安、罗光译,北京经济学院出版社1988年版,第166页。

$GNP$ 和 $P$ 下降。"①

这里 $i$ = 利息率，$I$ = 投资，$AD$ = 总需求，$GNP$ = 国民生产总值，$P$ = 物价水平。

从上文可知，$GNP$ 和 $P$ 的下降完全是由 $M$ 的下降所引起的，即由通货收缩所致。$GNP$ 和 $P$ 的下降又会进一步迫使与促进 $M$ 的收缩，如此循环往复，必然造成经济衰退、停滞和通货紧缩并存。

"滞缩"理论虽然也着眼于货币供应量的减少来分析通货紧缩，但它不同于以往的货币理论，它是着眼于反凯恩斯主义国家干预的新自由主义货币理论。其基本点是反"滞—胀"，结果却落了个"滞—缩"。因为它没有抓住资本主义经济发生"滞—胀"的根本原因在于资本主义制度本身，在于资本主义基本矛盾；而只是认为其根本原因是凯恩斯主义的国家干预过多，经济中发生严重过度的通货膨胀而又不得不实行紧缩政策所致。实际上，战后资本主义矛盾不仅没有解决，反而日益激化，这就决定"滞—胀"进一步加剧、加深。为了反对和摆脱"滞—胀"，尤其是反对高的通货膨胀，必须加大紧缩政策的力度；而这样做的结果是"胀"没了，"缩"产生了。同时，由于"胀"变"缩"，生产停滞非但没有消除，反而进一步强化和加深。"滞—缩"理论不可能揭示资本主义经济运行中"滞—缩"现象的深刻经济根源，这是它无法超越的局限性。但同样不可否认，"滞—缩"理论也具有其一定的合理性及适用性，即它指出通货紧缩的政策原因，并大力反对国家干预过多，反对通货膨胀，对我国都是有实用价值与借鉴意义的。"明智的经济管理就意味着一项确保价格的增长率稳定的政策。"② 无论是通货膨胀政策，抑或是反通货膨胀的通货紧缩政策，如果它违背和偏离了"确保价格的增长率稳定"，就是不明智的，其结果是给经济运行造成大的波动或震荡，影响经济增长。

---

① ［美］保罗·A. 萨缪尔森、［美］威廉·D. 诺德豪斯：《经济学》，高鸿业等译，中国发展出版社 1992 年版，第 526 页。

② ［法］莫里斯·阿莱：《无通货膨胀的经济增长》，何宝玉、姜忠孝译，北京经济学院出版社 1990 年版，第 2 页。

## 五 克鲁格曼的以"有管理的通货膨胀"来"治理通货紧缩"的理论及政策主张

美国著名经济学家保罗·克鲁格曼以研究货币金融理论在国际上享有盛名。自 1998 年起至今，在不到两年时间里就发表了近 20 篇研究通货紧缩问题的论文。他对通货紧缩的研究可以说是独树一帜。他密切结合当代国际经济发展的新情况，创造性地发挥与发展了凯恩斯主义，主张推行"激进"的或"反传统"的货币政策，形成了一套"新凯恩斯主义"的通货紧缩理论。

第一，克鲁格曼认为，当今世界上发生的通货紧缩不是由供给过剩造成的，而是起因于社会总需求的不足。而国际上最流行的观点是从供给的角度阐释通货紧缩的成因，认为第二次世界大战后世界科学技术进步日新月异，新技术、新材料、新工艺不断涌现，使得全球生产力有了飞速发展，造成了全球性生产过剩，从而引发许多地区和国家发生通货紧缩，物价水平下降。克鲁格曼认为，仅从供给过剩这个角度来解释是不够的，起码不能说明如下事实：其一，总供给的增加所造成的物价水平下降，对人类的生活改善和经济增长都是有利的，而不能认为是有害的；其二，仅凭生产过剩这一点尚不足以解释和证明日本、中国、新加坡、瑞典等国通过增加基础货币投放，扩大政府财政支出等手段来刺激社会总需求。上述情况说明，通货紧缩并非主要是供给方面"生产过剩"的原因，在需求方面，肯定是有什么因素限制了需求的增加。如果需求相应地增长了，就不会发生大量"生产过剩"，通货紧缩便不会发生。因此，他认为从日本、中国、新加坡和瑞典等国的实际来看，社会需求不足是当今通货紧缩形成的根本原因。他特别强调，需求不足在不同的国家或在某一个国家的不同时期有着不同的社会制度根源。例如，当前日本经济面临的普遍需求不足主要是由人口因素造成的。其一，20 世纪 70 年代以后，日本人口出生率逐渐降低，而人口平均寿命大大延长，成为世界人口平均寿命最长的国家。人口老龄化问题日趋严重的结果是，一方面年青一代的后续需求不足，另一方面由于缺乏完备（如西欧那样的）的社会保障，更多的居民倾向于自己储蓄以备退休之用。社会人口的高储蓄率也制约了社会需求的增长。其二，日本向外国移民也大量增加，尤其青壮年中有知识和技术的人员因国内劳动强度大和辛苦程度高，而收入水平相对较低，大批移居外国，导致本国适龄劳动人口逐渐减少，使企业预期收益下降，不愿意扩大投资，造成生产需求不足。克鲁格曼认为，日本经济已陷入"流动性陷阱"，名义利率如隔夜货币市场利率已降到0.37%，几乎接近零利率。中国多次降低利率，也效果甚微，"流动性陷阱"作用明显。他主张采用非传统的货币政策，即大量印制钞票，造成一个长达15年之久的4%的通货膨胀预期，使实际利率为负，以此来刺激投资需求和消费需求。克鲁格曼这样解释日本、中国、新加坡、瑞典等国的社会有效需求不足的原因并没有完全超出凯恩斯的"有效需求不足"理论，因为他仍是用投资收益递减原理及储蓄倾向原理来说明问题。但把需求不足的成因侧重于人口因素的分析上，则是他的独到之处。

第二，克鲁格曼认为，通货紧缩物价下跌，是市场价格机制强制实现经济均衡的一种必然，更是"流动性陷阱"作用的结果。克鲁格曼认为，在信用货币的条件下，之所以发生通货紧缩而传统的货币政策对其无能为力，其根本原因在于经济处于"流动性陷阱"状态——社会公众偏好于未来，即使短期名义利率降至很低的程度，甚至为零，储蓄倾向仍高于投资倾向。要消除储蓄与投资之间的缺口，只有两条路可走：其一，是当前的物价水平下降，使消费增加，储蓄减少；其二，是降低名义利率，使投资支出增加。由于名义利率不能为零以下，经济均衡（总需求与总供给均衡）所需要的负的真实利率难以实现，因而利率机制对经济活动的调节作用失去效力，这样通过第二条道路来刺激经济复苏与增长便行不通了。至此，实现经济均衡（总需求与总供给均衡）的唯一途径就是物价水平下跌。这是价值规律强制发挥作用的结果。要走出"流动性陷阱",不能否定和违背价值规律,而只能遵从价值规律要求,设法使公社会众提高投资收益预期和信心,使投资倾向大于储蓄倾向。

第三,克鲁格曼认为,必须对适度通货膨胀政策的可行性进行研究,他主张用"有管理的通货膨胀"来治理通货紧缩。这是对传统货币金融理论的挑战。传统货币金融理论认为,物价水平的稳定是实现经济均衡的条件。公众对物价水平保持稳定的预期,是货币政策有效性的必要前提。克鲁格曼的看法恰好与此相反,他证明了在"流动性陷阱"的条件下保持零通货膨胀的货币政策不再是中性的,而是紧缩性的负面影响;公众对物价稳定的预期,会使货币政策丧失效力。因此,不要盲目追求物价水平稳定,更不要造成公众对物价稳定的预期。一旦通货紧缩发生,可以用有管理的通货膨胀或适度的通货膨胀来进行治理,即增发货币扩大支出,增加需求,以更多的货币吸纳与消化所谓"过剩"商品,以此来实现经济均衡,达到经济增长的目的。

克鲁格曼的通货紧缩理论的缺陷在于:过分钟爱"激进的货币政策",而忽视结构的调整和改革,认为结构调整与改革无助于即期经济复苏,这无疑失之失偏颇。运用财政手段扩大投资,不仅可以改善经济结构,扭转生产结构与消费结构的错位及脱节状况,更重要的是可以扩大需求,对实际利率给予向上的推力,增加货币政策的有效性。如果供给结构不从根本上得到改善,使用"有管理的通货膨胀"办法,不仅不会抑制通货紧缩反而会由于经济结构恶化,使得通货膨胀难以适度,而必然再走恶性通货膨胀老路。所以,克鲁格曼的用通货膨胀治理通货紧缩的主张,会不会再导致经济陷入恶性通货膨胀的陷阱,也是值得警惕和需要深入研究的。

中国在借鉴上述通货紧缩理论时,绝不可照抄照搬,机械套用。因为,中国的经济与西方国家的经济不同,是社会主义市场经济,而不是自由的资本主义市场经济;并且,目前发生的通货紧缩是在经济转轨时期的特定历史阶段发生的，它有着许多同资本主义国家通货紧缩不同的成因及特点。因此，在治理上必须采取适合中国国情的一些对策。否则，不仅治理不好通货紧缩，反而还会给我国经济的发展带来一些"新病"和麻烦。

(本文发表于《当代经济研究》2000年第2期)

# 通货膨胀预期与通货膨胀
# 加速的关系及治理对策

当今中国发生日趋严重的通货膨胀已是不争的事实。居民消费价格指数（CPI）自2010年7月的3.3%一路攀升到2011年7月的6.5%，高通货膨胀持续不断地加速达一年多之久，实为我国近30年所少见。在政府各种治理通货膨胀措施的强力打压下，2011年下半年CPI虽然有所下降，但全年仍高达5.4%，通货膨胀的压力仍然很大，反弹的可能依然存在。

面对如此严峻的通货膨胀形势，学界对本轮通货膨胀的发生机理及不断加速的原因众说纷纭，莫衷一是。"成本推进说"认为，我国本轮通货膨胀的发生与发展，根本原因在于成本推动，主要是农产品、能源、原材料等"上游"产品价格上涨，推动"中下游"产品成本增大，从而使市场物价水平CPI持续上升。该说主张从基础与源头上控制农产品、能源及原材料价格上涨。"货币供应超量说"认为，中国本轮通货膨胀之所以形成并加速发展，根本原因在于我国货币当局货币供应严重超量。天量货币供应，引发金融泡沫，必然造成通货膨胀。正如美国通货膨胀研究专家唐·帕尔伯格说道："所有案例都呈现出通货膨胀的共同特征——太多的货币追逐太少的商品——它们的起因都是太多的货币"。[1] "结构失衡说"认为，中国本轮通货膨胀生成与加速发展的根本原因在于经济结构失衡。当

---

[1] ［美］唐·帕尔伯格：《通货膨胀的历史与分析》，孙忠译，中国发展出版社1998年版，第170页。

今中国的区域经济结构、各产业部门结构（如三次产业结构）、城乡经济结构等均呈明显不平衡状态，劳动生产率相差很大。工资收入增长刚性规律决定劳动生产率低的部门收入要向劳动生产率高的部门收入进行攀比，与之看齐，唯一的途径就是使其供给价格上涨。这种由经济结构内生的收入攀比机制，促进了供给价格水平的攀升，从而形成了结构性通货膨胀。"外部输入说"认为，当今中国的通货膨胀主要是由外部输入因素造成的，具体说就是由美国通货膨胀，美元贬值输入中国及世外市场能源价格、农产品价格、原材料价格大幅上涨输入中国引发并推动中国市场物价水平全面持续上涨。

上述各说，从不同视角和侧面剖析了当今中国通货膨胀生成及加速的客观机理，对抑制与治理通货膨胀的发展具有重要理论意义及使用价值。本文试图以新的视角，即从社会主观心理预期角度，分析理性预期对通货膨胀加速的作用，并提出相应的治理对策。

## 一 通货膨胀+预期：现代通货膨胀理论的形成与发展

传统的通货膨胀理论对通货膨胀生成机理的分析，只注重对货币数量、成本变化及经济结构演进的客观分析，对引发通货膨胀的财政货币政策也仅仅从贯彻执行的客观结果上分析。实际上是存在巨大局限性与欠缺的。因为通货膨胀像其他任何经济现象一样，都是市场经济活动主体在其主观意识支配下从事某种或某些行为而生成的一个结果，这里的"主观意识"实际上包括经济活动主体的理性预期。如果离开经济活动主体的主观意识或理性预期，仅从客观经济现象上分析通货膨胀生成与发展机理，无疑是不全面的。经济活动主体的主观意识或其理性预期对经济活动行为的方式、目标以及采用手段等，具有决定性作用。因此，将经济活动主体的主观意识或理性预期纳入通货膨胀理论研究，是对传统通货膨胀理论的一个重大突破与发展，是现代通货膨胀理论形成的决定性步骤。因为，它使现代通货膨胀理论对现实生活中日益加剧的通货膨胀具有更全面的阐释力及说服力。

将预期理论同通货膨胀理论结合起来，是现代通货膨胀理论区别于传统通货膨胀理论的一个重要标志。尽管预期在凯恩斯、希克斯、兰格等人那里曾有过论述，但预期理论的形成并臻于完善则是20世纪60—70年代。传统的预期概念，可以在希克斯的《价值与资本》一书中见到。他提出预期弹性概念，指出，"我把一个特定的人对商品X价格预期的弹性定义为：X的预期未来价格按比例的上升与它当前价格按比例上升的比率"[①]。预期分为适应性预期与理性预期。只要行为人具备经济体系如何运行的最起码的信息，他就一定能根据信息密集度较小的模型形成他的预期。这就是适应性预期。所谓理性预期，T. J. 萨金特和N. 华莱士认为，"如果一个变量的预期能以适当的方式取决于经济理论表明是实际决定那个变量的相同的东西，那么，这些预期就被称作是理性的预期"。1961年J. F. 马恩提出以理性预期代替适应性预期，并把理性预期定义为预报："因为预期得到的是未来事件的预报，所以预期在本质上与相关的经济理论的预报相同"。适应性预期与理性预期的差别在于：前者似有"被动"之意，后者则是依据有关理论与信息主动自觉地预测。适应性预期主要存在以下两方面的缺欠：第一，预期与现实观察的误差是经常发生的，缺乏预期的准确性；第二，仅有关于过去事件的观察及信息，缺乏未来事件的信息及理论，因而其合理性及可靠性要大打折扣。因此要用理性预期取而代之。

## 二　通货膨胀预期：通货膨胀的"助长剂"与"加速器"

所谓通货膨胀预期，就是在通货膨胀发生后，人们为避免通货膨胀给自身带来损失，确保利润或利益最大化目标实现，对未来通

---

[①] ［奥］赫尔穆特·弗里希：《通货膨胀理论》，费方域译，商务印书馆1992年版。

货膨胀的状况、走势及程度进行分析、判断与预期。起初，往往进行被动适应性的预期，逐渐进入自觉主动理性状态，形成理性预期。通货膨胀的理性预期，作为一种社会心理现象，是通货膨胀实际的客观反映与作用结果。

人们的通货膨胀预期，一般分为三个层次：一是居民个体预期；二是企业或社团预期；三是社会或国家（国家作为社会的代表）预期。三个层次是范围不断扩大、程度不断加深、水平不断提高的互相联系、互相作用、互相促进的关系。居民个体预期和企业或社团预期构成社会预期的基础，社会预期是建立在二者基础上的高级形态的预期。个体通货膨胀预期表现为居民个体对市场物价水平走向及发展趋向的分析与判断是分散零星的，因此它尚不会对社会通货膨胀产生全局性或实质性影响。但它一旦在某个地区或一个较大社团积聚和集中起来，形成企业或社团预期，就可能在某个地区或在某一个大的企业集团对通货膨胀发生地域性或局部性影响。由于这种预期有很强的地域扩散力，可以很快地向其他地域或社团扩散与传播，并且往往借助网络与媒体的力量，很快形成并转换为社会预期。这个时候，居民个体预期、企业或社团预期及社会预期三个层次相互叠加、相互促进，使社会预期得以稳定并固化。这种局面一旦形成，便会对市场 CPI 上升和通货膨胀产生巨大的推动作用。英国经济学家理查德·杰克曼等指出，"预期在通货膨胀过程中起着关键性作用。该观点认为，一旦考虑到预期，政府就不能在长期内通过一个较高（或较低）总需求水平来对失业率产生影响。劳动市场存在一种均衡，如果政府试图把失业率降到'自然率'（意指劳动市场均衡）以下，政府就将面临不断加速的通货膨胀"[①]。预期在通货膨胀过程的关键性作用，即它会使政府陷入通货膨胀螺旋陷阱。所谓通货膨胀螺旋即产生通货膨胀或推动通货膨胀，促使市场物价水平 CPI 持续螺旋式上升（它并不排斥个别时期

---

[①] ［英］理查德·杰克曼，［英］查尔斯·马尔维，［英］詹姆斯·特里维西克：《通货膨胀经济学》，程向前、袁志刚译，上海译文出版社1991年版，第101页。

内 CPI 的短期下降）现象。①之所以如此，原因有三：第一，政府如果把实际失业率降到"自然失业率"以下，必然要增加政府支出，刺激与扩大就业，而这就要推行宽松、扩大的财政政策。人所共知，宽松的、扩大的财政政策是推动通货膨胀加速发展的重要杠杆之一。第二，政府如果要把实际失业率降到"自然失业率"以下，仅靠宽松的、扩大的财政政策一个"杠杆"的撬动是不够的，还需要有宽松的、扩大的货币政策相配合。人所共知，实行宽松的、扩大的货币政策的核心无非就是银行"开闸放水"，多发票子，或扩大银行信贷，或降低银行存款准备金率，这些措施无疑会加剧通货膨胀，推动 CPI 持续上升。第三，一旦社会通货膨胀预期与实际通货膨胀率水平相吻合或相一致，就会使国家所有治理通货膨胀，抑制 CPI 上升的调控政策失效，CPI 将沿上行通道继续螺旋式上升，形成预期型通货膨胀。即使通货膨胀预期与实际通货膨胀率水平不一致，即通货膨胀预期低于实际通货膨胀率水平，社会所有成员便会自动调高通货膨胀预期，也会进一步加剧通货膨胀。上述三种情况，都会使通货膨胀愈演愈烈。

## 三 稳定并消除通货膨胀预期，遏止通货膨胀加速的若干建议

**（一）稳定人们（或社会）的通货膨胀预期是稳定市场物价水平的重要条件**

依据社会消费心理学的一般规律，人们对市场物价水平是越涨越看涨，越看涨又越促进或推动 CPI 上涨。此时，人们的消费心理对市场消费价格变动起着至关重要的作用。人们的心理被"涨价偏好"所左右和支配。并且这种"涨价偏好"极易固化并形成一种惯性。因此，要走出这个"预期涨—物价涨"的循环圈，首先要稳

---

① 潘石、郭殿生：《通货膨胀螺旋的特征、生成机制及应对策略》，《江汉论坛》2011 年第 10 期。

定人们的通货膨胀的心理预期。稳定人们对通货膨胀的心理预期,可以从几方面着手。

1. 从生产领域看,要稳定投资者的心态,从短期行为转为注重合理长期投资行为

面对通货膨胀来袭,许多投资者为短期利益所诱惑,放弃了自己的主业实体经济,转而进行房地产投机、炒股票、期货、黄金,倒卖钢材、煤炭、稀土等紧缺物资,什么现得利,什么见钱快就干什么,经济行为短期化,摒弃长期理性投资,摒弃实体经济的自主创新,摒弃新产品研发。由于投资者心理浮躁,过于短期功利主义,因而总是对通货膨胀的心理预期看涨不看跌。特别是国际金融危机冲击,政府治理通货膨胀的各种政策措施相继出台,虚拟经济的各种泡沫纷纷破灭,短期功利行为遭受重创,不少企业由于投机房地产、股市、期货及黄金等导致破产倒闭。浙江一个山区小县由于投资者注重发展实业,狠抓实体经济结构调整与发展方式转变,创出品牌及名牌,取得好多世界领先与国内第一。事实证明,稳定投资者心态,端正其投资方向及行为,把投资重心放在发展实体经济上,克服行为短期化,实现短期利益与长远利益的有机结合,是稳定投资者的通货膨胀预期的根本要求与保证。

2. 从流通领域看,务必要稳定经营者的营销理念与心态

经营者哄抬物价,散布虚假涨价信息,进行价格欺诈,这是稳定经营者经营心态的大敌,也是影响经营者确立正确营销理念的大敌。稳定商品经营者的通货膨胀预期,必须坚决反对和破除这个大敌。因为哄抬物价,散布虚假涨价信息,进行价格欺诈活动,不仅是为自己牟取不义之财,而且为其他经营者做出了极坏的示范效应,引诱他们也加入上述不法活动,这在实际上助推和加剧了通货膨胀率的上升。尤其像世界知名的流通企业沃尔玛、家乐福等进行哄抬物价与价格欺诈活动,这就带动了更多中小企业经营者扭曲了心态与营销理念,加入"涨价风潮"。食盐大涨价风潮就是典型一例。每袋1元的食盐被哄抬到每袋10元,甚至涨到30元。

3. 从分配领域看，必须大幅度提高中低收入群体的收入，稳定他们的收入心理预期

中国高收入群体由于收入分配体制与机制的不合理确实在不断加大与增长，但相对而言，在中国社会中还毕竟是"少数人"。当今中国社会的主流人群（包括农民在内）还是中低收入者。稳定中国通货膨胀预期，必须稳定中低收入群体的收入预期。为此，要大幅度提中低收入群体的收入，使他们的收入随着劳动生产率的提高而不断增长。现在的问题是，相对富人群体而言，中低收入群体的收入不仅没有大幅度的提高，甚至在通货膨胀过程中遭受的利益损失更大。更为严重的是，在中低收入群体中，"中低收入"又呈现严重的分配不公，表现为地区之间、各行业之间、城乡之间、居民家庭之间收入差距过分悬殊。20 世纪 90 年代中期，最高行业人均收入为最低行业人均收入的 2.23 倍，2000 年上升到 2.63 倍，2003 年增到 3.98 倍。近 10 年以来，这个比例已扩大到 4 倍多；地区收入差距也有明显扩大的趋势。东南沿海地区劳动者的收入远比中部、西部地区劳动者的收入高出 3—5 倍，南方发达地区的职工收入也要比北方欠发达地区（东北、西北、华北）的职工收入高出 3—4 倍。城乡之间的收入比，1983 年为 1.82：1，10 年之后，1993 年扩大到 2.8：1，2003 年进一步拉大到 3.23：1，如果把社会保障、公共医疗及隐性福利等因素考虑在内，城乡居民的实际收入差距可达 6：1。[1] 如果按居民家庭分组，2008 年城镇最高收入家庭与最低收入家庭的实际人均收入差距是 26 倍，按城乡居民家庭 10% 分组，最高 10% 家庭与最低 10% 家庭的人均收入相差 65 倍，即使按官方缩小的统计，也分别为 9 倍及 23 倍。[2] 收入差距过大，收入结构失衡，强化与扩大了收入攀比心理，使收入攀比机制作用越来越大。同是社会主义劳动者，由于不同地区、不同行业、城乡之间及不同家庭之间劳动生产率不同，付出的劳动尽管存在差距，但无

---

[1] 姚先国、盛东：《转折关头的中国经济》，《经济学动态》2006 年第 8 期。
[2] 叶檀：《中国"第三等级"冷对 GDP》，《南方人物周刊》2010 年第 3 期。

论如何不会差距如此之大。这样必然造成低收入者心理失衡，使不同地区、不同行业、城乡之间及不同家庭之间的矛盾加大、加深，从而使他们对通货膨胀的心理预期越发混乱化、复杂化，给国家的通货膨胀预期管理带来难以估量的困难及麻烦。因此，贯彻落实党中央和国务院关于加强通货膨胀预期管理的指示，必须大幅度提高中低收入群体的收入，尤其要提高他们的劳动收入的比重。鼓励诚实劳动，在社会上形成劳动光荣的风气，必须有相应的收入做保证。马克思讲道："任何一个民族，如果停止劳动，不用说一年，就是几个星期，也要灭亡，这是每一个小孩都知道的。"[1] 令人费解的是，这个"每个小孩都知道的"真理，现今许多大人乃至大人物都不知道了。

4. 从消费领域看，稳定和增加消费者的消费信心，合理增加消费支出，是稳定社会对通货膨胀心理预期的关键环节

由于本次通货膨胀呈现结构性特征，即投资需求过度膨胀，而消费需求则不足。市场上消费品供应充足，虽然市场物价水平逐月上涨，一再创新高，但并没有发生商品供给断档现象，更没有出现1988年那次通货膨胀时所发生的抢购风潮与"挤兑"现象。市场物价水平 CPI 之所以持续上涨，并非市场上商品短缺所致，而主要是由于国外通货膨胀输入，尤其是美国通货膨胀大举输入；还由于世界能源价格上涨，上涨的"源头"产品推动国内产品成本不断上升，加之市场价格欺诈活动猖獗等因素造成的。所以，控制市场物价水平 CPI 上升，不能控制消费需求，反而应提振和刺激消费需求，增加消费者的消费信心。普通老百姓或中低收入群体，由于收入有限，对"通货膨胀税"的抵御能力十分有限，只能无奈地忍受资产及利益损失。对天天看涨的市场物价，他们只能节衣缩食，尽可能控制自己的消费，或不买，或少买，或买那些相对便宜的替代品，这对消费者的消费支出量及支出结构都有重大影响，使得国家对通货膨胀预期的管理及现实通货膨胀的控制更加困难。因为，这

---

[1] 《马克思恩格斯全集》第三十二卷，人民出版社 1974 年版，第 541 页。

时的消费支出缩减及结构的改变都直接影响并决定着生产，使社会经济发生"滞胀"，即"生产停滞与通货膨胀并存"。

### （二）使通货膨胀的预期收益不断降低，是稳定并消除人们（或社会）的通货膨胀预期的重要路径

存在决定意识。现实生活中实际存在的通货膨胀是人们主观上通货膨胀预期的客观基础。因此，要从根本上解决人们（或社会）的通货膨胀预期问题，必须解决或消除实际上存在的通货膨胀。现实生活中通货膨胀率为零是偶然状态，通货膨胀率为负值就产生了通货紧缩。只有使通货膨胀率远低于人们（或社会）的可"容度"，让人们切身感觉到不存在通货膨胀威胁，才会使其对通货膨胀的心理预期逐步消失。根本的途径就是使通货膨胀的预期收益不断降低。如果使通货膨胀预期收益为零，人们就会自行中止对通货膨胀进行预期。在现实生活中，只要存在事实上的通货膨胀，通货膨胀预期收益就不可能为零。人们会理性地按预期通货膨胀率来决定自身的经济活动与消费行为，或投资股市，或投资黄金，或买保险，或买基金，或买国债，或开办企业；并针对结构性 CPI 上升，尽可能购买上涨幅度小的商品或购买低价替代品，以减少由于货币贬值、实际购买力降低而造成的实际利益损失，实现最大限度的通货膨胀预期收益。所以，要使人们消除对通货膨胀预期的核心问题在于国家运用各种有效政策措施控制住现实生活中事实存在的通货膨胀，将其控制在尽可能低的水平上。但也要把握好力度，切不可将通货膨胀打压过度，使其转为通货紧缩。现实生活中若出现通货紧缩，通货紧缩预期便应运而生，人们便开始追逐通货紧缩预期收益，那也是比较棘手的问题。

### （三）将劳动者工资收入提高指数化、法制化，是稳定并消除人们（或社会）通货膨胀预期的根本之策

劳动者的工资收入随着其劳动生产率的提高而不断增加，是提高其对通货膨胀承受能力的基础与保证。如果劳动者的工资增长率

超过或等于通货膨胀率,劳动者的实际生活水平不会因通货膨胀而下降,劳动者就不会惧怕通货膨胀,国家也不会用通货膨胀办法从劳动者身上捞到什么好处,自然就不会积极主动地搞通货膨胀。因此,从经济机制上防止通货膨胀的根本途径就是使劳动者的工资收入增长率同通货膨胀率同步,即实行工资指数化,将劳动者工资收入与市场物价指数相挂钩,按照市场消费物价上涨率来提高职工名义工资水平,以维护劳动者的实际工资水平不下降。针对20世纪中国通货膨胀几次重演的状况,笔者于2001年开始主张劳动者工资收入指数化,[①]至今仍坚持此观点。

不仅如此,笔者还认为,要从根本上破解通货膨胀不断复发重演的难题,必须将劳动者工资随其劳动生产率提高而增长的规定及劳动者工资收入指数化的规定纳入法律体系及法治轨道。中国至今没有一部切实保证劳动者工资收入提高的法律,更没有保证劳动者工资收入必须随着劳动生产率提高而增加的明确法律规定。新中国成立以后有很长一段时间(如从20世纪50年代中后期到改革开放前)基上没给城市职工增加工资收入。改革开放后,几次进行工资改革都大幅度提高了职工的工资收入,但最大的缺憾是一直没有做到劳动者工资收入随其劳动生产率提高而逐步提高。因此,笔者建议应尽快制定劳动者工资随劳动生产率提高而逐步增加的有关法律和劳动者工资收入指数化的有关法律,这是防止国内收入差距无限扩大,产生两极分化的迫切需要,更是从根本上防止通货膨胀不断重演的正确选择。

(本文与庞长亮合写,发表于<br>《当代经济研究》2012年第3期)

---

[①] 潘石:《通货控制论》,吉林大学出版社2001年版,第350—351页。

# 控制总需求膨胀是制止通货膨胀的首要任务

随着我国通货膨胀的公开化和恶性化，治理通货膨胀的呼声与日高涨，执行反通货膨胀的政策更是举国上下共同关注的政策期望。本文认为反通货膨胀的政策着眼点必须着力在引发我国通货膨胀的产生机制之上。只有将导火索熄灭，才能免受爆炸的破坏。引发我国通货膨胀蔓延的是持续多年的总需求膨胀，同时总需求膨胀也是我国通货膨胀的主要症状。抑制总需求膨胀是治理通货膨胀的关键。

## 一 总需求膨胀既是通货膨胀的直接原因，又是通货膨胀的主要症状

经济学常识已经证明，在某个特定的时期，社会总需求与社会总供给不平衡，即存在着供求缺口，就会产生经济运行过程中的异常现象。如果总供给大于总需求，就会产生生产过剩的危机，从而导致经济萎缩和萧条，使社会资源遭到极大的浪费；如果总供给小于总需求，即存在着需求缺口（尽管需求缺口的存在在短期内可以刺激经济增长，刺激经济增长的效应是通过货币的过量发行、物价的剧烈上涨弥补这个缺口来传递的，但就长期的动态经济增长过程并不具有这种作用），经济运行过程中便会出现通货膨胀。整个经济运行过程会因通货膨胀的出现而走进混沌、无序和低效率的困境。因此，在经济学文献中，需求缺口叫作"通

货膨胀缺口"。

从 1978 年开始，在我国的经济运行中，总需求一直大于总供给，总需求的增长速度一直快于总供给的增长速度，始终存在着通货膨胀缺口。1978 年，总需求的增长速度高出总供给的增长速度 1.02 个百分点，抑制 1987 年总需求的增长速度又超出总供给的增长速度近 2 个百分点。1984 年年底，我国的宏观经济运行陷入"真空"的状态，总需求的增长速度超出总供给的增长速度高达 9.13 个百分点。十年改革进程中，只有 1981 年、1982 年和 1986 年的宏观经济形势是令人乐观的，总供给的增长速度比总需求的增长速度分别高出 2.13 个、1.18 个和 3.31 个百分点，但也没有消除通货膨胀缺口。其余年份，我国总供求皆失衡，通货膨胀缺口与经济运行形影不离。

从表 1 中，我们可以看到这种变化的历程，精确的统计数据为我们判断改革十年来的总需求膨胀提供了依据。但是仅凭借表 1 的数据还不足以说明通货膨胀缺口的存在就代表通货膨胀的现实。经济学分析是对直观感觉和感性认识的升华性抽象和剖析。如果我们以国民收入的平减指数代表我国的通货膨胀率，就可以得到更清晰的认识，见表 2。

表 1　　　总供给、总需求与通货膨胀缺口的变化速度　　　单位:%

| 年份 | 总需求的变化速度 | 总供给的变化速度 | 通胀缺口变化速度 | 总需求变化速度与总供给变化速度之差 |
| --- | --- | --- | --- | --- |
| 1978 | 115.58 | 114.56 | 181.50 | 1.02 |
| 1979 | 118.12 | 108.80 | 498.62 | 9.32 |
| 1980 | 113.15 | 110.19 | 139.50 | 2.96 |
| 1981 | 105.83 | 107.96 | 90.85 | -2.13 |
| 1982 | 107.66 | 108.64 | 97.81 | -1.18 |
| 1983 | 112.90 | 110.72 | 133.14 | 2.18 |
| 1984 | 125.13 | 116.00 | 195.61 | 9.13 |

续表

| 年份 | 总需求的变化速度 | 总供给的变化速度 | 通胀缺口变化速度 | 总需求变化速度与总供给变化速度之差 |
|---|---|---|---|---|
| 1985 | 129.96 | 126.45 | 146.67 | 3.51 |
| 1986 | 113.81 | 117.12 | 100.70 | -3.31 |
| 1987 | 112.48 | 110.61 | 121.10 | 1.87 |

资料来源：本表数据根据《中国统计年鉴》（1987年）的有关数据计算而得。

从表2中，我们可以观察到在1978—1987年，我国总需求的增长速度全部在国民收入的平减指数之上，且总需求的增长速度较高的年份必定诱发第二年国民收入平减指数的提高。由此可知，存在于中国经济运行中的总需求膨胀既是通货膨胀的直接原因，又是通货膨胀的主要症状。因此可以肯定地说，我国的通货膨胀是需求拉上的通货膨胀。

表2　　　　总需求、通货膨胀缺口和国民收入的平减指数　　　　单位：%

| 年份 | 总需求增长速度 | 通胀缺口增长速度 | 国民收入平减指数 |
|---|---|---|---|
| 1978 | 115.58 | 181.50 | 99.60 |
| 1979 | 118.12 | 498.62 | 101.60 |
| 1980 | 113.15 | 139.50 | 104.02 |
| 1981 | 105.83 | 90.85 | 103.44 |
| 1982 | 107.66 | 97.81 | 101.88 |
| 1983 | 112.90 | 133.14 | 99.88 |
| 1984 | 125.13 | 195.61 | 101.08 |
| 1985 | 129.66 | 146.14 | 105.26 |
| 1986 | 113.81 | 100.70 | 109.99 |
| 1987 | 112.48 | 121.10 | 106.89 |

资料来源：《中国统计年鉴》（1987年）。

目前，我国经济理论界有部分学者认为，我国的通货膨胀是典型的成本推动性质的，其因果链是：农村改革是以普遍推行联产承包之名，行提高农产品价格之事，进而推动了工业成本的上升，同时农村的发展所传动的剩余劳动力的转移，并没有严格地按照刘易斯—拉尼斯—费所归纳的发展中国家农村劳动力转移的工资水平的平行线（即农民收入与工人收入存在着稳定的差额）而进行劳动力结构格式的转换，我国所走的是农村劳动收入向右上方延伸的一条曲线。这样也就提高了农村劳动力的价格，形成了农产品机会成本增大，工资推动诱发利润推动的通货膨胀，再加上经济活动中存在着垄断组织，就为我国的通货膨胀明确了成本推动性质。同时还有部分文献认为，总需求膨胀仅是通货膨胀的症状，而不是通货膨胀的诱因。我们认为这些分析固然含有一定的真理成分，就业不足和工资水平升高并存，生产能力闲置与物价水平飞涨共容固然可以说明我国的生产能力并没有达到生产的可能性边界。但是仅此而论，说明我国的通货膨胀形态是成本推动的，而否认需求拉上的形态，这是牵强附会的。就生产的可能性边界而言，我国的潜在生产水平与实际的生产水平已基本上接近，且生产约束已经进入了生产可能性边界的紧张带，就业不足与工资率的上升本身就是总供给增长能力微弱和需求张力强劲的结果。生产能力闲置与物价飞涨并存更能够说明总需求的张力与转换使供给的迎合机会处在难以把握的进程之中。比照我国宏观经济运行中的周期性波动和微观经济基础重塑过程中的软预算约束，需求拉上的通货膨胀是我国通货膨胀的主要形态。

## 二　从总需求膨胀传导到货币过量发行的通货膨胀过程

一般的经济学文献遗留给我们可供继承的总需求分析框架是总需求的三分法。总需求被分解为投资需求、消费需求和政府需求三个部分。如果我们分别使用社会总投资、居民消费水平和政府的财政支出这三项指标代表上述三种需求的定量指标,同时我们再选择一些辅助性的指标就可以看到我国总需求膨胀导向通货膨胀的过程,这一过程也必然以货币的过度发行为归宿。

首先,由表3我们可以看到,我国的投资需求一直保持着较高的增长速度,虽然在改革的进程中具有一定程度的波动,但是环环相扣地保持扩张的趋势。从1982年开始,投资的增长速度一直超过国民收入的增长速度,且投资总额对国民收入的弹性集中在0.81—3.44的区间内,说明投资支撑着国民收入的增长,同时也说明投资对国民收入的变化异常敏感,传统经济运行机制之中的投资冲动和数量扩张仍然存在改革后的经济运行之中。根据投资对国民收入的弹性,我国的投资需求一直处在发散式的"蛛网"波动之中。

其次,消费需求膨胀的形势也异常严峻。从表2和表3所的数据来看,居民消费水平的平减指数总的趋势是快于国民收入平减指数的。由于我国消费支出采取货币交易的形式,改革迄今,从"放权让利"和普及化的企业承包经营责任制寻找对劳动者利益的刺激;我国全民企业上缴利税与工资的比例在不断地衰减,从1978年的1.69∶1,跃至1987年的1.03∶1,衰减了0.66个百分点,企业盈利没有上缴国库,大量地流入居民手中。在这种意义上看,承包制就是消费需求膨胀的诱因。就我国居民手持现金与储蓄存款的结构变化来看,前者的增长速度远远超过后者;同时居民的边际消费倾向和边际储蓄倾向都发生了惊人的变化,各种因素一起所形成的市场结余购买力的压力和当年社会商品购买力与当年零售商品货源的差额不断扩大。

表3 总投资、消费水平和财政支出

| 年份 | 总投资的增长速度(%) | 国民收入增长速度(%) | 投资对国民收入的弹性(%) | 居民消费水平平减指数(%) | 全民企业利税与工资比例(%) | 财政支出(亿元) | 财政支出对国民收入的弹性(%) |
|---|---|---|---|---|---|---|---|
| 1978 | — | 113.84 | — | 103.54 | 1.69 | 10.10 | 2.29 |
| 1979 | — | 111.30 | — | 102.91 | 1.63 | -205.91 | 1.29 |

续表

| 年份 | 总投资的增长速度(%) | 国民收入增长速度(%) | 投资对国民收入的弹性(%) | 居民消费水平平减指数(%) | 全民企业利税与工资比例(%) | 财政支出(亿元) | 财政支出对国民收入的弹性(%) |
|---|---|---|---|---|---|---|---|
| 1980 | — | 110.09 | — | 105.25 | 1.44 | -170.51 | -0.48 |
| 1981 | 105.51 | 106.83 | 0.81 | 102.91 | 1.40 | -98.58 | -1.18 |
| 1982 | 128.03 | 108.15 | 3.44 | 63.80 | 1.37 | -113.16 | 0.42 |
| 1983 | 116.23 | 111.00 | 1.47 | 161.77 | 1.38 | -122.91 | 1.09 |
| 1984 | 128.17 | 119.45 | 1.45 | 102.35 | 1.32 | -121.84 | 1.01 |
| 1985 | 138.75 | 124.44 | 1.59 | 108.67 | 1.25 | -68.25 | 0.79 |
| 1986 | 118.73 | 112.17 | 1.54 | 106.58 | 1.04 | -208.85 | 2.16 |
| 1987 | 120.57 | 118.18 | 1.13 | 106.88 | 1.03 | -246.17 | 0.23 |

资料来源：《中国统计年鉴》（1987年）。本表中的财政赤字是用公布的财政赤字额减去债务收入而得；"—"表示缺少数据。

从表4中，我们可以看到，手持现金与储蓄存款的变化情况。我国居民手持现金的增长速度与居民储蓄存款的增长速度在1985年前，存在着一定的交替性波动，总的趋势是前者大于后者。自1985年起，前者与后者的差额逐渐加大，1985年、1986年和1987年，其差额分别为5.21、12.65和17.89个百分点，可见居民手中掌握着大量的货币，这既是需求扩张的结果，同时也为需求的进一步扩张提供了货币交易基础。我国居民消费倾向的递减趋势可以说明，我国居民边际消费倾向的变化得到了不断的满足，这与我国居民普遍已经度过了温饱阶段的判断是一致的；但是边际储蓄倾向的减速固然可以用负利率进行解释，一种不可忽略的因素就是储蓄动机的变化，货币交易动机的增强，储蓄是被迫的。巨额储蓄给市场以强大的压力，它向市场随时都可能"吐出货币"。我们缺乏1988年中的"抢购抢提"的数据，无法给出直观的素描。但仅凭这点我们就可以断定,居民的消费需求是悬挂在市场之上的"千斤顶"。表4的最后两行数据为我们的这种判断提供了证明。

表4　　　　　　　　　　消费需求的变化指标

| 年份 | 手持现金的增长速度（%） | 储蓄存款增长速度（%） | 边际消费领向（%） | 边际储蓄倾向（%） | 市场结合购买力的增长速度(%) | 当年零售商品货源与当年社会购买力的额（亿元） |
|---|---|---|---|---|---|---|
| 1978 | 111.14 | 108.41 | 0.92 | 0.08 | 64.32 | 81.90 |
| 1979 | 119.11 | 125.90 | 0.79 | 0.21 | 208.48 | 17.50 |
| 1980 | 138.25 | 130.30 | 0.65 | 0.35 | 135.08 | -124.30 |
| 1981 | 127.15 | 118.19 | 0.51 | 0.49 | 98.73 | -36.50 |
| 1982 | 124.41 | 112.14 | 0.52 | 0.47 | 151.06 | 3.50 |
| 1983 | 123.18 | 122.74 | 0.54 | 0.46 | 123.04 | -56.30 |
| 1984 | 132.49 | 143.89 | 0.64 | 0.35 | 136.09 | -398.00 |
| 1985 | 129.58 | 124.37 | 0.70 | 0.29 | 127.86 | -279.00 |
| 1986 | 131.20 | 118.55 | 0.28 | 0.71 | 131.10 | -435.00 |
| 1987 | 137.35 | 119.46 | 0.42 | 0.58 | 137.99 | -744.00 |

资料来源:《全国贸易物价资料》(1953—1985);《中国统计年鉴》(1987)。

最后,是政府需求。这十年政府需求的扩张可谓愈演愈烈。由于政府掌握着绝对的经济权力,在社会总需求中,政府需求是最复杂和最灵活的需求因子。这十年间,我国宏观经济政策对政府需求的约束可以说是无所作为。从表3我们可以看到,我国这几年的财政赤字逐年爬高,财政支出对国民收入的弹性较为敏感,财政盈余年份,财政支出对国民收入的弹性越大,反之财政收支入不敷出,其弹性就回落。可见,政府需求的变化对总需求膨胀起着逆向调节的作用,并不起抑制作用。透支和货币过量发行是永久敞开的豁口。

此外，进口需求的增长也引人注目。十年来贸易逆差虽有所好转，但一直没有消除，进口总额占国内总产值的比重逐年升高，1987年与1978年相比提高了17.51个百分点，1987年进口总额占国民收入的比重与1978年相比提高了21.30个百分点，进口对国民收入的弧弹性为零或负，超过了一般发展中国家的水平。从指导思想上的高消费宣传到进口包干后，我国进口的品种大多数皆为奢侈性消费品。据说原定1988年的录像机进口不超过1万台，现在，仅松下一家通过直接或迂回渠道就进口了50万台。我国进口需求的扩张可略见一斑。

需求是供给的对立经济行为，同时需求与供给的对立是通过货币来反映的。我们在分析需求的变化中没有正面论述货币，在这里我们认为，我国总需求膨胀的对立行为就是货币供给量的激增。10年来，我国货币供应量迅猛增长。1979—1983年，平均每年以17.3%的速度增长。到1984年，货币投放量达到262.33亿元，为1979—1983年总投放量的82.4%。1985年货币投放量仍达195.7亿元，1986年上升到230.5亿元，1987年上升到236.2亿元，1988年则高达680亿元。1984年货币量比上年的增长率为49.5%，1985年为24.7%，1986年为23.3%，1987年为19.4%，1988年则超过40%，这一年的通货膨胀率高达30%左右。大量没有物质保证的纸币涌向市场，岂能不引起物价暴涨，造成严重的通货膨胀。

## 三　体制—机制脱节、总量—结构失衡与历史惯性—心理动态是总需求膨胀通向通货膨胀的"传送带"

上述的分析以严谨的经济学逻辑表明，如果在经济运行中不存在诱发总需求膨胀的基因，那么总需求的膨胀就没有赖以生存的土壤。显然，我国总需求膨胀通向通货膨胀的过程，是由经济运行机制内的特定因素所决定的。

对于我国总需求膨胀诱发通货膨胀的成因，国内外经济学文献有诸多的论述，大家一致认为是投资需求与消费需求俱涨导致总需求膨胀，然后诸如产权界限模糊、利益主体多元化、货币的过量发行为总需求膨胀升级和通货膨胀提供了机会和条件。但是要刨根究底地问，为什么投资膨胀与消费需求会俱涨，并且就会产生通货膨胀呢？我们认为，可以用以下的因素进行解释。

体制—机制因素。改革一开始，我们就沿着"放权让利"的路线推行改革的战略，且不说在方法论和操作上缺乏统一的约束规范，更重要的是"放权让利"的思路从出台就产生无法收敛的扩散效应。按道理说，"政企分开"的"放权让利"是可以在打碎旧的经济运行机制基础上，重塑新的经济运行机制的。但由于改革伊始没有给予旧的经济运行机制足够的关注和充分估计旧的经济运行机制的惯性和腐蚀力（市场不对称，负利率机制等延续至今），"放权让利"的目标被幼稚化和单纯化。从企业分权、财政分权到外贸分权，我们可以将我国所有的改革措施和大政方针都列在"分权让利的菜谱"上，却始终找不到对经济运行机制转换的铺垫措施，经济运行机制是不依赖于我们的认识而转移的。增加收入和扩大企业或基本经济单位的自主权，对于当时从旧的经济体制中走出来的迫切要求来说是必要的，然而它却不可逆转地点燃了总需求膨胀的烈火。

在传统的经济运行中，广泛存在的"计划者偏好"仍占据显赫的地位；重积累轻消费的经济政策所提供的经济范式内仍存在着价格管制、票证配给、强制储蓄和消费选择的强制替代。从"计划者主权机制"到消费市场的等待排队机制形成的传统经济机制被部分保留下来，其内含的隐蔽性的需求膨胀因素一经"放权让利"和局部性地注入市场机制，就使得总需求的膨胀有了收入基础，隐蔽性的总需求膨胀有了适宜发育和成长的温床。

承包制本身内含总需求膨胀的基因，它是通货膨胀的深层原因。承包所采取的做法，无论是定基承包或是风险承包，其本身就有一种追求高速度的倾向，它的奠定基础是一种极端的契约经济，并没有摆脱"计划者主权"的羁绊。同时，在宏观管理上又支撑起财政承包、外贸承包的保护伞，就将财政赤字、信用膨胀和外汇滴漏拉进了承包体制的框架，直接为需求扩张提供了机会和条件。承包的结果不仅是职工个人收入的增长，也是利润截留的增长。前者必然是总需求膨胀的基础，后者也通过一些转弯抹角的环节转变为现实的需求。企业留利本身应该是企业内部积累的基础，同时也是供给增长的前提，可是在产权界限不定，经济运行机制不进行大转变的基础上，推行承包制，却使这种作用化为乌有。我们假定，消费品选择的收入来源一是个人收入，二是资本，因此我们面临着收入品和资本品两种商品。收入品代表个人消费需求，同时我们也将证明资本品也是消费需求的主要部分。从理论上讲，资本品应该是企业发展过程中不可缺少的生产要素（产业资本），计入企业的资产账目。在承包体制下，这种资本品却是反映在资产账目上的消费需求。因此从这种意义上来看，忽视体制——机制的转换，总需求膨胀到通货膨胀具有一定的必然性。

总量——结构因素。在改革以前，短缺与滞存是正常的制度特征，而且在一定程度上是稳定化的。改革以后，我们在这方面的行动往往缺乏明确的目标，结果在价格管理体制一经松动的情况下，总量不足、经济结构扭曲、瓶颈变细就将需求扩张限定在狭小的空间内，总需求膨胀传导通货膨胀也具有必然性。

我们认为，我国的需求水平在总量上一直受到短缺和供给不足的威胁，在结构上表现为滞存与供给结构的零散混乱。改革以后，我们寻求一种诱致性的制度变迁手段来改善这种短缺与滞存的常态。1984年，当时经济运行过热，我国理论界的大多数文献认为改革需要宽松的经济环境，即总供给大于总需求。相反却有极少数文献认为需要"微紧的"经济环境，且煞有介事地论证宽松的经济环境是改革的结果，而不是改革的前提，沉湎在"需求刺激增长"的凯恩斯世界里，好像需求就会自动地带来供给。需要强调的是，这种"前提与结果之争"都忽略了对产业结构的研究。产业结构的研究只停留在对国民经济综合平衡理论改性的阶段。在此阶段后，我们就迅速地转入局部放开价格，建立市场的阶段，因此短缺这一总量问题不仅没有得到解决，反而产生了长线越长，短线越短的总量失衡、结构扭曲和瓶颈变细的状况；"无帅思想"的全国一盘棋，使投资重置的情况没有得到改善，从价格双轨制到价格放开所产生的"价格幻觉"，不仅引致了比价复归，同时也使居民的消费预期变得更不确定，见商品涨价就进行抢购的现象一波未平一波又起，价格是衡量商品供求的一副尺子，结果越量越短。

这种总量—结构政策与我们所能接受的理论遗产相距甚远。马歇尔在《经济学原理》中认为，供求的平衡问题是一个时期问题，同时也是一个结构问题，供给周期有长、中、短三个经济周期之分，在短期内增加供给以平衡需求是一厢情愿的幻想，中、长周期的平衡力度必须以结构调整为前提，供给的变化速度比需求的变化速度慢，因此供给周期比需求周期长。马克思主义经济学也认为商品资本的循环与周转是长周期。我们认为在需求膨胀既成事实的时期，即使强调产业结构，执行供给政策已为时晚矣。总量政策在经济运行长期偏安于非均衡常态的世界里，超前与结构政策的操作已经失去了保持总供求平衡的力度，而且也给总量水平与政策期望值之间的纠偏增强了强度。

历史惯性—社会心理因素。改革前，需求的压抑性管理方式一经松动，总需求的变化就进入了亢进兴奋的状态。如果我们将改革前的供给称为意愿供给，需求称为意愿需求，那么经过"放权让利"的追认，意愿供给并不完全转化为有效供给和实际供给，相反意愿需求的转化几乎是完整无缺的。在我国一方面意愿需求是很大的，意愿需求却受制于"计划者偏好"，本身就存在着供求的不对称性；另一方面"放权让利"的政策化和社会化，各阶层的人们对改革赋予了不同的同义语，形成了形形色色的社会心理，但其基本含义就是收入的预期，因此需求刚性增强，需求的收入弹性和价格弹性却减弱，且通货膨胀的预期增强。同时，改革后，企业自信增强，社会开始拥有企业提供的琳琅满目、出奇制胜的广告海洋，无疑这些因素都将需求推向膨胀的境界，迎合通货膨胀的到来。

总之，总需求膨胀导向的通货膨胀已经构成了现实经济运行的压力。如果我们仍不采取及时的措施，那么我们就会继续目睹我国宏观经济政策上的修修补补，比如头痛医头，脚痛医脚；如果我们仍然对需求膨胀导向的通货膨胀抱有一丝刺激经济增长的希望，那么我们就会继续痛苦地忍受经济增长有效速度的下降，经济运行膨胀—收缩—过热—过冷的封闭式循环。

## 四 控制总需求膨胀需要综合治理

要治愈通货膨胀病，必须对症下药。反通货膨胀的首要任务是控制总需求膨胀。存在于我国现实经济运行中的总需求膨胀是我国通货膨胀的"帮凶"，不及时尽快地反需求膨胀，我们就会自食其果。治理经济环境、整顿经济秩序，不率先在控制总需求膨胀上做出努力，就会变为纸上谈兵。控制总需求膨胀与反通货膨胀一样，是取信于民的问题。

事实上，医治需求拉上的通货膨胀是处在改革进程中社会主义国家的一大难题，不可能用一两剂药方就可以根治。在此，我们本着标本兼治，斟剂酌量的原则进一步做些阐发。

首先，在宏观控制上，迅速地对旧的经济运行机制进行脱胎换骨，更弦改张，迎合宏观的直接控制向间接控制的转换。我们不同意采取有限的行政控制办法重新维持局面，因为它有可能导致旧的经济运行机制的复归和卷土重来，而是应该采取综合性的总量政策与结构政策。执行总量政策以保证其在总量水平和政策期望值之间的纠偏功能；执行结构政策以保证其在结构标准与功能完善之间的规范作用，以期增加供给，消除短缺。

第一，投资政策。建立完善的投资许可证制度。在我国这个问题尤有必要，投资再不能沿着放权的路线继续伸展了，也没有必要沿革传统的经济环境下对投资项目进行大砍大伐了，因为我们现在已经面临走进"滞胀"的危险。投资许可证制度主要包括国家公布投资先后顺序表，让社会对此进行考核（主要由专家和群众性团体考核），核发投资许可证；投资许可证具体应包含投资数额、投资周期等规定；银行根据投资许可证有选择地发放信贷，否则就用贷款利率加以限制。执行这种投资政策必须与产业结构政策、中央银行的独立化和专业银行的企业化相配套进行。

第二，工资政策。工资政策与收入分配政策相联系，迅速地改变绝对量工资的控制办法；将以往的工资与劳动生产率和经济效益挂钩的做法落到实处，需要开放劳动力市场，变工资刚性控制为弹性控制；建立个人收入的申报制度，进一步完善健全个人收入所得税制度。执行这种工资政策的目的是控制个人消费需求的膨胀，当然对那些基本生活需要已经受到威胁的人口，同时实行消费保护，规定工资—物价指导线，这种政策必须与就业政策相联结。

第三，就业政策。我国的就业政策是一种刚性的就业政策，工作职位的供给与就业后备人口的职业需求不对称，"一个萝卜填一个坑"是不行的，这种情况在劳动者的比较利益观点形成之后已充分地暴露其弊端，1985年以后，劳动的边际产出迅速递减，必须迅速地改变这种"隐性失业"的状况，增强失业风险，结束全面福利化的"大锅饭"。对那些无力从业的人员的生活安排可以通过开办社会安全保障署和创建人寿保险公司的办法进行补偿，增加供给，抑制需求。

第四，利率政策。利率是宏观经济活动的一条总"纲"，在现在需求扩张，有效供给不足的情况下，必须结束负利率的现状，矫正负利率对需求的逆向调节。关于利率提高的次序选择问题，我们认为不是问题的核心，贷款利率与存款利率孰前孰后对抑制需求都有好处，但是贷款利率的提高幅度要大于存款利率，以保证金融系统的中介作用，存款利率提高的目标必须着眼于变被迫储蓄为自愿储蓄，变短期储蓄为长期储蓄。利率政策的操作必须与有价证券政策相匹配。

其次，在微观搞活上，建立公平的、有效的和有序的市场，保证市场的竞争性，供给与需求的结构性吻合，突出消费者主权的地位。具体来说，就是强化产权约束、预算约束和税收约束，对企业经营动机在供给诱导的前提下进行利润诱导，违反这一原则的企业征收超额累进税、涨价税等，推行企业破产制度，以存量调整改变流量流向和流程，以企业债务关系为线索诱致承包制向股份制过渡，建立宏观经济活动坚实的微观基础。

这些政策的执行都是以短期或长期内增加供给为前提，抑制需求为归宿的，我们可以称为短期供给或长期供给政策。但是我国理论界仍有部分学者认为，抑制需求无异于自我打击，解决不了燃眉之急，这种观点源于供给增长会必然带来需求的超前增长。我们认为之所以产生这种现状，既符合规范经济学的理论又与我国宏观经济政策操作过程中的患得患失、走走停停有关。因此我们在治理总需求膨胀的过程中，必须明确"熊掌与鱼不可兼得"，以免因噎废食和"鲧治水"式的好心办错事的倾向。

[本文与秦海合写，发表于《东北师大学报》
（哲学社会科学版）1989 年第 6 期]

# 中国通货紧缩与经济周期波动

## 一 对经济周期波动的理性认识

改革开放之前，传统经济学认为社会主义经济根本消除了生产社会化与资本主义私人占有之间的矛盾，消除了危机的根源，不存在"危机—萧条—复苏—高涨"的资本主义再生产周期，更不会发生周期性的波动。这种理论完全是一种脱离中国国情的苏联"范式"。

实际上，任何一种经济形态，其发展运动都不可能是直线上升的，也不可能是水平前移的，即在经济坐标上，它既不可能是垂直直线，也不可能是水平直线，而必然是一条运动曲线，是一条倾斜的曲线。毛泽东当年曾把中国经济运动的状态及趋势描绘为"波浪式前进，螺旋式上升"，实际上是一条波动的曲线。无论哪一种经济形态，其发展运动都必然存在着不同形式的波动，没有波动是不可想象的，事实上也是不存在的。经济周期波动，一般是指经济运行和发展过程中交替出现的上升（扩张）—高涨（繁荣）—下降（收缩）—低潮（衰退）的周而复始的现象。

这里讲的"经济周期"概念，切不可简单机械地理解。它并不是每次经济波动在时间长度上都具有固定的规则性。在现实生活中，经济波动不仅在时间长度上是不规则的，就是在振幅、波形、波峰的高度、波谷的深度、波动的平均位势等方面也是不规则的。并且，每一个周期都迥然不同于上一个周期，并非上一个经济周期的简单重复式模拟。

对经济周期的考虑和认识，必须注意到每个周期时间的长短变化。马克思曾在《资本论》中专门考察了英国从 1825 年爆发第一次经济危机到 1863 年近 40 年的工业经济波动史，认为这期间共经历了约 4 个经济周期，平均 10 年为一个周期。马克思指出："可以认为，大工业中最有决定意义的部门的这个生命周期现在平均为十年，但是这里的问题不在于确定的数字。"[①] 还强调说："直到现在，这种周期的延续时间是十年或十一年，但绝不应该把这个数字看作是固定不变的。"[②] "现代工业具有十年一次的周期，每次周期又有各个周期的阶段，而且这些阶段在积累进程中被越来越频繁地相继发生的不规则的波动所打断。"[③]

对经济周期的考察和认识，仅仅注意到每个周期时间的变化是不够的，更重要的是通过数字的变化认识和把握经济波动的周期性、交替性、重复性和不规则性，以探索与揭示其背后存在的机制必然性。马克思指出："正如天体一经投入它们的轨道就会无限期地围绕着轨道旋转一样，社会生产一经投入这个膨胀和收缩的交替运动，也会由于机制的必然性不断重复这一运动。"[④] 美国经济学家萨缪尔森和诺德豪斯对此做形象的比喻说道："没有两个经济周期是完全一样的，但它们有许多相似之处，虽然不是一模一样的孪生兄弟，但可以看得出它们属于同一家族。"[⑤] 这里马克思讲的机制必然性以及萨缪尔森和诺德豪斯说的同一家族，都是指支配经济活动周期变化的内在同一性及内在规律性，我们研究经济周期的根本任务就在于探讨和把握经济周期变化的同一性及规律性，以便更好地驾驭它，利用它，为我国的社会主义经济建设服务。

---

[①] 《马克思恩格斯全集》第二十四卷，人民出版社 1972 年版，第 207 页。
[②] 《马克思恩格斯全集》第四十九卷，人民出版社 1982 年版，第 241 页。
[③] 《马克思恩格斯全集》第二十三卷，人民出版社 1972 年版，第 699 页。
[④] 《马克思恩格斯全集》第二十三卷，人民出版社 1972 年版，第 699 页。
[⑤] ［美］保罗·A·萨缪尔森、［美］威廉·D·诺德豪斯：《经济学》，高鸿业等译，中国发展出版社 1992 年版，第 313 页。

## 二 西方国家的经济周期波动与通货紧缩

正如马克思在资本论中所揭示的那样，西方资本主义经济是在危机—萧条—复苏—高涨的循环中运动的，是在扩张与收缩的起伏波动中向前发展的，危机成为资本主义经济运动必经的阶段，成为资本主义经济发展不可摆脱的周期现象。人们刚刚以焦虑的心情把它送走，可由于每次送走危机的措施又都为下一次危机的到来创造了条件，所以，隔上若干年新的危机又跨进了门槛。这是因为，"一切真正的危机的最根本原因，总不外乎群众的贫困和他们的有限的消费"[1]。正是由于这个原因，"市场的扩张赶不上生产的扩张，冲突成为不可避免的了；而且，因为它在把资本主义生产方式本身炸毁以前不能使矛盾得到解决，所以它就成为周期性的了，资本主义生产产生了'新的恶性循环'"[2]。可见，资本主义生产方式不消灭，资本主义经济不可能解决和摆脱周期性危机问题，马克思是从制度角度来揭示资本主义经济危机周期性的，使人们从更深的层次观察到了资本主义经济周期波动的根源及本质与马克思不同，西方资产阶级经济学家则更多地从经济运行层面以实证的方法来分析与研究资本主义经济的周期波动，他们适应资本主义经济运行与发展的客观需要，创造了一整套周期波动理论，主要有"短波论""中波论""长波论"等。下文将详尽分析通货紧缩与这些不同类型的经济周期波动的关系及其

第一，"短波"即基钦周期。它由美国经济学家基钦在20世纪20年代所发现，故称"基钦周期"。基钦在论文《经济因素中的周期与倾向》中通过对1890—1923年英国与美国之间的票据清算额、批发物价、利率等资料的实证研究分析，发现美、英两国的经济运行中存在着一种有规律的短期波动，其持续时间大约在40个月左

---

[1] 《马克思恩格斯全集》第二十五卷，人民出版社1974年版，第548页。
[2] 《马克思恩格斯全集》第二十卷，人民出版社1971年版，第300页。

右。之后又有多位学者证实了这个短期波动的存在。① 一般认为，这种短期波动主要是由企业库存投资变化引起的，当经济摆脱萧条开始复苏时，企业订单增加，销售量上升，库存积压物品减少，企业为扩大销售并保持适当库存，积极增加投资，扩大生产，使经济进入繁荣与高涨期。在高涨期企业生产规模继续扩大，产量猛增，很快超过了市场需求量，企业销售量减少，库存增加，产品开始挤压，经济便又进入收缩和萧条期。

第二，"中波"即朱格拉周期。由法国经济学家朱格拉（Cinent, Juglar）发现的。他在1860年发表的《论法国、英国和美国的商业危机及其发生周期》一书中，提出经济运动中存在三个连续阶段——繁荣、危机、清算。这三个阶段顺次反复出现，就形成了周期现象。他依据详尽的统计资料通过对物价水平、利率及产量变动等指标的分析，认定经济发展中平均9—10年为一个周期。美国经济学家熊彼特称这种周期为中周期，亦称中期波动，简称"中波"。"中波"理论与"短波"理论有所不同，它不是侧重于库存投资的变化，而是侧重于市场价格水平的变化，并把它作为货币、信贷及金融体系变化的基本原因。

第三，"中长波"即"库兹涅茨周期"。由美国经济学家库兹涅茨所提出。他在1930年出版的《生产和价格的长期运动》一书中，系统地分析和研究了美、英、德、法等国从19世纪初到20世纪初60种工农业主要产品产量和35种主要工农业产品价格变动的实际资料，发现了这些资本主义国家经济运行中普遍存在一个15—25年的中长周期循环，这个中长周期循环与建筑业的供求循环变化有着十分密切的关系。对建筑业的需求来说，供给要有一个较长的时间过程，并且建筑业的扩张使得建筑材料的需求日益扩大，就业机会增加，会逐渐影响和拉动其他相关领域经济的增长，从而引

---

① 几乎与基钦同时，W. 库拉姆在研究中也发现资本主义经济有40个月左右的短期波动。A. 汉森根据统计资料也计算出美国在1807—1937年共有37个平均长度为3.51年的短周期。

发中长期周期波动。

第四,"长波"即"康德拉季耶夫周期"。由俄罗斯经济学家康德拉季耶夫于1925年发表的《经济生活中的长期波动》所提出。他在该文中详尽地分析了美、英、法、德等国的大量实际经济资料,探寻这些国家的价格水平、利率、工资及产量变化的走势及规律,并明确指出,"在资本主义经济中存在着平均长约50年的长期波动"。这就是著名的康德拉季耶夫长周期。他把18世纪80年代到1925年这一时期划分为三个长波,认为每个长波的上升与下降阶段都有繁荣与萧条的交替,但一般情况是上升阶段是经济繁荣或高涨期,而下降阶段则是经济萧条或衰退期。

以上四种周期波动,都毫无例外地存在上升(扩张)阶段与下降(收缩)阶段。一般说来,上升(扩张)阶段容易出现通货膨胀,而下降(收缩)阶段容易产生通货紧缩。因此,这四种周期波动中都存在通货膨胀与通货紧缩的可能,但绝不能说,这四种周期波动都必然发生通货膨胀与通货紧缩现象。

在短期波动中,由于波幅较小,经济下降(收缩)期比较短(一般不超过2年),很快又进入上升(扩张)期,在新的基础上实现经济增长。因此完全有理由认为短期波动中一般不会有通货紧缩情况发生。当然,长周期总是包括若干个短周期,短周期是长周期的有机构成部分。

如果将每个短期波动孤立地看,通货紧缩的发生无疑具有偶然性,但如果将较多短期波动联系起来,从中长期尤其是从康德拉季耶夫周期来看,通货紧缩的发生实乃是一种正常现象。按照熊波特在1939年出版的《经济周期》(两卷本)一书所说,长周期不同阶段有中周期波动,中周期的不同阶段还有短周期波动。每个长周期包括6个中周期,每个中周期又包括3个短周期。每个短、中周期的上升(扩张)阶段都会把经济肌体内形成通货膨胀的因素蓄存和累积起来,这样经过50—60年的长期运动积累,产生通货膨胀与通货紧缩都是难以避免的,不足为怪的。美国最负盛名的战略投资家加利·西林(A. Cary Shiling)博士认为,"通货紧缩是美国和平发展时期的正常现象。在以俄国经济学家尼古拉·康德拉季耶夫命名的经济周期即康德拉季耶夫长波的现阶段上，通货紧缩是常见现象"。"资本主义经济必然遵循50—60年的长周期，其间，经济增长将有一个大的起落，伴之以商品价格的大起大伏和利率水平的大升大降。"① 我认为这个分析和判断是正确的，是符合资本主义实际的。

## 三 中国经济周期波动与通货紧缩

新中国成立后，经过三年国民经济恢复时期，从1953年起开始进行工业化建设，同时也由此以经济增长率（GDP增长率）波动为主要考察对象，按照，"谷—谷"法（也有按"峰—峰"法）划分，1953—1999年的47年中共经历10个周期，见表1。

表1　　　　　　中国 CDP 增长率的周期波动情况

| \multicolumn{3}{c\|}{改革之前} | \multicolumn{3}{c}{改革之后} |
|---|---|---|---|---|---|
| 周期序号 | 年份 | GDP 增长率(%) | 周期序号 | 年份 | GDP 增长率(%) |
| 1 | 1953 | 15.2 | 1<br>（总6） | 1977 | 7.6 |
|  | 1954 | 4.2 |  | 1978 | 11.7 |
|  | 1955 | 6.8 |  | 1979 | 7.6 |
|  | 1956 | 15.0 |  | 1980 | 7.8 |
|  | 1957 | 6.1 |  | 1981 | 5.2 |
| 2 | 1958 | 21.3 | 2<br>（总7） | 1982 | 9.1 |
|  | 1959 | 8.8 |  | 1983 | 10.9 |
|  | 1960 | -0.3 |  | 1984 | 15.2 |
|  | 1961 | -27.3 |  | 1985 | 13.5 |
|  | 1962 | -5.6 |  | 1986 | 8.8 |

---

① ［美］A·加利·西林：《通货紧缩》，李扬等译，经济管理出版社1999年版，第291页。

续表

| 改革之前 | | | 改革之后 | | |
|---|---|---|---|---|---|
| 周期序号 | 年份 | GDP增长率(%) | 周期序号 | 年份 | GDP增长率(%) |
| 3 | 1963<br>1964<br>1965<br>1966<br>1967<br>1968 | 10.2<br>18.3<br>17.0<br>10.7<br>-5.7<br>4.1 | 3<br>（总8） | 1987<br>1988<br>1989<br>1990 | 11.6<br>11.3<br>4.1<br>3.8 |
| 4 | 1969<br>1970<br>1971<br>1972 | 16.9<br>19.4<br>7.0<br>3.8 | 4<br>（总9） | 1991<br>1992<br>1993<br>1994<br>1995<br>1996 | 9.2<br>14.2<br>13.5<br>12.6<br>10.5<br>9.6 |
| 5 | 1973<br>1974<br>1975<br>1976 | 7.9<br>2.3<br>8.7<br>-1.6 | 5<br>（总10） | 1997<br>1998<br>1999 | 8.8<br>7.8<br>7.1 |

资料来源：刘树成：《论中国经济周期波动的新阶段》，参见王洛林主编《经济周期研究》，经济科学出版社1998年版，第5页。

由于改革开放之前的5个波动周期中仅发生过通货膨胀，并没有发生通货紧缩，因而我们重点考察改革开放后经济周期波动与通货紧缩的关系，如图1所示。

从图1可见，改革开放后的前两个经济周期运动是比较正常的。第一个经济周期（1977—1981年）：GDP增长率从峰值11.7%（1978年）降到低谷5.2%（1981年），波动幅度为6.5%；物价水平从低值0.7%（1978年），上升到高值6.0%（1980年），升幅为5.3%。第二个经济周期（1982—1986年）：GDP增长率从峰值15.2%（1984年）降到低谷8.8%（1986年），波动幅度为6.4%；物价水平从低值1.5%（1983年）升至高值8.8%（1985年），升幅为7.3%。这两个经济周期的显著特点是经济运行比较平稳，波

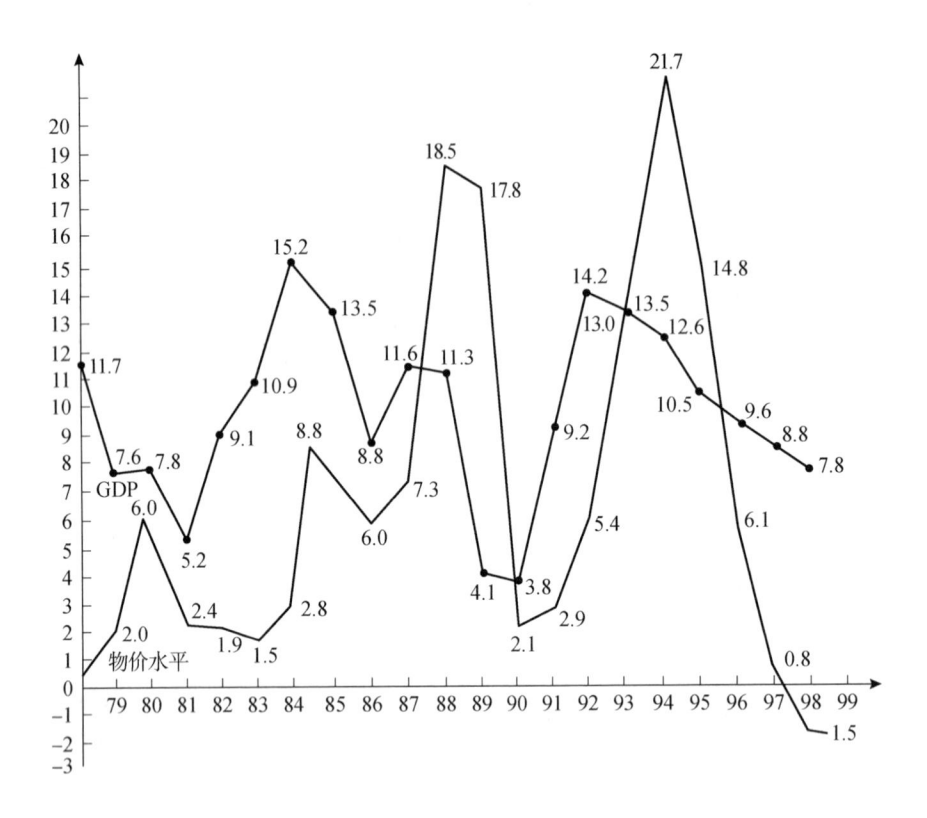

图 1 改革开放后经济周期波动与通货紧缩关系

动幅度不大,并且物价上涨率低于 GDP 增长率。经济运行中虽然有通货膨胀但程度较轻,震动不大。每个经济周期的经济收缩过程都比较短,很快便出现新的回升与扩张,所以自然不会有通货紧缩发生。

从第三个经济周期开始变形,物价水平大起大落,经济波动异常。第三个经济周期(1987—1990 年):GDP 增长率从峰值 11.6%(1987 年)降到低谷 3.8%(1990 年),波动幅度为 7.8%;物价水平从 7.3%(1987 年)猛增到 18.5%(1988 年),一年时间便上升 12 个百分点,紧接着只一年时间又急跌至 2.5%(1990 年),下降了 16 个百分点,仅 4 年时间便出现一个陡起陡落。第四个经济周期(1991—1996 年):GDP 增长率从峰值 14.2%(1992 年)降到 8.8%(1996 年),降幅并不大,但它是从 1990 年的 3.8%,经

1991年的9.2%猛升上来的，这个波动幅度达10.4个百分点。物价水平经1991—1992年蓄势回升，1993年增长至13.5%，1994年升至新中国成立以来最高值为21.7%，只经过1995年一年便跌到1996年的6.1%，跌幅达15.6个百分点，这是典型的暴涨暴跌。第五个经济周期（1997—年）：GDP增长率接续第四个经济周期持续下滑，1997年达8.8%，1998年采取了诸多措施也未遏止住下降趋势，仅达7.8%。1998—1999年物价水平一直在负值区间运行。把三个经济周期联系起来从动态上看，在第五个经济周期发生通货紧缩实乃是从第三个经济周期开始运动变形的必然结果，是我国经济运行两次连续大起大落的产物。从以上分析中，不难得出如下几点认识。

第一，通货膨胀与经济扩张相随，通货紧缩与经济收缩相伴。在经济扩张期间，社会总需求大幅度扩张，由于生产各种商品都要有一定的过程与周期，因而社会总供给的增长要慢于社会总需求的增长。这就不可避免地要发生需求拉动型的通货膨胀。在经济收缩期间，一般要实行紧缩政策，而紧缩政策的作用点是控制和抑制社会总需求。它必须减少各项支出，减少货币供应量，这就容易引发通货紧缩。经济扩张与经济收缩的交替，往往导致通货膨胀与通货紧缩的交替。经济扩张期内不会有通货紧缩发生，而经济收缩期内不会有通货膨胀发生。因此，经济扩张期内主要反对和防止通货膨胀；经济收缩期间主要反对和防止通货紧缩。经济运行错综复杂，并且具有连续性，通货膨胀与通货紧缩的交替有时并不那么明显。以上是就一般情况而言的，并不排除某种特殊情况发生。例如，经济收缩期的初期，社会的通货膨胀率仍可能很高，反通货膨胀仍是主要任务；经济扩张期的初期，社会的通货膨胀率并不很高，反通货膨胀并不一定立即成为主要任务。为此，要切忌简单化、绝对化。

第二，经济收缩期的紧缩政策并不一定带来通货紧缩。任何经济运行都不可能永久地或长久地处于扩张状态，那将是经济肌体无法承受的，或给经济肌体造成严重损伤，或从根本毁掉经济肌体,所以任何一个国家的政府都不允许这种状态出现。因此,经济运行经过一定时间的扩张之后必然要进入收缩期。"热胀冷缩"虽指物理现象,但经济运行也有类似状况,即"热胀(扩张)冷缩(收缩)"。一般来说,经济收缩有正常收缩与非正常收缩。我们通常所说的紧缩政策是相对于扩张政策而言的,它一般是紧随扩张政策之后,为抑制过度扩张的经济而出台的。这种紧缩政策所引致的经济收缩一般为正常收缩,是使"过热"的经济逐渐"变冷",使过度扩张的经济向适度方向收缩。而非正常收缩则是紧缩政策力度过大、过猛,时间持续过长所致,是紧缩政策操作失误的一个结果。正常的经济收缩根本不会带来通货紧缩,这是确定无疑的;而非正常的经济收缩则必定会带来通货紧缩,这也是确定无疑的。由上文可知,经济收缩期的紧缩政策如果操作得当,紧缩力度和紧缩的时间恰到好处,只能导致经济正常收缩,而不会引致非正常收缩乃至发生通货紧缩。所以,尽管通货紧缩只能发生在经济收缩期,而不可能发生在经济扩张期,但并非经济收缩期必然要发生通货紧缩。通货紧缩只是经济收缩期紧缩政策操作失误即力度过大、过猛或持续时间过久,导致经济非正常收缩的产物或结果。在西方国家的经济波动周期中的收缩阶段,没有发生通货紧缩的事例,是举不胜举的。在我国的经济波动周期中,在经济收缩期没有发生通货紧缩的情况也是存在的,例如改革开放后的前三次经济波动。

第三,通货紧缩会使经济收缩期拉长,从而难以恢复与实现下一个经济周期的经济扩张。既然通货紧缩是经济收缩过度的一个结果,那么通货紧缩一经发生它又会反过来进一步推动和促进经济收缩,从而使经济收缩期拉长。一般来说,在基本正常的经济波动中,经济收缩期只包括正常的经济收缩时间,至多还包括很少一部分非正常收缩时间,所以经济收缩期比较短,一般不超过两年时间。然而,发生通货紧缩的非正常经济波动中,经济收缩绝不仅仅包括正常的经济收缩时间,而且包括较多的非正常的经济收缩时间,因此必然会使整个经济收缩时间拉长。这次中国通货紧缩从

1997年10月开始，直至2000年年初尚未进入新一个经济周期的经济扩张，就足以证明这一点。

1995年，国家开始进行宏观调控，实施经济紧缩政策，如果视1995年和1996年两年的经济收缩为正常的经济收缩，显然具有合理性。这两年还没有明显的通货紧缩发生，通货膨胀也从高位上降下来，1996年达6.1%，已成为社会公众可承受的较低通货膨胀率。如果在这时能在控制通货膨胀的同时，适度放松过度从紧的财政货币政策，刺激投资与消费需求，经过1997年的轻度下降之后便会于1998年出现经济回升，进入新的经济周期的经济扩张期。然而，由于"双紧"政策的持续实施，虽然通货膨胀被强制压下来，却以经济收缩期大大拉长，导致经济衰退和失业大量增加为代价。如果2000年不采取更大的扩大内需与外需的动作与措施，要走出经济收缩期，实现下一个经济周期的经济扩张或高涨，恐怕是十分困难的。

第四，通货紧缩给中国经济的周期波动增加了新的内容，加大了国家熨平经济周期波动的难度。综观新中国成立以来的历次经济周期波动，虽然都存在经济收缩期，有的收缩幅度很大，收缩时间也不算短，例如20世纪50年代末到60年代初发生的第二个经济周期波动，1958年GDP增长率高达21.3%，1961年猛跌至-27.3%，波幅超过40%，并且1960—1962年为剧烈收缩期，但并没有发生通货紧缩，而是伴以严重的通货膨胀。以后第3—9个经济波动周期，尽管各有不同，但都伴以通货膨胀。为了熨平经济周期波动，减轻经济震荡，国家不断地在追求经济高增长的过程中同通货膨胀作战，并且积累了较丰富的经验。因此，从这个角度来熨平经济周期波动在一定意义上说是"驾轻就熟"的。而在第10个经济周期波动中首次出现通货紧缩，给国家熨平经济周期波动提供了新内容、新课题。通货紧缩的首次出现，是宏观经济决策层始料不及的，思想准备、理论认识都不足，对策准备更是没有，十分缺乏同通货紧缩作战的经验。再加之通货紧缩是在经济衰退中发生与扩展的，其本身又有较大的惯性，比通货膨胀更难对付。所有这些都在客观上给国家熨平经济周期波动增大了难度。

第五，从中国经济的运行周期看，通货紧缩不会伴随周期波动周而复始地不断发生，即在每个经济收缩期都必然发生，但绝不能认为这次通货紧缩只是一种偶然现象，中国今后永远不会再有通货紧缩发生。中国经济的成长过程不仅存在通货膨胀的内生性，同时还存在通货紧缩的内生性及可能性。这是由中国经济的性质所决定的。其一，中国经济是社会主义商品经济，货币在商品经济中的作用越来越大。中国经济随着社会生产力的发展及体制的不断转轨，商品化、货币化程度日益提高和扩大。商品供求矛盾及货币供求矛盾的变化也会日趋复杂，既可能内生出通货膨胀，也可能内生出通货紧缩。只要有货币的供求失衡与商品的供求失衡的情况发生，就有可能发生通货膨胀与通货紧缩。而商品的供求矛盾与货币供求的矛盾运动不可能永远是理想般的均衡与协调的，发生失衡状况往往是难免的。因此，在今后的商品经济发展中通货膨胀与通货紧缩也都是有可能发生，排除这种可能性，不符合社会主义经济性质的规定。其二，如前文所述，社会主义商品经济的运行存在着周期性波动，这种周期波动是由经济扩张与收缩引起的。有扩张必然有收缩，这是经济波动的辩证法。经济扩张容易引发通货膨胀，经济收缩容易引起通货紧缩；按照辩证逻辑，通货膨胀容易引致通货紧缩，而通货紧缩又容易引致通货膨胀；二者之间具有一定的关联性，但并不具有必然的因果性。也就是说，通货膨胀并不一定引致通货紧缩，通货紧缩也不一定引致通货膨胀，关键在于政府宏观经济政策的调节。政府的宏观经济政策匹配得当，调节有效，完全可以切断二者之间的关联，即实现对通货膨胀的有效治理，遏制住高通货膨胀后没有发生通货紧缩；或者实现对通货紧缩的有效治理，遏制住严重通货紧缩之后没有发生通货膨胀的强劲反弹。由上文可知，社会主义商品经济运行波动的周期性，决定通货膨胀与通货紧缩的关联性，从而决定通货紧缩发生的可能性；而社会主义国家的政府对社会主义商品经济运行调节的有效性，又可以切断通货膨胀与通货紧缩的关联性，从而使通货紧缩的发生不具备必然性。因此，在社会主义经济的周期波动中，构建好宏观经济调控体系，运用好宏观调节政策，完全可以实现和保证通货适度供应，使通货供应量符合市场商品流通的正常需要量，既避免通货膨胀，又防止通货紧缩发生。

（本文发表于《税务与经济（长春税务学院学报）》2000年第4期，被《高等学校文科学报文摘》2000年第5期摘发观点）

# 关于"高增长、低通胀"问题的思考

## 一 经济增长与通货膨胀的关系

### (一) 高增长是否必然带来高通胀

曾令华认为,"将1984—1996年的GDP增长率与零售物价上涨率列成表格进行对照,通过直观就可看出:是经济增长拉动着通货膨胀"。"经济增长速度加快,通货膨胀率就上升;经济增长速度被压缩,通货膨胀也被压缩;只是通货膨胀的波动滞后于经济波动一年。"[①] 事实上,中国经济自1979年以来,大部分的年份里,经济增长与物价上升走势相同,两者呈现出高度正相关,即经济增长时物价上升,增长速度下降时物价回落。但这是在中国经济处在转轨时期的典型短缺经济状态下显示出的增长特征,并不具有一般的普遍意义。

自20世纪60年代中期以来,台湾地区经济发生了很大变化,从国民生产总值增长速度看,60年代平均为9.1%,70年代为10.2%,而台湾地区的物价却保持相对稳定。40多年来,除战后经济重建时期和70年代初、70年代末两次石油危机期间曾发生过三次严重通货膨胀外,其余时间物价仍能维持相当平稳的局面。整个60年代是台湾地区经济发展的黄金时期,这一时期经济的特点是

---

① 曾令华:《可容许性高增长、勉强性高增长与通胀的相关分析》,《经济学动态》1997年第10期。

经济高速增长和价格稳定。1961—1972年，国民生产总值年均增长9.5%，而批发与消费物价只上升2.02%和3.29%。1968—1974年，巴西经济增长率达到10%，而物价上涨率则一直下降，1973年达到最低点为15.7%，当年也是巴西经济增长最快的年份，达到13.5%。

所以，我们认为经济的高增长不一定带来高通胀。促进经济增长和控制通货膨胀是宏观调控的两个重要目标，二者存在一定的关系，但这个关系不是固定不变的，而是不确定的，是随着经济条件的变化而变化的。同时，经济增长与通货膨胀之间的关系并不一定就是同向的、同步的，即使二者出现同向或同步的变化趋势，也是经济运行中短期的和偶然的现象，在更多的情况下，二者是非同向变化的。

根据我国理论界对通货膨胀强度的界定，通货膨胀率在5%以下为轻微通货膨胀，5%—10%为中度通货膨胀，10%以上为严重通货膨胀。经济增长率低于3%，为低增长；4%—6%为中速增长，超过6%为高增长。按照上述标准，在世界经济发展的历史进程中，通货膨胀与经济增长之间的关系可以分为以下四种。

1. "双高"模式，即高经济增长和高通货膨胀

属于这种类型的国家和地区主要有韩国、巴西和1979—1980年的中国台湾地区。韩国从20世纪60年代中期推行出口导向型经济发展战略，国民经济步入高速发展时期，国民生产总值从1962年的23亿美元，增长到1994年的3795亿美元，居世界第11位，年均增长率为9%。韩国在经济高速发展的同时，通货膨胀率也很高，见表1。

表1　　　　　1963—1980年韩国经济增长情况　　　　单位:%

| 年份 | 经济增长率 | 批发物价上涨率 | 零售物价上涨率 |
| --- | --- | --- | --- |
| 1963 | 8.8 | 20.5 | — |
| 1964 | 8.6 | 30.1 | — |

续表

| 年份 | 经济增长率 | 批发物价上涨率 | 零售物价上涨率 |
|---|---|---|---|
| 1965 | 6.1 | 9.9 | 11.6 |
| 1966 | 12.4 | 9.0 | 10.4 |
| 1967 | 7.8 | 6.4 | 10.9 |
| 1968 | 12.6 | 8.4 | 12.5 |
| 1969 | 15.0 | 6.4 | 16.1 |
| 1970 | 7.9 | 9.1 | 13.4 |
| 1971 | 9.2 | 8.8 | 11.7 |
| 1972 | 5.8 | 13.8 | 3.2 |
| 1973 | 14.9 | 6.9 | 24.3 |
| 1974 | 8.0 | 42.1 | 25.3 |
| 1975 | 7.1 | 26.6 | 15.3 |
| 1976 | 15.1 | 12.1 | 10.1 |
| 1977 | 10.3 | 9.0 | 14.4 |
| 1978 | 11.6 | 11.7 | 18.3 |
| 1979 | 6.6 | 18.8 | 28.7 |
| 1980 | 6.2 | 38.9 | 15.1 |
| 平均 | 8.5 | 16.0 | — |

资料来源：《韩国银行统计月报》（1981 年），转引自邱崇明《发展中国家（地区）通货膨胀比较研究》，中国发展出版社 1998 年版。

从表 1 可以看出，除个别年份外，韩国的经济增长率和通货膨胀率均处在我们前面所界定的高经济增长和高通货膨胀率之上。

巴西是通货膨胀重灾区。1968—1974 年，巴西经济增长率达到 10%，通胀率在 1973 年达到最低点 15.7%，当年巴西经济增长率为 13.6%。1974—1979 年巴西经济增长率年均为 6.5%，物价总指数 1974 年上涨 35%，1977 年达到 77.2%。1979 年和 1980 年中国台湾地区的经济增长率分别为 8.1% 和 6.6%，物价却分别上涨了

13.8%和21.5%。

2. "高低"模式，即高经济增长率和低通货膨胀率

1951—1972年和1975—1978年的中国台湾地区及联邦德国和日本在战后经济飞速增长的初期都属于这种类型。1961—1972年，中国台湾地区国民生产总值均增长9.5%，而零售物价指数年均只上升了3.29%，批发物价指数上升了2.02%。1975—1978年，中国台湾地区经济增长率年均为10.45%，批发物价指数年均上涨仅1.5%，消费物价指数年均上涨5.1%。1950—1970年，联邦德国以物价指数表示的通货膨胀率年均上升1.77%，而1951—1970年，国内生产总值年均增长率为6.4%。1950—1960年，日本以物价指数表示的通货膨胀率年均上升仅为2.8%，而1951—1960年，国内生产总值年均增长率为8.37%。

3. "低高"模式，即低经济增长率和高通货膨胀率并存

这种模式是每个国家都力图避免发生的，一般是由于不可预期的突发因素导致此种"低高"模式的出现。20世纪70年代爆发的石油危机，使许多国家的经济增长率下降，通货膨胀率上升。世界银行《1986年世界发展报告》显示，1973—1984年，市场经济的工业化国家的国内生产总值年均增长率为2.4%，同期通货膨胀率达7.9%。1970—1982年，美国国内生产总值年均增长率为2.31%，通货膨胀率年均上升7.79%。

4. "双低"模式，即低经济增长和低通货膨胀并存

20世纪70年代后期的联邦德国和日本均属于这种情况。1976—1979年，联邦德国的通货膨胀率年均上升3.18%，国内生产总值年均增长率为4.06%；1980年通货膨胀率为3.14%，经济增长率为5.8%。日本1978—1985年的通货膨胀率年均上升3.62%，国内生产总值年均增长率4.34%。

从这里我们可以发现，发达国家的经济增长速度和通货膨胀率上升的速度都低于发展中国家，这和发展中国家工业化程度低、发展起步晚是密切相关的。高经济增长往往会带来过热的投资需求和消费需求，需求的上升往往会带动物价的上涨，加速通货膨胀率的

上升。但是也有许多国家和地区在保持经济高增长的同时，物价水平比较低。因而，我们认为经济增长和通货膨胀率不是正相关的，二者的关系是不确定的，在不同的条件下会有不同的表现。

**(二) 高通货膨胀并不一定带来高经济增长**

理论界有人认为通货膨胀可以促进经济增长。金汶同志认为，"从实证分析来看，我国已经发生的通货膨胀，并没有对经济增长造成直接的损害"。"通货膨胀的确是经济增长的促进因素。"[①] 这种"促进论"的观点是发展经济学的结构主义学派弗利吉斯、西尔斯、贝尔、乔治斯科罗金和泰勒等从20世纪60年代初至80年代先后提出的。其理论依据主要有以下几点。

第一，通货膨胀具有资本积累的效应。通货膨胀作为一种"货币税"，政府通过它可获得收入。当物价上涨幅度与货币增发量一致时，政府新增收入就等于增发的货币量。首先，"促进论"者假设政府利用通货膨胀所获得的收入的边际投资倾向高于私人部门，但是这个假设的前提是只有在政府对税收增加额的边际消费倾向比私人部门对用于纳税的资金的边际消费倾向更小时，较高的税收才能转化为较高的投资。而在大多数发展中国家，政府的税收收入大部分用于各种消费支出。其次，结构主义者假设传统的赋税制度具有充分的弹性，也就是说，通货膨胀引起人们的名义收入增加时，税收收入随之相应增加。但实际上发展中国家的税收制度一般都存在许多漏洞，税收收入的增长远远落后于人均名义收入的增长，部分"通货膨胀收入"在流通和分配过程中散失，不正常地滞留于部分企业和个人手中。最后，结构主义者还假设通货膨胀所造成的效率损失比利用传统赋税来增加政府收入所造成的效率损失要小。在通货膨胀条件下，发展中国家的政府必须相应扩大各种消费性支出。一方面，表现为弥补人民生活因价格上升而造成的损失，必须增加财政补贴；另一方面，国家必须增加公务员的工资和社会

---

[①] 金汶：《变革与发展：通货膨胀和紧缩的困扰》，当代中国出版社1993年版。

集团消费。

总之，对发展中国家来说，利用通货膨胀来积累资金所需的制度前提几乎都不存在。正如美国著名经济学家威廉·刘易斯所指出的："那些能够安全地利用通货膨胀积累资本的国家根本用不着它，而那些迫切需要它的国家却又不能在不惹出更多、更难对付的麻烦这个前提下运用它。"①

第二，通货膨胀具有资源配置效应。在通货膨胀过程中，各种商品和生产要素的价格上涨幅度不同，可以改变各种商品和生产要素的相对价格，引起相对价格体系的变动，最终会使原来的资源配置状况和方式发生变动。例如，美国在20世纪50年代人力资源分配在教育方面少，教师缺乏。在60年代通货膨胀时，国家采取措施，使教师的货币收入增长率超过物价上涨率，改善和提高了教师生活水平，从而吸引不少知识分子从教，使人力资源的配置更为合理。② 在人力资源方面，通货膨胀能起到优化资源配置的作用，在物质资源方面也是一样。比如，某些部门和企业在通货膨胀中价格上升幅度比较大，其相对价格提高了，从而利润增加，这就促使社会的物质资源流入这个部门，使这个部门的生产规模得以扩大，导致经济结构发生变化。但事实上，发展中国家在通货膨胀时期由于政府对种种商品的价格管制程度不同，往往会使许多资源从生产领域转向更有利可图的非生产领域，使社会生产下降，社会经济结构不合理，国家经济遭受损失。80年代后期，中国各类经商公司剧增，大量的人力、物力和财力投入流通领域，商品在各流通环节转来转去，层层加价，而真正的生产企业很少能得到价格上涨的好处。这种资源配置加剧了商业多少带有畸形的繁荣，也对生产领域产生了很不利的影响。

第三，通货膨胀具有产出效应。产出效应是指通货膨胀对整个

---

① 邱崇明：《发展中国家（地区）通货膨胀比较研究》，中国发展出版社1998年版。
② 史晋川：《社会主义经济通货膨胀导论》，生活·读书·新知三联书店上海分店1989年版，第244—245、252—253页。

经济领域增加生产和就业作用。结构主义者认为在未预期到的通货膨胀情况下，物价上涨率高于工资增长率，生产者可以从中获取较多的利润，产量和就业就会增加，产生产出正效应。但这种产出正效应必须具备三个条件[①]：一是社会经济活动中要存在闲置未用的经济资源，并具有在部门间的流动性。二是通货膨胀或物价上涨必须是没有被预期到的。如果是预期到的，物价上涨与工资增长率一样，生产者得不到额外利润，产量与就业也不会增加。三是必须在温和通货膨胀条件下，才能有产出正效应。恶性通货膨胀会破坏社会经济生活，使生产下降，失业增加。而在现实的发展中国家，从总体上看，大部分属于资源约束型经济，难以具备第一个条件；同时，发展中国家发生的通货膨胀一般以恶性为多，这又不满足第三个条件。所以，在发展中国家通货膨胀具有产出效应的三个条件难以同时具备。通货膨胀在此情形下也就不可能具有产出效应。

因而，我们认为通货膨胀在一定限度内会促进经济增长，但一旦通货膨胀率超过了一定的数量界限，就会造成经济增长率的下降，甚至出现负经济增长率的情况。通货膨胀对经济增长的促进作用是受到一些条件的严格限制的。图1是我国改革开放以来每年国内生产总值的增长率和通货膨胀率（本文以零售价格指数为衡量指标）的曲线。我们可以看出1988年、1989年通货膨胀率分别高达18.5%和17.8%，而经济增长率只有11.3%和4.3%。1994年通货膨胀率达到21.7%，经济增长率为12.5%。从我国情况来看，在1988年、1989年高通货膨胀作用下，1990—1992年上半年经济一直处在低增长状态。所以，高通货膨胀的结果并非必然带来经济的高增长。同时，治理高通货膨胀必然采取货币紧缩政策，而货币紧缩的必然后果是经济增长速度下降。

---

① 史晋川：《社会主义经济通货膨胀导论》，生活·读书·新知三联书店上海分店1989年版，第244—245、252—253页。

## 二 目前中国实现"高增长、低通胀"的有利条件和不利因素

1996—1997年,中国宏观经济运行已进入了良好的态势,实现了"高增长、低通胀"。从目前的形势来看,既有"高增长、低通胀"有利条件,也有不利因素。

### (一)有利条件

首先,买方市场已经初步形成,经济环境宽松。目前短缺经济在大多数领域基本结束,一些行业出现相对生产过剩,由短缺导致的通货膨胀压力将明显缩小。一般工业消费品在20世纪90年代初就已经出现由卖方市场向买方市场的转化;80年代呈"瓶颈"状态的能源、原材料、交通通信等基础产业和基础设施近几年已有很大缓解;生产资料产品也大都供过于求。从社会总供给和社会总需求的关系上看,前者大于后者。总体上看,短缺经济在竞争性领域已经基本结束,一些行业出现了一定程度的生产能力过剩。这些因素都是保持经济"高增长、低通胀"的有利条件。

其次,经济运行的微观基础——企业,在市场机制作用下,调整自己的行为适应市场供求状况,是保持"高增长、低通胀"的又一有利条件。多数国有企业目前未能摆脱困境。企业要走出困境,必须经历一个面宽、量大且较为集中的存量资源调整期。非国有企业正面临发展壮大的黄金时期。随着非国有企业的发展壮大,政府已经从一些经济领域撤出,其对社会经济生活的垄断和直接干预已经受到限制,价格已经基本上市场化了。随着改革的深入,微观主体的活力必将释放和显现,这对促进市场的繁荣,推动经济增长一定会发挥积极作用。

再次,农业连年丰收是"高增长、低通胀"的物质基础。1992年以来,农业产出不断增加,1996年农业总产值达到23429亿元,实际比1991年增长了51.1%,年平均增长8.6%。其中,农业生

产稳定增长，粮食增产成效显著，五年间，我国农业生产的平均增长速度达到5.6%，农业增加值平均每年增长4.5%。要保持国内生产总值一定的增长，农业生产必须有一定的年均增长率。中国国内生产总值要保持8%的增长速度，农业生产增长率应保持在4%—5%才是有可能的。

最后，党的十五大为今后中国的发展确立了正确的目标，九届人大选出了新一届政府，这都是保持"高增长、低通胀"的有利条件。

总之，无论是从我国市场经济体制改革的成就、市场微观主体的塑造，还是从政府职能的逐渐转变，政府机构的改革，都为保持中国经济的"高增长、低通胀"创造了有利的条件。但同时也还存在许多障碍和不利因素。

### （二）不利因素

首先，国有企业亏损面较大，公有制经济面临严重困难。1997年11月国有企业亏损面高达45%，比全国工业企业亏损面高出18个百个点，而地方国有企业仍净亏损40亿元。全国10大盈利大户主要是基础类能源企业，其效益增长主要得益于调价、调税以及降息等因素，效益增长的根基并不牢固。宏观经济"软着陆"的成本之一——失业人口的增加愈益明显，就业的压力越来越大。在竞争中处于不利位置，占行业多数的企业产品积压，企业效益下降。

其次，结构不合理是消费结构和产业结构升级的障碍。国民经济结构调整滞后于居民消费结构的变化，产业结构的调整刚刚开始，而居民消费结构已发生了很大变化。经过20世纪80年代以来几轮大的消费热潮后，相当一部分城市居民家庭消费能力正在进入由万元左右向数万元以上消费额的升级，主要目标是住宅。但由于体制和政策上的原因，升级面临较大的实现障碍，从而使城市居民消费行为被扭曲。农村居民消费结构要更为合理，多数家庭对中高档消费品特别是家电产品需求处于上升时期，关键取决于收入。消费结构的变动影响着产业结构的升级和经济的稳定增长，不合理的经济结构将是制约未来经济增长的重要因素。

再次，企业之间冗长的债务链和银行不良资产将是制约今后经济增长的资本与资金因素。由于企业之间相互拖欠、产品积压、效益下降，造成企业之间的债务连锁，影响企业的再投入和生产。另外，行业和企业结构调整中的死账乱账问题，国有经济的欠账亏损问题，及前些年如高档房地产积压等"泡沫"沉淀后的问题，都集中反映到了银行，直接表现为不良资产的上升，影响银行的投融资行为，阻碍经济增长。

最后，管理落后与效率低下是阻碍经济增长的又一不利因素。一般而言，保持国民经济的"高增长、低通胀"中保持经济的高速增长相对要容易一些，要在高增长的同时保持低通货膨胀就要困难得多。1998年中国宏观经济的目标是保持8%的经济增长和把通货膨胀率控制在3%以内，难度还是较大的。关键就在于充分利用现有有利条件，同时加快企业资产重组，加快调整经济结构，努力解决失业问题，提高管理水平和生产效率，化不利因素为有利条件，保持目前"高增长、低通胀"的良好态势。

## 三　如何保持"高增长、低通胀"

### （一）发挥政府在保持"高增长、低通胀"中的作用

要保持中国经济目前的"高增长、低通胀"，关键在于政府。在中国经济转轨时期，政府主导型改革是其主要特征。改革本质上是一种非帕累托改进行为，政府主导型改革是指政府通过控制金融系统、生产要素和重要资源，运用宏观政策，来保证政府宏观调控目标的实现。从中国经济转轨即整个制度结构的转变而言，政府主导型改革的优势在于降低改革实施与摩擦成本，使改革成为可能，这是一种现实而合理的选择。因而，在保持"高增长、低通胀"目标中必须充分发挥政府的主导作用，通过宏观政策的协调运用来达到目的。

### (二) 调整经济结构，增加有效供给

目前虽然市场上表现为总供给大于总需求，但实质其深层的原因是由体制和结构所导致的有效供给不足。举例来说，家用电器市场似乎处于供大于求的状况，稍加分析，就会发现农村居民需要的价位适中的中高档电器还有很大的缺口。高档住宅闲置，而适合普通工薪阶层消费的中低档住宅却供小于求。所以，今后应从调整结构，增加有效供给角度来保持"高增长、低通胀"。

### (三) 加强技术创新，增加产品的科技含量

目前中国加工工业的产品技术含量总体水平比较低，大多数是低附加值的劳动密集型和资本密集型产品。要保持经济的高增长，必须努力提高产品的生产技术和科技含量，生产高附加值、高科技含量的产品。

### (四) 发展非国有经济，增加就业机会

改革开放以来，非国有经济有了很大发展。实践证明，非国有经济的发展是低通货膨胀得以实现的重要力量。首先，非国有经济资金利用效率高，形成供给能力速度较快，对总供求矛盾有缓解作用。其次，非国有经济在紧缩的货币政策下，有更强的生存和竞争能力。据统计，到1996年年末，在全国银行贷款总额中，贷给非国有经济的金额不到13%，非国有经济却创造GDP总量的63%以上。由于资金利用效率高，在创造相应的GDP总值过程中，相对减轻了货币过量供给，缓解了通货膨胀的压力。最后，非国有经济的发展为解决失业问题提供了一定的条件，有较大的就业空间。

总之，"高增长、低通胀"是一种理想的经济发展模式，是大多数国家和政府努力追求的目标。只要我们充分利用现有的有利条件，变不利为有利，是能保持我国目前"高增长、低通胀"的良好态势的。

(本文与许梦博合写，发表于《经济与管理论丛》1993年第3期)

# 通货紧缩与农业结构调整

通货紧缩在给我国农村经济发展带来不利影响的同时，也给农村经济的改革与发展带来新的机遇和契机。农产品多了，粮食多了，是件大好事，它总归要比短缺好得多。尽管"多"有"多的难处"，但总比"少的弊病"强许多。抓住农产品（特别是粮食）过剩的大好时机，应全力推进农村经济改革，以市场为导向，调整农村产业结构，促进农业经营方式及增长方式转换，发展效益农业和生态农业，使农村经济跃上新的台阶，提高到一个新水平。

第一，变"政治农业"为"商品农业"。

所谓"政治农业"是指国家把农业当作实现政治目标和政治利益的一种手段或工具，强加给农业以一种政治属性。它是由农业的特殊地位尤其是由其提供的特殊产品——粮食的特殊效用所引起的。粮食是人类的基本食物，是一种维持人的生命的消费品。粮食对于中国社会的稳定与发展确实起决定性的基础作用，粮食安全不仅仅是个经济问题，而是一个关系国计民生重大的政治问题。长期以来，我国正是基于此把粮食赋予了浓浓的政治属性，一直把它当作政治产品来看待，把发展粮食生产作为政治任务来完成。全国从上到下靠政治命令、政治口号指挥粮食生产，甚至用"政治斗争"来"促进"农业生产，实现粮食增产。粮食不能当作商品来流通，而要靠政治命令"调拨"。正是由于不恰当地把粮食在国计民生中的特殊作用曲解与固化为政治属性，从根本上否定了粮食的一般属性——商品性，这就带来诸多的不良后果。一是农业生产长期奉行"以粮为纲"，形成了单一死板的产业结构；二是粮食长期不能自由流通，由国家统购统销、计划调拨，由政府定价，而不能实行市场定价；三是既然粮食是一种政治产品，那么它就要时时服从政治的需要，而不必按商品本质的要求去追求经济效益与盈利。

在中国已发生三次粮食过剩的今天，面对现实科学地思索，不能不承认一个基本而又简单的经济学道理，即粮食不是政治产品，它只是一种具有特殊作用的商品。其之所以特殊，是因为它的使用价值即效用特殊，但无论如何它作为一个商品本身并不具有任何社会的政治属性。因此，必须把强加于粮食上的政治属性去掉，恢复其商品的本来面目，使其由政治支配与决定变为由市场规律支配与决定。因此，全国上下从领导到群众对农业的认识必须来一个根本转变，即由政治农业变为商品农业。只有实现了这个转变，才能从根基上认识农产品（特别是粮食）的过剩问题。商品经济或市场经济条件下，农产品（特别是粮食）既然是商品，那它就要受供求规律、价值规律及竞争规律等商品经济的基本规律的支配与调节。

第二，变单一结构的农业为多元结构的农业。

农业的内部结构主要是粮食生产与经济作物之间的比例构成。

改革开放之前，我国农业在传统计划经济体制下一直推行"以粮为纲，全面发展"的方针。实事求是地讲，这个方针对当时农业生产力的发展还是起到了一定的积极作用的。它特别强调发展粮食生产，认为它是农业生产的"纲"，只要举起了这个"纲"，其他各项就自然上去了，可谓"纲举目张"。执行这个方针最大的成效是把粮食生产突出地抓了上去，实现了粮食自给，基本上解决了当时全国10亿人口的吃饭问题。执行这个方针带来的最大问题是粮食生产孤立前进，形成了单一的农业结构。

改革开放以后，党和国家大力推进农业产业结构的调整。在十分重视发展粮食生产的同时，大力发展多种经营，广开农村集市贸易市场，促进经济作物的生产与流通，棉花、油料、麻类、蚕丝、茶叶、食糖、蔬菜、水果、烟叶、药材及其他杂项等，均获得迅猛的发展。到20世纪90年代中期，这些农副产品均已达到供给有余的程度。此时，我国农业畸形的单一产业结构有了根本性的改变，开始形成以粮食生产为主体的多种经济作物共同发展的多元化的产业结构。

这次通货紧缩使我国农业产业结构的方面问题更加明显突出地暴露出来。一是结构单一化问题仍十分严重。这表现在农产品过剩中，粮食过剩最尖锐、最突出，不仅量大、面大，而且品种也具有单一性特征。许多省份粮食过剩主要是"玉米过剩"，或是"粗稻谷过剩"，或是"棉花过剩"，等等。这警示我们应该对"以粮为纲"进行反思和重新审视。可否说这种粮食单一突出过剩是坚持"以粮为纲"的必然后果呢？我认为恐怕不能彻底否定其影响。尽管农村改革开放后我国的官方文件上再也没有提坚持"以粮为纲"，可实际上仍没有摆脱它的作用及影响。因为，在农业生产的发展战略指导上从未公开否定和废弃这个方针。改革开放十几年时间连续三次发生粮食过剩的事实就足以证明"以粮为纲"这个方针一直在发挥作用。也正因如此，农业结构单一化的问题并没有得到根本解决。二是农业结构层次低并且陈旧老化，急需产业结构更新、升级与优化。这次农产品过剩无一例外地突出表现为量的过剩，在品种及质量上的问题非但没有缓解，反而更加尖锐突出。真正无公害、无污染的"绿色产品"为数不多，尤其是拿到国际市场去检验，去竞争，很少能站得住脚。并且，叫得响的名优农副产品更是屈指可数。这同中国这个农业大国的地位和同农业在国民经济中的基础地位都是不相适应的。这充分地反映了我国的农产品过剩是陈旧老化的产业结构的产物。我们要充分利用这种过剩为我们提供的契机，大力提高农产品质量，增加优良品种，创造更多的国内国际名优产品，促进我国农业产业结构的更新、升级与优化。

第三，加速农村第二、第三产业的发展，使农村三次产业结构日趋合理化。

农村经济不仅仅是农业，即不仅仅是第一产业，它还应包括第二、第三产业。第二、第三产业的发展绝不仅限于城镇，在广大农村也应大力发展起来。这是农村工业化的必由之路，也是整个国家实现工业化、现代化的需要。

目前，我国农村的第二、第三产业发展严重滞后，三次产业结构明显不合理，处于严重失调状态。这主要表现在以下两方面。

一是农产品加工业极不发达，农机修理、加工和制造业及农用生产资料加工业也不发达。我国第二产业的分布不合理，其中表现之一就是它集于大中城市，小城镇很少有比较现代化的加工工业。尤其是在乡村，虽然改革开放后乡镇企业取得迅猛发展，但大都是比较低级落后的加工业，小钢铁、小化肥、小农机、小造纸、小水泥、小食品等，多以牺牲农村生态环境为代价来发展，并且质量档次低，经济效益差。这种极不完整的低水平的加工业，根本无法适应农村第一产业迅速发展的需要。随着农产品过剩现象的出现与加剧，迫切需要改变第二产业远离农村的状况，在农村就地就近加速发展农产品加工业，改造和提高原有的各类小加工工业，进行粮食及其他农产品深加工，增加农产品的附加值。

二是第三产业更不发达，其发展水平远远低于城市。由于地理环境、人口密度、信息交通等条件的原因，城市的第三产业比乡村的第三产业要发达，似乎在情理之中，但绝不可以认为乡村的第三产业发展必然要落后。认为乡村的第三产业发展远远低于城市，甚至低于全国平均水平是理所当然的，那就是一种误解。西方许多发达资本主义国家的乡村第三产业的发展水平并不比城市低多少，有些地方甚至高于城市，在那里你看不出乡村与城市在这方面有多大的差距。第三产业中的主要行业有商业、物资、饮食、服务、交通运输、邮电、金融、保险、科学、教育、文化、卫生、社会福利等，在目前我国农村有哪一个算得上比较发达的呢？当然，从纵向来看，新中国成立50年来我国农村在上述诸行业确有很大发展，与新中国成立前比也确实发生了天翻地覆的变化。但从横向与其他发达国家相比，差距就大多了。以上姑且不论，仅就其现实发展程度，确实远远不能适应与满足农村第一、第二产业发展的需要。目前，农村第三产业体系极不健全，极不完善，水平低下，结构也不合理，并且同城市第三产业发展形成巨大的反差与严重的失衡，这使得农村经济所承受的通货紧缩的打击远比城市严重得多。综观全国各地，可以较清晰地看到，哪个地方农村第三产业发展得好，哪个地方第一产业游离出来的劳动力就能够就地得到很好吸收和安置，那个地方农村经济就充满生机与活力；反之，哪个地方农村第三产业不发达，甚至残缺不全，处在极低水平上，那个地方的农业剩余劳动力就盲目大量外流，不仅给社会稳定带来诸多问题与麻烦，而且也使当地农村经济陷入困境，甚至出现萧条与衰退。所以，在当今广大农村发展第三产业已是当务之急，因为它是使农村经济摆脱通货紧缩的困扰，稳定和搞活农村经济的正确道路和现实迫切的需要。从长远来看，它更是调整农村产业结构，使之不断合理化，加速城乡一体化，促进国家工业化与现代化早日实现的战略需要。

第四，由数量农业转向效益农业，由污染农业转向生态农业，由粗放农业转向集约农业。

这三个转变是紧密联系的，完成这三个转变，就是实现农业增长方式的根本转变。可以说，它是我国农业摆脱低水平过剩，跃上新的台阶，实现可持续发展的根本途径，也是我国农村经济摆脱通货紧缩的困扰，带动整个国民经济进入良性循环的唯一正确的选择。追求数量（产量），忽视质量与效益，是我国传统农业粗放增长方式的基本特征。从农业在国民经济中的地位与作用角度来看，它是引致我国农产品过剩，进而引发全国经济通货紧缩的一个重要深层根源。

综观全国，凡是农业单纯追求产量的省份，农业的经济效益都欠佳，大都是比较贫困落后的地方；而这些地方又都是资金十分匮乏的地方。通货紧缩一来，使这些原本就很"干旱"（缺钱）的地方更加"旱情"严重，成为通货紧缩的重"灾区"。所以，从提高农业经济的整体效益出发，从改变"高产穷县""高产穷省"的落后面貌出发，真正实实在在地提高广大农民的实际生活水平，转变农业的增长方式已是刻不容缓。从数量型农业转向质量效益型农业，从污染农业转向生态农业，从粗放农业转向集约农业，是我国农村经济摆脱通货紧缩的困扰，走上可持续发展轨道的根本出路与正确选择。

第五，大力发展农村个体私营经济，促进农村经济"公与私"的结构优化。

我国的个体私营经济虽然首先是在农村产生与发展起来的，但目前就其总体而言，农村个体私营经济却远远落后于城市。在改革开放之初，即在20世纪80年代初期，农村个体私营经济在全国是居多数的，占全国个体私营经济总量的80%左右。随着城市改革开放的进一步深化与扩大，城市个体私营经济迅猛发展，不仅在数量上大大超过了农村，而且在质量、规模、效益等方面都远远超过了农村。农村个体私营经济数量少、规模小、布局分散，且不合理，吸纳就业的功能很差，企业经济效益低，无力进行资本扩张和采用先进生产技术及现代经营管理方式，只能在一定限度内对农村公有制经济发挥补充作用，尚不能形成与公有制经济的强有力的竞争。正因为它在农村经济的"公与私"的结构中所占比重小，作用力有限，不能与公有制经济展开对峙性的强有力的市场竞争，所以农村经济缺乏应有的生机与活力是很自然的。没有竞争的经济，价值规律的作用得不到有效贯彻，市场机制不能充分发挥作用，这种经济形式必然是呆滞的、没有生机与活力的。

目前，我国农村经济的"公与私"结构的最大缺陷是"私"太少、太小，可以说这是农村经济结构不合理的显著标志之一。优化我国农村经济的"公与私"结构，不能采取削弱和限制公有制经济发展的办法，而只能是采取宽松的政策，鼓励农村个体私营经济发展。在维护生态环境的条件下，允许广大农民兴办农村第二、第三产业，尤其应鼓励农民集资联办股份合作制。同时，也应大力支持和鼓励城镇中的个体户和私营企业主带资下乡，进行农产品开发与深加工，也可以兴办适合农村需要的第三产业。

（本文与郑文凯合写，发表于《管理世界》2000年第6期，被中国人民大学复印报刊资料《农业经济学》2001年第3期全文转载）

# "工资—物价螺旋上升"之机理、效应及对策

在西方发达国家的通货膨胀中，普遍存在着一种"工资—物价螺旋上升"的现象。如何从理论上认识与分析这种现象，对治理当今中国日趋严重的通货膨胀具有重要的现实意义。

## 一 "工资—物价螺旋上升"的基本内涵与作用机理

**(一)"工资—物价螺旋上升"之基本内涵**

"工资—物价螺旋上升"之机理，是由英国经济学家凯恩斯发现与揭示的。在1929—1933年世界大危机之前，古典经济学一直占据主流支配地位，该理论奉行供给会自动创造需求的理念，认为资本主义经济运行会自动调节社会供给与需求的平衡，不会出现社会性失业、通货膨胀、经济危机等严重非均衡的现象。1929—1933年世界大危机的严酷现实，无情地粉碎了古典经济学关于资本主义经济会自动均衡的"神话"。凯恩斯大胆突破英国古典经济学的藩篱，直面并理性地研究了资本主义经济非均衡。他不仅承认资本主义经济会产生非自愿失业、通货膨胀及社会经济危机，而且理性地加以分析与研究。1939年11月，第二次世界大战已经爆发，英国卷入了抗击德国法西斯的战争，此时凯恩斯在伦敦《泰晤士报》上发表了两篇讨论英国为战争筹措军费的长文。后经过修改、补充，

构成他有名的论著《如何筹措战费》的基础。就是这个为英国政府筹措战费出谋划策的小册子，充分运用他关于宏观经济的非均衡思想，科学地分析了通货膨胀中的工资与物价相互关系，提出了著名的"工资—物价螺旋上升"的原理。

首先，凯恩斯为"工资—物价螺旋上升"原理做了科学的理论假设。任何科学研究都需要必要的假设。只要理论假设是符合客观实际的，它就是合理和科学的。凯恩斯提出上述"工资—物价螺旋上升"原理的核心论据是"工资滞后假说"——对于一般物价水平的变化，工资调整具有明显的时滞，即物价的上涨总是跑在工资增加的前面，其后存在一定的时滞。另一个理论假设是"充分就业"。这是针对当时社会处于严重经济危机与衰退过程中，存在大量失业。为了恢复与刺激经济增长，"充分就业"是政府推行通货膨胀政策所必须达到的一个重要目标。上述两个理论假设无疑是对当时社会经济状况的合理规定，因而它们使"工资—物价螺旋上升"原理建立在科学假设的基础上，并具有鲜明的现实规定性。

其次，凯恩斯在科学假设的基础上对"工资—物价螺旋上升"原理做了明确的内涵界定。他指出："虽然工资和其他成本会追赶物价上升，但（根据以上假设）物价会始终不断地提前20%。不论工资提高多少，花费这些工资的行动会始终把物价在前面推进许多。"① 这里的工资是指名义货币工资，物价水平是指市场消费物价水平。通货膨胀过程会使工资追赶物价水平上升，这种追赶本身又在实际上推动物价进一步上升。在这个过程中，"实际工资由于货币工资的滞后调整而降低"②。所以，通货膨胀总是一个收入再分配过程。它"像泵机那样起作用，把收入从具有低储蓄倾向和低边际税率的工资收入者那里转移到具有较高储蓄倾向和

---

① ［奥］赫尔穆特·弗里希：《通货膨胀理论》，费方域译，商务印书馆1992年版，第220页。
② ［奥］赫尔穆特·弗里希：《通货膨胀理论》，费方域译，商务印书馆1992年版，第220页。

较高边际税率的企业主方面"①。可见,"工资—物价螺旋上升"的过程,实质是收入(或利益)再分配的过程,是劳动者利益损失和企业主获益的过程。

### (二)"工资—物价螺旋上升"之作用机理

对"工资—物价螺旋上升"的形成及作用机理,奥地利经济学家赫尔穆特·弗里希做了精辟的概括与阐释。他指出:"在原有的充分就业假设下,商品市场上的超额需求会造成劳动市场上的需求压力。这种情况连同企业主有利可图的前景,会导致货币工资在一般物价水准以前上涨的范围内充分提高。一旦实际工资恢复到它们原来的水准,它们就会在商品市场上创造出新的通货膨胀缺口,这新的通货膨胀缺口会导致物价再次上升。如果货币工资在下一轮中相应地跟着提高,这种情况就会导致物价进一步上升。结果形成工资—物价螺旋上升的局面。"② 以上论述可细化为作用机理图,如图1所示。

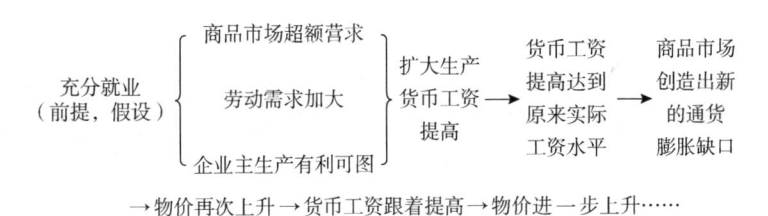

充分就业(前提,假设){商品市场超额营求, 劳动需求加大, 企业主生产有利可图} → 扩大生产 货币工资提高 → 货币工资提高达到原来实际工资水平 → 商品市场创造出新的通货膨胀缺口 → 物价再次上升 → 货币工资跟着提高 → 物价进一步上升……

**图1 "工资—物价螺旋上升"作用机理**

从图1中可见,通货膨胀缺口是"工资—物价螺旋上升"机理的核心与关键,更是"工资—物价螺旋上升"的枢纽。所谓通货膨胀缺口就是消费品和劳务市场的超额需求,它是"工资—物价螺旋上升"的基础条件及推动力量。这个缺口使工资上升,从而推动物

---

① [奥]赫尔穆特·弗里希:《通货膨胀理论》,费方域译,商务印书馆1992年版,第220页。

② [奥]赫尔穆特·弗里希:《通货膨胀理论》,费方域译,商务印书馆1992年版,第220页。

价上升,而物价上升又推动工资上升,工资上升再推动物价上升,如此循环往复,从而形成"工资—物价的螺旋上升"。

## 二 "工资—物价螺旋上升"之经济社会效应

由于凯恩斯揭示的"工资—物价螺旋上升"机理是反映经济运行层面中的一般规律性,因而它对社会主义经济运行也具有适用性,在社会主义市场经济通货膨胀的过程中也能发挥它的普世价值与功能。

### (一) 加剧通货膨胀,产生通货膨胀螺旋

所谓通货膨胀即流通中的货币膨胀,它是由于货币的供应量或投放量超过了市场商品流通实际需要量而发生的持续的物价上涨现象,其直接后果是使货币贬值,从而使劳动者同量货币收入的实际购买力降低,相当于劳动者实际工资收入下降及生活水平下降。劳动者为了抵御这种实际工资及生活水平下降必然强烈要求增加工资,使货币工资追赶物价而增长,即使不能超过物价水平而增长或同物价水平同步增长,起码也要接近物价水平而增长。这种工资增长的动力与要求具有不可逆的刚性。而一旦劳动者群体工资跟随物价上涨,企业的劳动成本(或工资成本)便随之上升,进而推动企业产品销售价格提高,造成市场物价水平进一步上涨,从而加剧通货膨胀。

当社会发生通货膨胀产生或推动通货膨胀时,通货膨胀螺旋便应运而生。何谓通货膨胀螺旋?在已有的通货膨胀理论研究中尚无确切的定义。唐·帕尔伯格在《通货膨胀的历史与分析》一书中指出,德国经济于1922年进入通货膨胀"螺旋上升"阶段。[1] 李拉亚在《通货膨胀机理与预期》一书中分析预期型通货膨胀时指出:

---

[1] [美]唐·帕尔伯格:《通货膨胀的历史与分析》,孙忠译,中国发展出版社1998年版,第72页。

"企业按预期通货膨胀率预先提高产品销售价格,居民按预期通货膨胀率争取更高的名义货币收入,甚至政府也不得不预先增发货币,以应付物价上涨带来的货币需求量的增加。此时,出现通货膨胀,产生通货膨胀现象。"① 笔者把这种在通货膨胀基础上产生的,由通货膨胀产生或推动通货膨胀,形成物价水平螺旋式上升的现象,称为通货膨胀螺旋。它是通货膨胀发生以后,"工资—物价螺旋上升"机理作用的必然结果。

### (二) 加大收入分配差距与攀比,促进收入攀比型通货膨胀产生与发展

在工资追赶物价的螺旋上升中,各地区、各部门、各行业及各阶层的工资提升不可能是同步、同比、同速的,而必然呈现出巨大的差异性。除了由于各地区、各部门、各行业及各阶层的劳动生产率不同外,还受到它们之间的垄断状况、市场秩序与竞争环境以及国家政策作用状况等方面的影响。受到国家政策优惠的部门与行业,其职工收入自然要高得多,而受到国家政策规制与约束大的部门与行业,其职工收入要少得多;市场秩序与竞争环境的好坏,对各部门、各行业、各地区以及各阶层的收入也有很大影响。一般说来,市场有序、竞争环境好的地区、部门及行业,其职工群众收入提高得快些;而市场无序、竞争环境恶劣的地区、部门及行业,其职工群众的收入要大打折扣,甚至难以提高。尤其是垄断对收入分配的影响更为巨大。垄断部门或垄断企业凭借其垄断地位,无须提高劳动生产率及经营管理水平就可以通过垄断价格获取高额垄断利润,从而获取垄断性高收入。

笔者认为,由按劳分配所引致的收入差距和事实上的不平等,在社会主义现阶段是不可避免的,也是合理的。它不是也不可能成为"工资—物价螺旋上升"的经济根源与经济基础,甚至可以说,

---

① 李拉亚:《通货膨胀机理与预期》,中国人民大学出版社 1991 年版,第 143—144 页。

它是限制"工资—物价螺旋上升"的重要保证。只要坚持按劳分配原则，就不会发生"工资—物价螺旋上升"局面。然而，在当代中国以按劳分配为主的收入分配制度执行得并不严格，一些企业、单位、部门事实上将按劳分配制度否定和抛弃了，而代之以"按要素分配"为主。1996—2006 年，劳动者报酬占国内生产总值（GDP）的比重从 54.04% 下降到 40.5%，下降了 13.54 个百分点。[①] 2006—2010 年，是中国收入差距扩大最严重的五年，也是劳动报酬占 GDP 比重下降最厉害的五年。有专家估计，现今中国劳动报酬占 GDP 的比重至多是 30%，甚至低于 30%。按要素分配在社会主义制度下确有存在的必要性、必然性，不能根本否定。但由于要素所有权的获取呈现极其复杂性、多元性，其中包含非法手段和经济剥削等因素，尤其是它是无限扩大收入差距，产生两极分化的重要经济根源；因此，社会主义社会不能实行以按要素分配为主的分配制度，它只能作为按劳分配制度的辅助形式。政府提出的按劳分配为主，按要素分配为辅的社会主义分配制度，是一项保证个人收入既有适当合理的收入差距，又防止个人收入差距过分扩大，产生两极分化的科学合理的收入分配制度。正是由于这个制度在实行中被曲解，才导致当今中国收入差距过分扩大。主要表现在以下几个方面。第一，垄断行业与非垄断行业的收入差距不断扩大。20 世纪 90 年代中期，最高行业人均收入为最低行业人均收入的 2.23 倍，2000 年上升到 2.63 倍，2003 年这一比例增至 3.98∶1。[②] 2009 年，全国总工会对职工收入所做的专项调查显示，2008 年有 20 个行业门类收入差距为 4.77 倍，有的高达 10 倍。[③] 第二，城乡之间收入差距日益扩大。1983 年城镇居民收入是农民纯收入的 1.82 倍，10 年之后的 1993 年便上升到 2.8 倍；2003 年进一步拉大到 3.23 倍，

---

[①] 姜磊、张彤玉：《女性就业人员比重和劳动报酬收入份额——基于中国省级面板数据的分析》，《当代经济研究》2008 年第 12 期。

[②] 谭崇台：《论快速增长与"丰裕中贫困"》，《经济学动态》2002 年第 11 期。

[③] 金碚：《论国有企业改革再定位》，《中国工业经济》2010 年第 4 期。

20年时间在原有差距基础上又猛增了1.41倍。如果把社会保障、公共医疗及隐性福利等因素考虑在内，目前城乡居民的实际收入差距已达6∶1。[①] 第三，地区之间收入差距悬殊。根据国家的统计数据，2001年农村人均纯收入最高的是上海，为5890元，最低的是西藏地区，为1040元，上海是西藏的4.2倍；城镇居民可支配收入最高的仍是上海，为12833元，最低的是山西，为5391元，上海是山西的2.4倍。第四，不同阶层尤其是不同家庭的两极分化更为严重。如果将收入按家庭10%分组，2008年城镇最高收入家庭与最低收入家庭的实际人均收入差距是26倍；按城乡居民家庭10%分组，最高10%家庭与最低10%家庭的人均收入差距相差65倍，即便按官方缩小的统计也分别为9倍及23倍。[②] 中国进入21世纪以后，基尼系数一直超过国际警戒线（0.40），居高不下，令人担忧。收入差距愈是扩大，要求缩小差距的内在冲动及动力愈大、愈强烈，收入攀比机制的作用愈强大。这样一来，低收入者心理必然失衡，强烈要求大幅提升收入水平，高收入者必然千方百计维护高收入，保护既得利益，在收入攀比博弈的螺旋上升走向中，市场物价水平只能是节节走高，不断攀升，通货膨胀必然强劲生长与快速发展。

**（三）使社会中低收入阶层蒙受巨大利益损失，加速社会两极分化，加深社会各阶层之间的矛盾，甚至酿成社会震荡与动乱**

按照凯恩斯的假设，工资是永远追不上物价上涨的，因为"不论工资提高多少，花费这些工资的行动会始终把物价在前面推进许多"[③]。无论是资本主义经济还是社会主义经济的运行实践都证明这个假设和论断是正确的、合理的。倘若工资的上涨超过物价的

---

① 武力：《论改革开放以来中国城乡关系的两次转变》，《教学与研究》2008年第10期。

② 叶檀：《中国"第三等级"冷对GDP》，《南方人物周刊》2010年第3期。

③ ［美］唐·帕尔伯格：《通货膨胀的历史与分析》，孙忠译，中国发展出版社1998年版，第1页。

上涨，无论是短期的还是长期的，尤其是长期的，通货膨胀就会消失，而通货膨胀一旦消失，"工资—物价螺旋上升"便不复存在。

正是由于劳动者工资收入始终赶不上物价上涨，加之收入分配不公，差距过大，致使社会中低收入阶层的利益蒙受巨大损失，实际生活水平下降，甚至陷入贫困状态。这就不可避免地加大他们与社会富人阶层的贫富差距与矛盾冲突，一旦这个社会鸿沟扩大与加深，不可避免地演化为阶层冲突和阶层矛盾对抗，甚至导致社会动乱。

**（四）放任"盗窃"合法化，会玷污政府形象，不利于社会稳定发展**

唐·帕尔伯格在其著作《通货膨胀的历史与分析》中开宗明义地指出："通货膨胀通常被定义为价格的普遍上涨，它是这个世界上的头号窃贼，它不声不响地从寡妇、孤儿、债券持有者、退休人员、年金受益人、人寿保险受益人手中窃取财富。小偷、抢匪、贪官污吏等所掠走的财富加在一起也比不上通货膨胀的祸害。"[1] 并指出，它"与一般的窃贼不同"，它是"看不见的，也是没有人格的，它飘忽不定、无声无息。那些财产被掠夺的人们常常无法识别这个窃贼，他们甚至可能没有意识到已经遭到了抢劫"[2]。法律还执迷于货币幻觉，赋予不公平的通货膨胀以"合法地位"，并"俨然使盗窃合法化"[3]。由于政府垄断了货币发行权，因此它便成为政府搜刮人民财富的手段和工具。帕尔伯格还指出："除了税收这种公开形式之外，如今政府还可以借助通货膨胀的欺骗手段从人民

---

[1] [美]唐·帕尔伯格：《通货膨胀的历史与分析》，孙忠译，中国发展出版社1998年版，第2页。

[2] [美]唐·帕尔伯格：《通货膨胀的历史与分析》，孙忠译，中国发展出版社1998年版，第4页。

[3] [美]唐·帕尔伯格：《通货膨胀的历史与分析》，孙忠译，中国发展出版社1998年版，第5页。

手中搜刮财富。"① 当今的美国政府就是用通货膨胀的欺骗手段从美国人民乃至全世界人民手中搜刮财富的世界头号大窃贼。

当今中国的通货膨胀并非像美国那样由政府主动自觉搞起来的。实际上，它是由美国通货膨胀传导输入加上中国货币实际操作部门为刺激经济货币发行过量而客观形成的。中国政府是代表人民利益的政府，从根本上说是反对通货膨胀的。

## 三 治理"工资—物价螺旋上升"之对策

"工资—物价螺旋上升"是通货膨胀成长的必然结果与产物，同时它又是通货膨胀加剧发展的重要推动力量，是生成通货膨胀螺旋的重要机制。中国对通货膨胀进行调控及有效治理，必须采取有效的对策，治理与摆脱"工资—物价螺旋上升"，否则，中国的消费物价指数（CPI）水平将进一步攀升，无可置疑地进入高通货膨胀时代。

### （一）坚持充分就业的方针，尽可能扩大就业

采用通货膨胀政策，多发票子，扩大投资，确实可以增加就业，但它只是在一定条件下起着十分有限的作用，如果长期用这种办法增加就业，刺激经济，无异于饮鸩止渴，不仅无助于稳定的可持续就业增加，而且会严重伤害经济肌体，使经济陷入难以自拔的"滞胀"泥潭。

就业是应对通货膨胀的一个有效途径。因为劳动者只有实现了就业，才能有工资收入，而有了工资收入，生活才有物质保证。尽管要面对物价上升的市场环境，但有工作有工资收入总比无工作无工资收入要强许多。就劳动者个人来讲，无论有无通货膨胀，就业总比失业强。就国家来讲，务必坚持就业优先，实现充分就业的经

---

① ［美］唐·帕尔伯格：《通货膨胀的历史与分析》，孙忠译，中国发展出版社1998年版，第10页。

济目标和根本方针。早在 1995 年，厉以宁就提出著名的"'两害'相权"说。他讲道："失业比通货膨胀更可怕"，为什么呢？他解释说："这并不是说通货膨胀无害，或通货膨胀不可怕，而是说，通货膨胀与失业，两害相权取其轻。"据此，他提出一个处理二者关系的"一般原则"，即"就业优先，兼顾物价稳定"。① 这是颇有见地的，对当前中国正确处理失业与通货膨胀关系，扩大就业，抑制通货膨胀，具有重要的现实指导意义。可以说，扩大就业对于解决"工资—物价螺旋上升"是一项不可或缺的基础性工程。

### （二）控制物价是摆脱"工资—物价螺旋上升"之关键环节

在"工资—物价螺旋上升"机理中，控制物价水平，防止其过快上升是关键环节。市场物价水平并非由人们的主观意愿规定的，而是由市场的供求关系即由社会商品与劳务的总供给与总需求的关系以及状况所形成的。总供给大于或等于总需求，市场物价水平基本稳定或下降；总供给小于总需求，市场物价水平上涨。除了总供给与总需求总量上的状况，还要使二者在结构上相适应，如果结构上不相适应，也会发生市场物价水平的结构性上升或下降。要保持市场物价水平的基本稳定，一定要使社会总供给与总需求的总量、结构及花色、品种等都要基本平衡并略有富余。这个目标靠"看不见的手"自动调节是不可能实现的，只有政府用"看得见的手"，依照市场规律进行主动自觉控制才能达到。

首先，要收紧财政货币政策，严格控制货币供给或投放量，使货币供给量与市场流通所需要的量大体相适应。由于通货膨胀因货币供应量过多而发，因此治理通货膨胀首要的任务就是收紧财政货币政策，减少和控制货币供应量。

其次，稳定并消除人们的通货膨胀预期。人们为了避免通货膨胀给自身带来损失，确保利润（或利益）最大化目标实现，他们都会理性地对当前及未来通货膨胀趋向及水平进行自己的判断与预

---

① 厉以宁：《论当前经济工作中的几个热点问题》，《改革》1995 年第 1 期。

期。一般来说，个体预期对通货膨胀不会产生什么影响，社团或集体对CPI的理性预期也只能对通货膨胀产生局部或较弱的影响，不会从根本上改变通货膨胀的总体水平与趋向。但是，一旦形成社会的通货膨胀预期即全社会成员趋向一致的通货膨胀预期，就会对通货膨胀产生巨大的作用。它会推动CPI在上行通道上波动，螺旋式上升，使通货膨胀愈演愈烈。

当今中国，人们对通货膨胀不仅形成了社会通货膨胀预期，而且对未来的CPI走势仍然看涨，且短期内难以回落，因此便对国家抑制通货膨胀政策采取应对措施。所谓"上有政策，下有对策"，就是指这个利益博弈过程。企业纷纷按预期通货膨胀率公开或暗地里涨价；个人则按预期通货膨胀率抢购黄金、房地产，或囤积短缺物资等，目的在于避免通货膨胀给自己带来损失，获取通货膨胀预期收益。个人与企业这些应对通货膨胀的"对策"，无疑是对国家控制通货膨胀政策的"反动"，不仅是无助于控制通货膨胀，反而是"火上浇油"。因此，这种通货膨胀预期必须消除之。

消除社会通货膨胀预期，关键在于使通货膨胀预期收益不断降低。如果使通货膨胀预期收益为零，人们就会自行中止对通货膨胀进行预期。在现实生活中，只要存在事实上的通货膨胀，通货膨胀预期收益就不可能为零。但在现实生活中，通货膨胀却是可能转化为通货紧缩的，这时通货膨胀预期便随之转换为通货紧缩预期，通货膨胀预期收益消失而通货紧缩预期收益应运而生。所以，要使人们消除通货膨胀预期的核心问题在于，国家运用各种有效政策措施消除现实生活中事实存在的通货膨胀，将真实的通货膨胀率控制在尽可能低的水平上，从而稳定并消除通货膨胀预期。这是抑制乃至摆脱通货膨胀的唯一出路与正确选择。

最后，将国外通货膨胀传导输入作用降到最低程度，从"源头"上遏制国际市场涨价因素对国内商品价格的成本推进作用。第一，防止"美元热钱"大举输入。当今中国是世界上利润最丰厚的投资场所。"美元热钱"作为一种国际资本，追逐高额利润是其本性，因此，必然大举输入中国。近十年来，除中国正常渠道引进的美元资本以外，流入中国的"热钱"达 2890 亿美元，至于从"地下钱庄"流入的美元资本，恐怕比这要高几倍乃至十几倍。美元资本变身人民币就得乘以 6.5 倍，无疑加大了 CPI 上升的压力。第二，尽可能降低美元贬值逼迫人民币升值的压力。帕尔伯格讲道："个别国家通货膨胀总是伴随着货币贬值或者将通货膨胀传播到其他国家。"① 当今美国就是利用美元贬值的办法将通货膨胀传播到中国及其他国家的。除了上述输入美元外，中国还拥有 3 万亿美元的外汇储备，这些美元不仅因美元贬值而蒙受巨额价值损失，而且还给人民币升值以巨大压力。自中国汇率改革以来，人民币对美元的汇率不断升值。为了保持人民币对美元汇率的基本稳定，中国货币当局不得不增发 20 多万亿元货币回购美元，这无疑加大了市场的货币供应量，对通货膨胀或 CPI 上涨形成巨大推力。因此，必须改变单一美元的外汇储备结构，并且不要过多地用这些外汇去购买美国国债，而要更多地购买国外先进技术设备、矿产资源及扩大海外投资与进行企业并购。第三，尽可能控制与减少国际市场农产品、能源及原材料涨价因素对中国通货膨胀的影响，从"源头"上遏止成本推进型通货膨胀。当今中国的通货膨胀在很大程度上是由于世界市场农产品价格暴涨推动中国农产品价格上涨而生成与发展的。2010 年，中国农业虽然取得了较好收成，但小麦、大豆、油料、糖类等许多农产品仍需要大量进口，受国际市场价格波动的影响很大。联合国最新数据显示，受干旱、水灾、风灾、雹灾、地震、海啸、泥石流等严重自然灾害影响，全球粮食危机日益加重，到 2010 年 12 月，全球粮价飙上纪录新高，突破 2008 年"粮食危机"时的水平。受此影响，中国的粮食、食用油、糖类、肉类的市场价格涨幅均在两位数以上，在八大类消费品中，食品价格上涨 11.7%，拉动 CPI 上涨 3.8 个百分点，贡献率是 74%。② 此外，世

---

① [美] 唐·帕尔伯格：《通货膨胀的历史与分析》，孙忠译，中国发展出版社 1998 年版，第 70 页。
② 黄烨：《成品油调价窗口提前，借风炒作或为油价破百主因》，人民网，2011 年 3 月 4 日。

界能源及原材料价格暴涨,也成为中国当前通货膨胀增长的重要因素。正是由于国际市场农产品、能源及原材料的价格大幅上涨推动国内农产品、能源及原材料价格上涨,从"源头"上加大国内企业的生产与经营成本,并推动"中下游"企业产品成本或经营成本成倍增加,由此形成一浪高一浪、一波推一波的成本推进式涨价风潮,使市场物价水平节节升高。因此,控制中国市场物价水平,一定要把国外通货膨胀的影响和国际市场农产品价格上涨及能源、原材料价格上涨的影响降到最低限度。否则,控制市场物价水平的预期目标就不可能实现。

### (三)将劳动者的工资提高指数化、法制化,是破解"工资—物价螺旋上升"之基础与根本

劳动者的工资收入随着其劳动生产率的提高而不断增加,是提高其对通货膨胀承受能力的基础与保证。如果劳动者的工资增长率超过或等于通货膨胀率,劳动者的实际生活水平不会因通货膨胀而下降,劳动者就不会惧怕通货膨胀,国家也不会用通货膨胀办法从劳动者身上捞到什么好处,自然就不会积极主动地搞通货膨胀。因此,从经济机制上防止通货膨胀的根本途径就是使劳动者的工资收入增长率同通货膨胀率同步,即实行工资指数化,[①] 将劳动者工资收入与市场物价指数相挂钩,按照市场消费物价上涨率来提高职工名义工资水平,以维护劳动者的实际工资水平不下降。

破解"工资—物价螺旋上升"困局,解决通货膨胀不断复发重演的难题,还必须将劳动者工资随其劳动生产率提高而增长的规定及劳动者工资收入指数化的规定纳入法律体系及法治轨道。中国至今没有一部切实保证劳动者工资收入提高的法律,更没有保证劳动者工资收入必须随着劳动生产率提高而增加的明确法律规定。新中国成立以后,有很长一段时间基本上没给城市职工增加工资收入。改革开放后,几次进行工资改革,大幅度提高了职工的工资收入,

---

[①] 潘石:《通货控制论》,吉林大学出版社2001年版,第350—351页。

但最大的缺憾是一直没有做到劳动者工资收入随其劳动生产率提高而逐步提高。因此，尽快制定劳动工资随劳动生产率提高而逐步增加的有关法律，尽快制定劳动者工资收入指数化的有关法律，这是防止国内收入差距无限扩大，产生两极分化的迫切需要，更是从根本上防止通货膨胀不断重演，走出"工资—物价螺旋上升"困局的正确选择。

总之，扩就业、降物价、增工资是当今中国摆脱通货膨胀，走出"工资—物价螺旋上升"困局的三大良策。只有三者统一联动，相互配合，相互促进，实行内外结合，标本兼治，才能取得最理想的治理效果。

（本文发表于《学术月刊》2011年第12期）

# 论预期对中国通货紧缩的影响

预期曾对通货膨胀发生重大影响，西方经济学把预期理论引入通货膨胀研究，使宏观经济学理论发生革命性变革。本文试图在分析与借鉴西方预期理论的基础上，来探讨预期对我国通货紧缩的影响，并提出改变通货紧缩预期的对策。

## 一 西方预期理论对中国经济的适用性

西方预期理论是随着通货膨胀理论的发展而产生和发展起来的。第二次世界大战以后，由于凯恩斯主义政策在西方各国的普遍实施，通货膨胀频频发生，并向广度与深度发展。因此，各种通货膨胀理论应运而生。其中，预期通货膨胀理论便是战后新兴的一种通货膨胀理论。与其他通货膨胀理论相比，其新就新在把预期理论运用于通货膨胀的分析与研究，丰富了西方通货膨胀理论，把通货膨胀理论提高到一个新的阶段和水平。

凯恩斯开预期理论之先河，较早地论述了预期问题，并把预期分为两类：第一类是对于价格的预期，即制造业在开始某一生产过程，生产某种产品时，预测产品制成时的售价如何；第二类是关于未来报酬之预期，雇主在购买（或自己制造）制成品以增加其资本设备时作之。凯恩斯明确指出："前者（指第一类——引者）可称为短期预期（Short-Term Expectation），后者（指第二类——引者）

可称为长期预期（Long-Term Expectation）。"① 凯恩斯还较详尽地分析这两种预期对产量、就业和收入的影响，考察影响预期经常改变的因素，尤其强调社会要理智地进行未来的长期预期。他指出："从社会观点来看，要使得投资高明，只有增加我们对未来之了解。""根据以往经验，有几类之因素，例如某种消息或某种空气，最足以影响群众的心理。职业投资者不能不密切注意，预测在最近将来，这类因素会有何种改变。"② 从上可知，虽然凯恩斯并未直接将预期运用于通货膨胀的分析与研究上，但是他关于价格的预期，关于未来报酬的预期，关于未来投资收益的预期以及关于货币利率变动的预期等论述，都在一定的程度上涉及预期通货膨胀或预期通货紧缩理论问题。因为无论是通货膨胀还是通货紧缩都与价格走势、收入变化、利率变动及投资状况有直接的联系或关系。微观经济预期早在凯恩斯之前就有许多学者做了详尽论述，但较广泛地将预期运用于宏观经济分析，尤其是从全社会的角度进行投资预期和资本收益预期，凯恩斯则是重要奠基者之一。

英国著名经济学家、诺贝尔经济学奖（1972年）得主约翰·理查德·希克斯把预期概念引入经济均衡分析，并首先运用预期弹性概念，对通货膨胀模型做深入研究，使预期理论得以进一步丰富和发展。希克斯运用预期理论把经济静态均衡推向暂时均衡，又把经济短期均衡推向长期均衡。他指出："从现代意义来说，一个充分均衡的模式，既要考虑现期价格对经济活动的影响，同时也要考虑未来价格对经济活动的影响。"③

均衡能否实现的根本条件是预期的正确以及实现。希克斯指出："在一个变化的世界中，我们可以有均衡。达到这种均衡的条

---

① ［英］凯恩斯：《就业利息和货币通论》，徐毓枬译，商务印书馆1997年版，第42页。
② ［英］约翰·希克斯：《经济学展望》，余皖奇译，商务印书馆1986年版，第133页。
③ ［奥］赫尔穆特·弗里希：《通货膨胀理论》，费方域译，商务印书馆1992年版，第142—143页。

件是完全实现预见。……不均衡表现为预期的落空。"① 希克斯认为现实世界是不稳定的，他是把预期弹性概念作为稳定分析的一种工具使用的。希克斯强调说："现实世界并不是处于稳定状态的。绝没有，也（很可能）绝不会有稳定状态。"② 他特别考察了创新"冲击"非均衡动态过程，并进一步展开了对不均衡、不稳定状态各方面的因素变动分析。他创造性地引入弹性预期概念，运用公式将预期的变化与均衡变动之间的关系表示出来。他十分明确地讲道："我把一个特定的人对商品 X 价格预期的弹性下定义为：X 的预期未来价格按比例的上升与它当前价格按比例上升之间的比率。"③ 设某种商品 X 的未来预期价格 $P'$，现在实际观察的实际价格是 $P$，那么，就可以把希克斯的预期弹性记作：

$$\sum P' = \frac{dP'/P'}{dP/P}$$

从上式中可以看到如下几种情况。

一是当 $\sum P' = 1$ 时，当前价格上升 10%，就会导致预期的未来价格上升 10%。

二是当 $\sum P' = 0$ 时，当前的价格变化不会引起预期调整，预期价格将回复到它以前的水平上。

三是当 $\sum P' < 1$ 时，经济体系的均衡是稳定的，因为当前的价格变化不会导致未来价格上升的预期。

四是当 $\sum P' > 1$ 时，当前的价格上升会导致未来进一步上升的预期，经济行为人会预期有一个正的上升趋势，经济体系的均衡是不稳定的。

由上文可知，预期弹性对经济体系运行的稳定是有着重大影响的。当预期弹性等于或大于 1 时，预期未来价格上升，会导致经济体系的不稳定性，加剧经济运行的失衡。外推型预期直接对市场物

---

① 李拉亚：《通货膨胀机理与预期》，中国人民大学出版社 1991 年版，第 143 页。
② ［英］理查德·杰克曼，［英］查尔斯·马尔维，［英］詹姆斯·特里维西克：《通货膨胀经济学》，程向前、袁志刚译，上海译文出版社 1991 年版，第 10 页。
③ 杨玉生：《理性预期学派》，武汉大学出版社 1996 年版，第 22 页。

价水平的走势进行预测分析，为把预期理论应用于通货膨胀问题研究奠定基础，并开拓了道路。外推型预期是由美国经济学家梅茨勒（Metzler）提出来的。其意是指对未来市场价格的预期不仅要充分考虑和研究过去的经济变量，而且要充分考虑和研究经济变量的未来走势与方向，因此预测者（预期主体）必须掌握两方面的信息与资料：一是经济变量过去达到的水平；二是经济变量所显示出的变化方向及未来走势。这两方面的信息和资料都是必不可少的。

以 $P$ 代表价格，$t$ 代表时间，$P_t$ 为 $t$ 期的外推价格预期，其数量关系模型如下：

$$P_t = P_{t-1} + E(P_{t-1} - P_{t-2})$$

上式中 $P_{t-1}$ 为 $t-1$ 时期的物价已达到的水平；$P_{t-2}$ 代表 $t-2$ 时期物价已达到的水平，$P_{t-1} - P_{t-2}$ 时期同 $P_{t-2}$ 时期的物价水平变化状况，式中的 $E$ 为预期系数。

以上公式表明，任何一个时期的外推型价格预期，都等于前期价格水平加或减前两期某一比例的变化量。若预期系数 $E>0$，则可以预期以往的价格趋势会继续下去；若预期系数 $E<0$，则可以预期以往的价格趋势发生逆转；若预期系数 $E=0$，则外推性预期与简单的蛛网模型相同。由于无论是通货膨胀还是通货紧缩都要从市场价格水平上表现出来，表现为价格上升趋势或价格下降趋势，所以，运用外推型价格预期模型，可以对市场物价水平走势作出预期，从而对通货膨胀率和通货紧缩率作出预期。外推型预期模型的建立，为政府把握市场物价变动态势及趋向提供了可靠的基础与条件。当然，预期能否科学正确，还要依赖于其他许多条件，如各期信息资料的真实可靠程度，以及其他影响价格预期的经济政治因素。但无论如何，外推型价格预期模型的确立，对通货膨胀理论的研究都是一个重大的推动和前进。

适应性预期概念的提出以及被创造性地运用于菲利普斯模型和货币主义通货膨胀理论的研究，把西方预期理论提升到一个新阶段。适应性预期是由美国经济学家加甘在1956年提出来的，后由货币主义经济学家弗里德曼加以推广，成为其通货膨胀理论的一个重要组成部分。预期源于未来的不确定性,正是由于未来事件的不确定性,才有预测或预期之必要。预期是关于未来事件的一种判断。未来事件是不可能在现时直接观察到的,而只能依据已有的经验、信息或资料进行预测。预期准确与否或准确度大小直接取决于行为主体(即预期者)掌握的信息多寡及可信程度。适应性预期正是适应市场物价水平变化趋势,采取以过去推测未来的方法,对通货膨胀率变化进行预期的。其数量模型可表示如下:

$$\pi_t^* - \pi_{t-1}^* = \theta(\pi_{t-1} - \pi_{t-1}^*)(0 < \theta < 1)$$

上式表明,预期通货膨胀率的变化,即 $\pi_t^* - \pi_{t-1}^*$ 是与预期误差成比例变化的。预期误差是指前期实际通货膨胀率与前期预期通货膨胀率之差,即 $\pi_{t-1} - \pi_{t-1}^*$。如果准确预测了现期通货膨胀率,则下期的预期通货膨胀率将保持不变;如果现期的通货膨胀率高于或低于预期通货膨胀率,则下一期的预期通货膨胀率将随着预测误差 $\pi_{t-1} - \pi_{t-1}^*$ 的百分之 $\theta$ 同比例上升或下降。

适应性预期由于存在两方面的缺陷而遭到批评和攻击。其主要缺陷表现为,一是预期与现实观察的误差是经常发生的,缺乏预期的准确性和可靠性;二是仅有关于过去通货膨胀率的观察及信息,对经济变量的其他信息会造成"浪费",而要做出合理的预测,必须对这些信息加工运用,为此需要合理预期。

合理预期亦称理性预期,是由约翰·穆斯首先提出来的。他在1961年发表的一篇题为"理性预期和价格变动理论"的文章中提出了"理性预期"概念(Rational Expectation),并做了如下定义:经济活动当事者的预期由于相同的经济背景,趋向于理论预测的结果。其意是说,现实世界存在一个相应的经济理论,人们有最大的可能从这个理论中得出预测。当预期与根据这个理论得出的预测一致时,预期就为合理的,它是人们对内生变量未来值的一个理性的无偏估计。

理性预期理论的创立及其有效适用于通货膨胀与通货紧缩的理论分析,大大地影响了政府和中央银行施行经济政策的能力,使得宏观经济学理论发生了深刻的变革。这个理论昭示,政府对未来市场价格的走势（上升或下降）可以进行理性预期，从而对通货膨胀或通货紧缩做出理性判断，以便采取相应的政策和对策。社会公众（包括企业、团体和老百姓）不仅像政府一样可以对市场物价走势依据自身的经验、信息进行理智的预期，对通货膨胀或通货紧缩状况做出理性判断，还对政府的政策行为变化也进行一种理性预期。如果许多人仍处在"非理性预期状态"，那么就会大大影响政府应对、治理通货膨胀或通货紧缩政策的实施效力和实施效果。社会公众对政府的施政行为是可以预测的。政府公布的经济增长速度、货币价值变动数据、财政变量及市场价格指数等，均可成为公众对政府行为预测的依据。即使是政府某些货币运作及财政活动现在是不可预测的，但并非以后永远不可预测。随着市场经济的逐渐发育成熟，政府公开市场业务日益增多，施政行为的透明度不断提高，社会公众就会越来越增强对政府行为的预期能力。况且，在国民经济运行的不同时期的相同周期上，如在前期的扩张阶段和现期的扩张阶段，或前一时期的收缩阶段或现期的收缩阶段，往往会重复同样的或大致相同的政策措施。如治理通货膨胀，一般总是采取紧缩的财政货币政策，以抑制社会总需求；治理通货紧缩，一般都要采取扩张的财政货币政策，以刺激和扩张社会总需求。这就会使社会公众形成一种对政府行为的基本相同的预期观念。当这种预期观念逐渐排除那些非理性因素而走向成熟时，就形成一种对政府施政行为的理性预期。这种预期一旦形成，并在社会上形成"气候"，就会使政府的政策效力和效果大为降低，甚至导致政府政策效果为零。因为，社会公众实现了对政府行为的完全准确的理性预期，便会事先自动地调整自身的行为，采取应对政府政策的对策，以最大限度地保护自身的利益，并尽力利用政府的政策去为获取最大的自身利益服务。这就是所谓"上有政策，下有对策"。下面的对策，会使得政府的政策的效力和效果大减，甚至为零。

综上所述，西方预期理论，尤其是理性预期理论对中国经济是具有重要实用价值的。它对分析与研究中国经济中的通货膨胀与通货紧缩，对于研究中国经济的合理预期，丰富社会主义宏观经济学与金融理论都具有重要的借鉴意义和参考价值。固然，西方预期理论同其他资产阶级经济学理论一样在本质上掩盖了资本主义基本矛盾，主旨是为了维护与完善资本主义制度；但它毕竟从经济运行层面比较客观地揭示了预期尤其是理性预期对通货膨胀或通货紧缩的影响，描述并估计到了预期在经济社会发展中的重要作用，不仅使得宏观经济学在战后得以丰富和发展，而且对资本主义各国政府的经济决策和政策施行产生重大影响，可以说对战后资本主义经济的长足发展起了重要的积极作用。所以，我认为对西方预期理论尤其是理性预期理论，要认真加以研究和运用。

第一，要把预期问题引入经济学研究，改造传统经济学。我国传统经济学受斯大林理论的影响，一直排斥心理预期问题，把心理预期问题纯粹看作主观唯心主义的东西排斥在马克思主义经济学之外。实际上，社会公众对经济发展的走势的心理预期一直是影响经济社会发展的一个重要因素。经济发展的必然性往往都通过"大势所趋，人心所向"反映出来。马克思主义从来都特别重视人的因素，理所当然也重视人们的心理预期对经济发展的重要影响和作用。因此，马克思主义经济学应该包括和重视人们的心理预期问题。不仅如此，马克思主义经济学之所以要特别重视人们的心理预期问题，更重要的是我国经济发展实践的客观要求。青年学者李拉亚讲道："我们在经济理论中引入预期因素，不是向西方经济学学习的结果，而完全是在解决中国经济所面临的实际问题时逼出来的，是实践千呼万唤始出来的结果。具体地说，1984年后出现通货膨胀加剧的现象，引起了经济学家们对预期的注意。1988年通货膨胀突然加速，1990年通货膨胀又急剧下降，这两种现象均难以用货币供给数量来解释，这迫使我们面对实际，重新研究理论本身，它导致预期理论在中国这块土地上产生。"[①] 这里认为我国社会主义经济理论引入预期问题"是实践千呼万唤始出来"的结果，笔者认为是正确的；但李拉亚认为根本"不是向西方经济学学习的

---

① 肖赞军：《制约消费的六大预期及化解》，《经济学家》2000年第1期。

结果"却未免失之偏颇。预期包括通货膨胀预期问题,并非我国学者的发现和发明,它们在西方经济学中已发育得相当成熟。可以肯定地说,我国经济学理论中引入预期问题,是正确学习与借鉴西方经济学的一个结果,对此,没有必要讳言与回避。

把预期问题研究引入中国经济学,将使中国经济学发生重大变革。最主要的一点是它将突破传统经济学关于人、财、物的三大研究范围局限,把人的心理因素对经济系统的反作用纳入经济理论研究范围。传统经济学着重研究物质生产发展运动规律,主要分析人、财、物之间配置关系与运动规律,突出表现是四大平衡,即人力平衡、财力平衡、物资平衡、对外收支平衡。这里,人是作为客观的生产要素来对待的。把人的心理预期因素纳入社会主义经济理论研究之后,使得马克思主义经济学更符合唯物辩证法了。因为,从此我们不仅可以看到物质生产运动的四大平衡对人们心理预期的决定性作用与影响,还能清晰地看到人们的心理预期对物质生产运动的四大平衡的重大反作用。具体来说,当社会上人们的心理预期发生重大改变,物质生产运动的四大平衡必然要受到影响而发生变化。原来是平衡的,由于人们心理预期变化的影响,可能变得不平衡了;原来是不平衡的,由于受人们心理预期的作用,很可能转变为基本平衡了。把人们的心理预期因素纳入社会主义经济理论研究,比较充分地体现了马克思主义关于"物质决定精神、存在决定意识、精神与意识对物质及存在具有重要反作用"的辩证唯物主义原理的,因而更具有科学性。

第二,政府必须加强对国民经济发展走向和趋势进行合理预期,以提高对重大事件及变化的应对能力。预期与计划虽然都是具有主观性的东西,但二者有明显的区别:计划规定和确定经济未来发展的目标,而预期是对未来未知和不确定因素或事件的判断与推测。在市场经济条件下,政府对未来经济发展计划可以是粗线条的、指导性的,没有必要那么细微、严密和准确;而政府对未来的经济发展的预期则要尽可能科学化、合理化、准确化。尤其对经济运行中可能发生的突发事件及重大变化要有准确的测算与估计,即进行理性预期，否则，政府在国民经济运行的宏观调控中就会处于被动地位，在发生突发事件和经济运行发生转折性变化时，就会无所措手足，一时找不到应对措施。加强对国民经济运行走势及趋向的合理预期，是政府的重要职责，也是提高政府对未来突发事件及经济运行重大变化的应对能力，保证国民经济健康、持续、快速发展的一个重要条件。所以，市场经济越是发展，就越是要强化政府对经济运行的预期功能。

第三，为了保障政府实施的各项经济政策充分发挥其效力，产生最佳政策效应，政府必须充分考虑和顾及经济活动当事者（包括企业、单位、团体及个人）的预期。为此，政府必须认真研究经济活动当事者的预期，掌握经济活动当事者的预期变化特点及变化规律。一般说来，在通货膨胀发生一段时间后，通货膨胀率水平较高时，经济活动的当事者对未来市场物价的走势会作出进一步上升的预期。这种预期会促使他们为避免货币贬值带来的利益损失而抢购商品，尤其是抢购能够保值的商品，这就加剧了市场供不应求的矛盾，因而会对通货膨胀起推波助澜作用。当经济从"过热"状态走出来，趋向较"冷"，趋向萧条，货币增长速度已经降低时，由于人们预期的惯性作用，仍对价格走势作上升的预期，物价水平不仅不随货币供量的减少而明显下降，反而仍会继续升高一个时期。这时的预期会促使经济衰退与通货膨胀并发，产生"滞胀"现象。战后，凯恩斯主义经济学由于不能解释"滞胀"现象而陷入困境，并遭到其他经济学派别的猛烈批评和责难。理性预期学派把理性预期问题创造性引入通货膨胀理论研究与分析，在一定意义上解释了"滞胀"，开拓了人们的理论视野，弥补了凯恩斯主义经济学的缺欠，丰富了资产阶级宏观经济学，对社会主义宏观经济学研究也有重要的参考价值。当经济运行至低谷，尤其是经济增长率在低位徘徊时期，经济当事者会产生与通货膨胀时期相反的预期，即预期经济增长率进一步下降的同时，市场物价水平会进一步下降，并由此产生预期陷阱效应，即尽管货币当局为改变人们的预期，增加货币投放，以扩大消费，但由于经济当事者仍预期市场价格未来还会走低，所以他们将已增加的货币存储起来，根本不扩大即期消费，而是持币待购，这就会进一步加剧市场供过于求的状态，引发严重市场疲软，促使经济进一步衰退。为使政府政策充分发挥效力，必须研究不同时期的不同预期，依据其不同的特点及变化规律采取不同的政策措施，只有这样，才能使政府各项政策有针对性，从而增加有效性。

第四，树立预期是可以改变的意识，积极促进当前我国经济活动当事者改变通货紧缩预期，扩大消费，拉动经济回升与增长。如前所述，经济活动当事者的心理预期是受经济条件制约的，并随经济条件的变化而变化。通过改变经济条件，可以促使经济活动当事者的心理预期发生变化。在通货膨胀时期，要采取从紧的财政货币政策，控制社会总需求的增长，提高银行利率，促使经济活动当事者的心理预期由短期向长期转化，减少即期消费，增加和扩大储蓄，以缓解市场物价压力，实现社会总需求与总供给的基本平衡。自1997年10月以来，我国进入了通货紧缩时期。由于市场零售物价指数和居民消费物价指数连续20多个月下降，经济活动当事者产生通货紧缩预期。它与以前发生的通货膨胀预期恰好相反，并且在我国首次发生。如何应对和治理，全无经验教训可资借鉴。并且随着市场物价水平的逐渐走低，经济活动当事者对未来价格的预期进一步看低，而这种预期又进一步加重了通货紧缩。为了打破预期物价水平走低—通货紧缩的螺旋，我认为必须抓住这个链条的关键环节，即打破经济活动当事者现有的预期，变长期消费心理预期为即期消费心理预期。为此，要积极采取扩张的财政货币政策，扩大投资，增加消费，尤其要扩大和增加居民的即期消费，以便启动市场，走出通货紧缩困境。

## 二 预期对中国通货紧缩和经济发展的影响

在中国经济运行中存在着经济活动当事者的预期，已是一个不容否认和忽视的重要问题。它已经成为制约中国目前通货紧缩和经济发展的一个重要因素，必须从理论与实际的结合上认真加以研究，以寻求解决之对策方略。

我们所讲的经济活动当事者，包括社会上所有的各阶层的民众，无论哪个群体中的人，都与社会经济活动有着直接或间接的关系。生产、交换、分配、消费是社会再生产的四个环节和领域，参与这四个领域活动的人，都是经济活动的当事者。

一般地说，经济活动当事者对经济未来状况的预期，都要经历一个由非预期到预期、由非理性预期到理性预期的过程。事实也正是如此。我国广大民众或经济活动当事者对通货紧缩起初是根本没有预期的。在1997年上半年乃至1996年，虽然人们普遍沉浸在市场物价水平从1994年（21.7%）和1995年（14.8%）的高位降下来的欢乐之中，但对通货膨胀的恐惧并没有消失，仍担心通货膨胀会反弹和加剧。因为1996年的市场物价水平仍为6.1%，通货膨胀预期并未有根本性转变，这时可以说全无通货紧缩的准备和预期。1997年10月—1998年上半年，广大民众已从经济生活中切身感觉到通货紧缩在他们身边发生，并在影响着他们的经济生活。这时仍谈不上对通货紧缩的理论认识与预期。因为这时他们只是从感性上知道到处都"钱紧"，生产者的生产状况不佳，产品销售困难，经营者经营困难，他们都喊"钱难赚""生意不好做""厂子要停产"等。

可以说对通货紧缩的认识与理解完全是处于一种非理性状态。自1998年下半年以后尤其是1999年，在党和国家针对通货紧缩的积极财政货币政策大实施，各种舆论工具和宣传媒体从理论上阐释通货紧缩的形成机理、一般特征、社会效应、应对措施的情况下，广大民众对通货紧缩的认识越来越趋向理智，由通货紧缩的非理性预期逐步转向通货紧缩理性预期。当然，这并非说目前我国广大民众对通货紧缩的预期已经理性化了，更不是说他们的理性预期水平有多么高；但不可否认，这种理性预期已普遍存在于社会经济生活各方面，对中国目前的通货紧缩和经济发展正发挥着不可低估的作用。

从近两年来看，我们广大民众对未来通货紧缩的预期不仅不会减弱，反而还会加重。主要表现在以下几方面。

第一，从生产领域来看，生产者预期未来边际生产率下降，边际收益下降。之所以会产生这样的预期，根本原因在于目前我国生产资料供大于求、总量与结构双失衡的状况在短期内不会有根本性改变。如钢材、煤炭、石油、水泥等总量均居世界前列，有不少产品产量位居世界第一，却为"世界第一"所苦恼。因为总量过剩与结构失衡的矛盾非常突出。1999年全国钢产量达1.2亿吨，居世界第一位，但由于大部分为粗钢和低质钢，品种、规格单调，不适应国内市场需要，产生大量滞销和库存积压；同时企业生产需要的优质钢、特种钢等却又不得不依赖国外进口。我国每年从国外进口优质钢、特种钢达一千万吨以上。其他许多位居"世界第一"的产品，均存在类似情况。把总量压下来，把结构调整好，实现总量与结构双优化，不仅需要一定的时间，更需要付出较大的代价。面对这种前景，企业生产者的心理预期必然难以看好。而在总量与结构双失衡条件下对生产前景丧失信心的企业，是不可能走出困境的，企业的生产效率和收入也不可能有明显的改善和提高。

第二，从流通领域来看，经营者预期未来经营风险加大，成本提高，赢利的机会越来越少，因而，或退出经营，或缩减经营规模。之所以会产生这样的预期，根本原因在于，目前我国经济的经营管理水平低下，秩序混乱，市场竞争过度，无序竞争、恶性竞争、垄断竞争等愈演愈烈，价格大战狼烟四起。在"短缺经济"时代，商家卖什么都好卖，卖什么都赚钱，用不着怎么费力推销，更不用付高昂的产品广告及宣传费，经营成本低廉；而现在不同了，经济发展进入"过剩"时代，绝大部分商品"过剩"，商家经营什么都难卖，卖什么也都不太赚钱，即使是拼力打广告搞推销，甚至低价倾销，也难以在激烈无序的竞争中取胜。经营亏损使不少商家倒闭，退出经营领域，这就越发加重了经营者们的不良心理预期，给经营水平升级和经济的健康发展带来巨大的负面影响。

第三，从分配领域来看，广大民众日益感受到社会收入分配的差别愈来愈大，普遍预期未来收入不稳定，不仅未来生活提高是个未知数，而且未来维持生活缺乏可靠保障。之所以造成民众这种心理预期，有多种因素：其一，分配不公加重，两极分化倾向明显，依靠勤奋劳动不能致富，搞歪门邪道、非法经营发大财。其二，公有制经济中企业亏损，职工收入减少，甚至企业破产，大批工人失业，断绝收入来源。其三，职工再就业难。我国劳动力市场严重供大于求的局面，在短时期内不会根本改变。职工失业后欲再就业，完全依靠国家安置已不可能，也做不到。进入劳动力市场，自谋职业，恐是唯一选择。由于目前我国的劳动力市场很不发育，管理又极不规范，缺乏健全的规则和必要的制度，所以通过市场机制实现再就业也还是相当困难的。职工如不能顺利实现再就业，以后的生活就没有必要的收入做保证。其四，失业救济基金尚未完全建立，失业者不能按时足额领到，职工失业后无人过问的状况日益增多，"送温暖"活动仅是一种象征性的"关怀"，且是一种权宜之计。失业保障线的构筑不仅需要巨额资金，而且需要政策与法规支撑。而这都需要有一定的时间过程。这也是影响人们的未来预期的重要因素。面对严重收入差距扩大和两极分化，面对严重失业及未来收入不稳定，人们为了防患于未然，自然要把现在有限的收入积攒起来，储蓄起来，自己为自己构筑"失业保障线"及"最低生活保障线"。而这样做，必然使大量货币沉淀下来，或在银行储存起来，减少即期购买力，影响市场商品的销售和价值实现，促进市场进一步疲软，加剧通货紧缩的进一步恶化。

第四，从消费领域来看，全社会的民众作为消费者普遍预期市场物价水平会逐步下降。越来越多的人持币不买，使即期消费明显下降。1998年做出居民消费物价走低的预期，1999年被证实。1998—1999年，国家出台了种种扩大内需与消费的措施，试图拉动市场价格回升，并有一定的涨幅，但效果并不明显。2000年春节尽管有一个假日消费高潮，也没持续很久便落了下来，市场物价仍陷于比较低迷的状态。据国家统计局公布的数字，2000年2月居民消费价格连续22个月负值运行之后首次出现上涨，但涨幅也只有

0.7%。消费者对市场物价水平继续走低的预期不仅没有消除,反而进一步加重和强化。进入 2000 年 3 月,消费者对市场物价水平继续看低的预期再一次被证实。家电、布料、服装、肉类、鸡蛋、粮食等与人们生活消费密切相关的商品价格进一步下跌,东北一等大米跌至每市斤 0.70 元,玉米每市斤 0.18 元,鸡蛋价格为 10 元钱 50 个(每市斤不足 1.5 元),几乎都是改革开放以来的最低价格水平。这种下降不仅会严重打击生产,更为严重或令人担忧的是物价水平一再走低的预期不断被证实,人们便会不断地持币不买,等待物价水平更进一步下降,由此形成一个不断自我强化的循环,产生"预期—通货紧缩螺旋"。它与"预期—通货膨胀螺旋"恰好相反,前者为上升螺旋,后者为下降螺旋,但后者比前者更难治理。因为通货膨胀是搜刮消费者,以价格为手段从消费者口袋里取钱,容易引起消费者震怒和强烈反对;而通货紧缩则对已经就业并有货币收入的消费者"有利",物价水平的下降等于提高了他们手中货币的实际购买力,同等数量的货币收入会比以前购买到更多的商品和服务。由于他们会从中得到实惠,自然不会像对通货膨胀那样厌恶,那样激烈抨击和反对。所以一个国家的经济一旦进入"预期—通货紧缩螺旋"的循环,就无异于陷入一个烂泥潭,除非有大的治理动作与措施,否则难以自拔。

综上可见,通货紧缩预期对社会经济生活发生了广泛深刻的影响,给社会再生产的各环节和各方面都带来许多消极作用。概括起来讲,通货紧缩预期的消极作用,主要是其一,它在生产上加剧了总量与结构的双失衡,不仅总量过剩的局面不会改变,并有扩大之势,而且使结构上的矛盾更加尖锐化,从而可能导致生产停滞和经济衰退;其二,在流通领域,它使结构性的"卖难"将扩展到全面"卖难",市场局部萎缩可能引致市场全面疲软,甚至引起大批商业企业倒闭,发生商业危机;其三,在分配领域,它加剧与扩大了社会分配不公,使建立在公有制基础上的按劳分配制度受到冲击和动摇,使社会收入的两极分化现象更加严重,调节得不好可能会进一步加深社会各种不同利益阶层及群体的矛盾,影响社会的稳定发展；其四，在消费领域，通货紧缩预期的最大危害和消极作用是引发"预期—通货紧缩螺旋"，人们越是预期市场物价水平下降，就越在实际上推动并加剧市场物价水平下降，进而导致通货紧缩的自我加重与强化，这不仅不会促使经济回升，反而会进一步推动经济走向衰退。所以，我们千万不可低估通货紧缩预期的作用。如果说通货膨胀预期对通货膨胀起了一个推波助澜的作用，那么完全可以肯定地说，通货紧缩预期则是一个地地道道的推动通货紧缩的"加速器"或"加油站"。

## 三 改变通货紧缩预期的对策思路

正因为通货紧缩预期是推动我国经济运行中通货紧缩的一个"加速器"，所以要使我国经济走出或根本摆脱通货紧缩，必须改变通货紧缩预期，打破这个"加速器"。根据我国通货紧缩预期的现状及特点，我认为主要应有针对性地采取如下治理措施。

第一，树立正确投资理念，变紧缩投资预期为扩张投资预期。投资是影响和决定经济增长的关键因素。投资紧缩是目前我国通货紧缩、经济增长率下降的一个重要原因。投资紧缩的形成固然有诸多原因，但投资紧缩预期无疑是其中一个非常重要的原因。因为任何投资行为都是在一定的投资心理和投资理念支配下进行和完成的。一般来说，投资紧缩总是投资紧缩预期的结果。它是投资者对投资前景、预期收益看差，对投资风险看大，缺乏正常的投资信心与理念的产物。目前我国的投资规模缩小，领域变狭，增速下降，都与投资者的心理预期紧缩直接相关。投资紧缩预期作为一种心理现象，尚未达到理性化，可以说具有很大的自发性、盲目性，是投资者心态失常、失衡的一种表现与反映。它产生于经济运行过程中的投资行为，但投资紧缩预期一经形成，便直接作用于或支配投资者的投资行为，进一步推动和加剧经济运行中的投资紧缩状态。所以，改变投资紧缩状态，进而走出通货紧缩困境，实现经济快速增长，必须认真学习、宣传、贯彻科学的投资理论，使全社会树立正确的投资理念。为此，政府不仅自身要在正确的投资理念支配下合理扩大投资，而且要积极引导广大企业和居民解决目前存在的投资心态失常与失衡的问题，变投资紧缩预期为投资扩张预期，以拓宽投资领域，扩大投资规模，提高投资增长速度和效益。这里关键的问题是，扩张投资总量，优化投资结构，以便集中力量解决我国生产领域的突出矛盾即总量过剩与结构失衡并存的问题。要把扩张了的投资总量或新增投资主要用于改善与优化我国的经济结构，淘汰落后的长线产业或企业，重点扶持新兴产业、短线产业、基础产业和高新技术产业以及那些具有高附加值、中远期经济社会效益看好的产业或企业。经济结构优化了，总量过剩的问题便可迎刃而解，这样通货紧缩与经济衰退便可挥之即去。然而，变投资紧缩预期为投资扩张预期并非易事。一是投资紧缩预期一旦形成，便有一定的黏性和惯性。所谓黏性，即它黏附在一定时点和水平上；所谓惯性，即它尚有前进的冲力，犹如汽车虽然已经刹车仍会前冲一段距离一样。二是投资紧缩预期的产生依赖于一定的客观物质基础与条件，那就是经济运行中客观存在的投资紧缩状况。这种状况不改变与消除，投资紧缩预期就难以根本改变与消除。因为，存在决定意识，物质决定精神，心理预期永远要受物质经济条件所决定和制约。这是马克思的辩证唯物主义和历史唯物主义的基本原理。所以变投资紧缩预期为投资扩张预期需要有一定的时间和过程，需要花费一定的物质成本和时间代价，需要政府充分发挥主导作用，领导和引导广大企业和居民树立正确的投资理念，为实现社会主义经济的持续、高速增长，积极扩大投资，努力提高投资效益。这是我国经济走出通货紧缩困境，实现国民经济良性循环的一个最根本的、最现实的选择。

第二，规范市场行为，变物价走低的预期为物价回升的预期，使价格预期合理化。市场价格机制是市场经济正常运作的基础性环节。市场商品价格的高低变化关系企业的生存兴衰。市场价格走高，不仅说明企业产品适销对路，供不应求，它可以刺激与要求企业更加努力地进行生产，同时也会给企业带来更多的收益，使企业能够增加竞争实力，更快发展起来。反之，市场价格走低，一方面表明企业产品不适销对路，供大于求，它要求企业必须减少或停止该产品的生产；另一方面也表明该企业在市场竞争中失利，迟早要发生亏损乃至破产。然而，市场价格高低变化是由价值规律、供求规律与竞争规律所决定的。当人们对市场价格的预期符合价值规律、供求规律和竞争规律的要求时，就会趋向理性预期；反之，则为非理性预期。目前，由于我国经济正处于传统计划经济向市场经济转轨或过渡的时期，市场体系尚未形成，各种市场都很不发育，市场秩序混乱，市场行为极不规范。供求关系严重失衡，恶性竞争，低价倾销，使市场价格严重扭曲，大量商品价格低于其价值。这种客观状况造成了人们对市场价格走低的心理预期。可以说，这种扭曲了的非理性的价格预期又反过来推动了市场竞争的无序及价格扭曲。因此，要保障市场价格机制正常运作，除了改善供求关系，规范市场竞争行为以外，还必须大力扭转和改变人们的已经扭曲了的价格走低预期。因此，重点是改善和调整供求结构，使供给与需求基本相适应；制止恶性竞争，限制垄断竞争，保护与扶持合理竞争。这两方面的工作做好了，改善了市场价格机制作用的条件，就能够使市场价格机制的作用趋向正常。与此相适应，人们的价格心理预期也会由失态转向常态，由扭曲转为合理。合理的价格预期无疑会促进市场价格机制正常合理地运作，从而促进市场经济健康发展。

第三，理顺分配关系，调节收入差距，造成人们对未来收入水平不断提高的合理预期。如前所述，由于我国现行分配体制不合理，按劳分配得不到很好贯彻，依靠勤奋诚实劳动不仅难以致富，而且还存在下岗失业的巨大风险，收入大有减少或下降之势；而那些非法经营巧取豪夺者却能够迅速暴富，聚敛起越来越多的钱财。这种收入差距日益扩大，两极分化现象加重的现实，造成人们心理上的巨大反差，使人们形成未来收入不确定并有下降趋势之预期，可以说是必然的。然而，这种预期并非合理的，因为它是由客观已经扭曲的不合理的分配关系所造成的。扭曲的分配关系要理顺，扭曲的收入预期必须改变。为此，要深化我国收入分配体制的改革，强化按劳分配的主体地位，尤其要扩大与优化按劳分配的实现机制和保障体系，保护和弘扬劳动致富，打击和取缔非法致富，运用合理的收入分配政策，有效调节收入差距，在全社会造成一种劳动者对自己未来的收入日趋稳定合理并不断提高的预期。收入是消费的基础与保障，广大劳动者有了稳定可靠并日益增长的收入，才有可能大胆放心地增加即期消费。而只有广大劳动者的即期消费普遍增加了，市场才会被启动和激活，物价水平下降的势头才会扭转，从而走出通货紧缩困境。

第四，更新消费观念，走出传统消费误区，鼓励人们站在消费促进生产的高度，适度扩大消费。勤俭节约是中华民族的优良传统，在市场经济条件下也应该保持并发扬光大。铺张浪费在任何时候都是一种犯罪行为，必须坚决予以反对。勤俭节约绝不意味着节制消费，也不是节制需求欲望。随着收入水平的提高，人们的消费理应增加。这种消费的增加，绝不是对勤俭节约原则的违背和否定。"新三年，旧三年，缝缝补补又三年"，从经济上说是一种陈腐的消费传统与观念，是不利于推动和促进生产的。同时，它也不是真正意义的勤俭节约。迎新消费，迎时消费，超前消费，只要是属于有支付能力范畴的，均可视为合理消费，适度消费。随着市场经济的发展和人们生活水平的提高，消费观念也要不断创新。以往超前消费被视为一种非合理消费加以排斥和否定，休闲娱乐消费被视为"资产阶级享乐主义"而加以批判，现在都已成为新的时尚性消费。如果至今仍固守传统计划经济体制下形成的"节欲"型的消费观念，显然已不适应市场经济发展的要求了。比如，大件商品如住房、汽车等借贷性消费在计划经济中几乎是不可能的，因为那时不允许也不存在消费信贷制度；而在如今各地银行普遍开展消费信贷业务的条件下，却日益成为现实。只有消费不断创新才能推动和促进生产不断创新；而消费创新则依赖于消费观念的更新与创新。消费如果是"几十年一贯制"或"几年一贯制"，其结果也必然会造成"生产几十年一贯制"或"几年一贯制"，这是已被实践证明了的真谛。在当今中国社会消费需求不足，人们消费观念陈旧、老化，消费预期趋紧的情况下，更是需要更新消费观念，走出节制消费的误区，扩大消费领域，增加新的消费热点，提高全民的消费档次，以全面刺激和扩张社会消费需求，拉动经济增长。

当前，改变居民不确定的悲观的消费预期，确立稳定乐观的消费预期，是改变通货紧缩预期的关键环节和步骤。由上可知，生产经营形势的不确定，就业和收入的不确定，必然导致人们对消费预期的悲观和不稳定，这样人们就会自动抑制自身的消费需求，削减消费或基本节制消费支出，增加预防性储蓄。收入、消费和储蓄三者之间存在密切的关系，在充分完全的信息假定下，三者的关系式有如下表示：

$$Y = C + S$$

这里 $Y$ 代表收入，$C$ 代表消费，$S$ 代表储蓄。

如果是在信息不充分、不完全的假定下，三者的关系式则表示如下：

$$Y = C + S_1 + S_2$$

这里，储蓄 $S$ 分解为 $S_1$ 和 $S_2$，$S_1$ 代表非预防性储蓄，$S_2$ 代表预防性储蓄，$S_1 + S_2 = S$。

在各种信息充分与完全的条件下，人们可以充分利用各种信息，能够比较准确地预期未来，因此，人们的消费便会与整个储蓄发生替代。

但是，在不完全不充分的信息条件下，人们难于或不可能利用充分有效的信息准确地预期未来，这就使消费与储蓄的关系发生重要变化：整个储蓄中预防性储蓄会保持不变或增加，而非预防性储蓄减少，并且人们的消费只与非预防性储蓄发生替代。因为预防性储蓄是由信息不充分、不完全所造成的预期不确定带来的。各种信息越是不充分、不完全，人们对未来的预期越不确定，这种预防性储蓄便越会大幅度增加。我们国家目前显然属于这种情况。据中国人民银行近几年对城乡居民储蓄的问卷调查材料证实，在城乡居民收入增幅明显减缓的同时，对未来1—2年的预期收入呈下降趋势。

反映居民收入预期状况的收入信心指数,从1995年第一季度的高值(近30%)逐步下降到第四季度的7.9%。在预期收入减少的同时,还预期今后1—2年各种支出都会大幅增加。我国政府正在对计划经济时期遗留下来的社会福利制度进行改革,着手构建与市场经济要求相适应的社会保障体系,但人们对住房、医疗、教育、劳保等方面的改革程度及结果并不清晰,难以做出准确预期与判断。特别是某些社会保障改革措施的超前出台,既没有国家财政的充足配套资金投入,又没有企业现实资金的有效支撑,把本应由国家、企业、个人三者(其中主要由国家和企业)分担的费用,全部"改"到个人负担,再加上某些舆论机构与宣传媒体强化炒作的偏差,给人们造成一种错觉和误导,以为今后养老、看病、上学、住房等诸多问题完全由个人承担,国家和企业不再管了,这就迫使老百姓人人自危,为防未来的不测而加大储蓄。值得注意的是,人们的预期在某些方面正得到证实。当前人们这方面的支出增长速度已大大超过了收入的增长速度,这不仅挖掉了一大块已有的预防性储蓄,而且使人们对社会福利制度变革后的个人负担产生更加不良的预期。这种收入减少而支出增大的预期,必然增加人们节制消费,扩大储蓄的动机和行为。最具说服力的事实是,我国从1996年5月1日到1999年6月10日中央银行已连续7次下调存款利率,银行存款仍大量增加。其间,银行活期存款从2.99%降到0.99%,降了整整三倍;一年期定期存款利率从9.18%降到2.25%,降了4倍多。然而,城乡居民储蓄存款却一年上一个台阶。1996年年底全国城乡居民储蓄存款余额为38520亿元,比上年增长了30.3%;1997年全国城乡居民储蓄存款余额上升到46279亿元,比上年增长了20.4%;1998年全国城乡居民储蓄存款余额增至53407亿元,比上年增长17.1%;1999年6月全国城乡居民储蓄存款余额已达59173.5亿元,仍比上年增长超过18.5%。自1999年年底开征利息税以后,2000年年初银行储蓄才出现增幅减缓势头,但储蓄总量仍在增加。这表明,1999年虽然大幅度提高了低收入阶层的收入,但这些收入并没有转为消费,除有相当部分进入股市投资,仍有相当大一部分转为储蓄。

从上可见，收入、消费和储蓄三者之间具有密切的相关性，若要改变人们的消费预期，变悲观的不确定的消费预期为积极的稳定的消费预期，必须处理好收入、消费和储蓄三者的关系。首先，增加城乡居民的收入，稳定人们对未来收入逐步增长的信心和预期，这是改变人们消极的不确定的消费预期，切实实现消费增长的根本保证。只有收入实实在在增加了，人们从切身利益感觉到收入有保障了，才敢去扩大消费，才有条件去扩大消费。否则，扩大消费就成了无源之水，流于空谈。其次，减少居民的预防性储蓄，使之尽可能转化为消费。为此，需要加紧构建完善的社会保障体系。只有使人们在失业、医疗、劳保及保险等方面有可靠的保障，增加稳定感，才有可能减少预防性储蓄，扩大实际消费。最后，提高改革的透明度，增加信息量及其传递速度，尽可能使人们对每一项改革措施的出台及其效应有一个正确的预期，防止非理性的悲观预期对广大居民的消费行为产生不良影响。

应该看到，一种消费预期一旦形成，改变之并非容易的事情。1998—1999年消费不振，2000年春节消费旺了一阵子之后又转入不振，这都与居民业已形成的消极的消费预期有关。居民未来生活的不确定性、不稳定因素增加状态，在短期内不会根本扭转；社会保障体系的构建更需要时间；随着政府机构改革与企业改革向纵深推进，各种利益矛盾还会出现，各种不确定、不稳定因素还有增加的可能。所有这些都会给人们消费预期的转变带来困难。但是，要想摆脱消极不良的通货紧缩预期，必须奋力开拓，创造一个积极稳定的消费预期。这是唯一的出路，也是正确的选择。

(本文发表于《长春市委党校学报》2001年第4期)

# 西方通胀与失业关系理论评述及借鉴

西方通货膨胀理论和失业理论都比较发达和成熟，国内学者对其研究和评述也颇多，不少论著产生良好的社会效应，有力地推动了我国理论界对通货膨胀理论和失业理论的研究。然而，据笔者所知，人们对西方通货膨胀与失业关系的理论却了解不多，深入研究和评述者更少。鉴于当前我国正处于 20 世纪 90 年代中期，严重通货膨胀之后的工人大批下岗失业的时期，面临如何正确处理通货膨胀与失业关系的重大现实问题，对西方通货膨胀与失业关系理论做一个较系统的评述和正确借鉴，无疑具有重要的现实意义。

## 一 大危机之前："否定论"与"分存论"

世界上任何事物都不是孤立存在的。通货膨胀与失业两种社会经济现象也一样，客观上总是存在着直接的或间接的、这样的或那样的联系或关系，只是人们发现或没发现而已，但不管人们发现与否，它们总是客观存在的。

在 1929—1933 年大危机之前，西方主流经济学理论对通货膨胀与失业基本上是"否定论"占主导。英国古典经济学大师亚当·斯密适应自由资本主义发展的需要，创立了自由主义经济学理论。他从利己主义人性论出发，提出著名的"经济人"和"看不见的手"两个范畴，认为每个从事经济活动的人即"经济人"他所盘算的也只能是他自己的利益。"在这场合，像在其他许多场合一样，他受着一只看不见的手的指导，去尽力达到一个并非他本意想要达到的目的。也并不因为事非出于本意，就对社会有害。他追求自己的利益，往往使他能比在真正出于本意的情况下更有效地促进社会的利益。"① 由于"看不见的手"的自动调节，一方面会使"经济人"追求自身利益最大化的个人目标与促进社会福利的社会目标达到均衡，实现个人利益与社会公共利益的一致；另一方面也会使市场竞争中市场价格与自然价格趋于一致，调节资本自由流动，保证市场供求平衡，进而达到社会供求平衡，建立国民经济自动平衡的"自然秩序"。他甚至强调，在自由竞争的条件下，"每种商品上市量都会使自己适合于有效需求"②。大卫·李嘉图也倍加宣扬市场机制对资本主义经济的自动调节功能，认为生产者总会了解市场供求状况，不可能总是生产没有市场需求的商品，经过资本与劳动的自由流动与转移，总会自行实现资本——劳动的合理配置，达到生产与消费的平衡。这种"自然均衡论"又被以后的资产阶级庸俗经济学加以发展。法国庸俗资产阶级经济学大师萨伊更是鼓吹市场自动均衡，他认为供给自行创造需求，反复强调"生产给产品创造需求""最有助于促进一种产品的需求的，无过于另一种产品的供给""生产愈发达，产品就愈畅销"。③ 这种市场机制自动调节供求平衡从而达到资本主义经济自然均衡的理论，从根本上否定了经济危机的存在，也否定了失业与通货膨胀这两种非均衡或严重失衡现象的存在。在他们看来，资本主义制度是世界上最合理、最美好的一种制度，怎么会产生危机、失业和通货膨胀这一类不"美好"的东西呢？"否定论"是完全适合资产阶级维护资本主义制度需要的。

当然，不可否认，在1929—1933年大危机之前，有些资产阶级经济学家还是注意到了资本主义经济运行中发生的失业与通货膨

---

① ［英］亚当·斯密：《国民财富的性质和原因的研究》下卷，郭大力、王亚南译，商务印书馆1979年版，第27页。
② ［英］亚当·斯密：《国民财富的性质和原因的研究》上卷，郭大力、王亚南译，商务印书馆1979年版，第51页。
③ ［法］萨伊：《政治经济学概论》，陈福生、陈振骅译，商务印书馆1982年版，第142、147、150页。

胀现象的。但他们大多数人认为失业与通货膨胀都是资本主义经济运行中所发生的局部现象、偶然现象,并且是分别存在的,更没有自觉地将通货膨胀与失业联系起来从理论上加以系统研究和概括。

## 二 通货膨胀与失业关系理论的奠基人:凯恩斯

1929—1933年的大危机以无可辩驳的事实,打破了"市场机制万能""资本主义经济能自动均衡"等理论神话。生产过剩的危机爆发后,大批企业倒闭,大量工人失业。一方面是商品堆积如山,卖不出去,不得不焚毁或倒入海里;另一方面是广大工人比以往更需要商品,却没有支付能力,买不起,在苦难和死亡线上挣扎。

凯恩斯是敢于直面大危机现象的伟大经济学家。面对生产过剩和失业,凯恩斯首先从宏观经济角度突破传统主流经济学的"均衡论",大胆承认资本主义经济的"非均衡",并创造了一套解决"非均衡",实现社会总供给与总需求平衡的新理论——"有效需求理论"。他认为,资本主义之所以会发生生产过剩的危机,致使大批工人失业,根本原因在于社会的"有效需求不足"。为刺激社会有效需求,解决失业问题,他主张采用通货膨胀的办法。他是第一个从宏观经济角度把失业与通货膨胀联系起来进行理性研究和力主实际操作的经济学大师。

凯恩斯在批评庇古的失业理论基础上,创立了自己关于通货膨胀与失业关系的理论。其主要内容包括如下几点:一是承认资本主义经济存在"非自愿失业"。在1936年出版的《就业、利息和货币通论》中,他提出"自愿失业""摩擦失业""结构失业"及"充分就业"等范畴,并对它们进行了分析与区别。所谓"非自愿失业"是指工人愿意接受比当前实际工资更低的工资,但仍然找不到工作。他把扣除"摩擦失业"和"自愿失业"以后余下的失业,都归之于"非自愿失业",并认为"在实际生活中,没有不自愿失业之存在。此种情形,我们称为充分就业。摩擦的与自愿的失业,都与充分就业不悖"①。二是创立了就业函数理论。他指出："就业函数乃表示有效需求（用工资单位计算）与就业量之关系。"② 有效需求与就业量是什么关系呢？他经过深入研究后指出："有效需求不足时，就业量亦不足；所谓就业量不足者，是指有人愿意接受比现行真实工资更低的报酬去工作，但无业可做，故当有效需求增加时，就业量亦增。"③ 可见，有效需求决定着就业量。三是明确指出资本主义失业的重要原因在于"有效需求不足"，有效需求不足是由消费需求不足和投资需求不足造成的，而它们又是受三个基本心理规律（即消费倾向规律、资本边际效率规律和流动偏好规律）所支配和决定的。第一，由于储蓄倾向加大，致使增加的收入中用于消费部分的比重越来越小，从而引起消费需求不足；第二，由于边际资本收益下降，厂商投资缺乏有力的刺激，因而导致投资需求不足；第三，由于人们的心理作用，喜好手中保存一定量的货币，这种"流动偏好"的加强导致利息率提高，而利息率提高则直接妨碍投资增长。四是明确提出解决"有效需求不足"的根本办法是实行赤字财政，增发货币，以通货膨胀刺激和扩大社会总需求。他认为通货膨胀与通货紧缩为对称，明确提出："若把有效需求紧缩到充分就业必需的水准以下，则就业量与物价都降低；但若把有效需求膨胀到这个水准以上，则只有物价受到影响，这一点也许令人不解，然而这种不对称，正是事实之反映。"④ 可见，他认为通货膨胀虽然会影响物价，使物价上升，但会解决失业，增加就业。五是提出"物价不稳定论"；他认为"在动态经济体系中，物价不能完全稳定，……社会却可以变动，则物价稳定政策不会完

---

① ［英］凯恩斯：《就业、利息和货币通论》，徐毓枬译，商务印书馆1997年版，第17页。

② ［英］凯恩斯：《就业、利息和货币通论》，徐毓枬译，商务印书馆1997年版，第241页。

③ ［英］凯恩斯：《就业、利息和货币通论》，徐毓枬译，商务印书馆1997年版，第249页。

④ ［英］凯恩斯：《就业、利息和货币通论》，徐毓枬译，商务印书馆1997年版，第251页。

全成功。但由此不能说：只要物价稍微暂时不稳定，就必然引起累积的失衡"①。综合上述，凯恩斯关于通货膨胀与失业关系理论的基本思想是，通货膨胀是解决失业之良方，它通过扩张社会总需求，致使市场物价上涨拉动生产增长，从而扩大就业，实现"充分就业"。

凯恩斯的上述理论和政策主张由于及时地满足了资产阶级统治的需要，各国政府纷纷加以采纳和实施，并收到了良好的效果。凡是采用凯恩斯的上述理论和政策主张的国家，都较快地摆脱了生产过剩的经济危机，就业大幅度增加，生产迅速发展，使资本主义经济由复苏转入高涨和"繁荣"。

## 三　第二次世界大战后通货膨胀与失业关系理论的新发展

第二次世界大战前资本主义经济发生的生产过剩危机，其主要特征是产品过剩、企业倒闭、大批工人失业、市场物价下跌。第二次世界大战后，由于资本主义各国奉行凯恩斯主义的理论和政策，运用通货膨胀办法刺激经济，产生了战前所未有的新现象，即停滞膨胀。一方面是经济停滞，包括危机期间生产下降和非危机期间的生产增长缓慢或停滞不前，以及由此引起的经常性大量失业增加；另一方面是长时间的严重通货膨胀，以及由此引起的物价持续上涨。通货膨胀与失业成为第二次世界大战后资本主义经济运行中的相伴现象，也是摆在资本主义国家各国政府面前十分棘手的两大难题。

适应资本主义经济发展需要，资产阶级经济学家们或对凯恩斯主义进行反思，或对凯恩斯主义加以补充和完善，对通货膨胀与失业的关系进行认真研究和系统探讨，提出许多新的见解与学说。

---

① ［英］凯恩斯：《就业、利息和货币通论》，徐毓枬译，商务印书馆1997年版，259页。

## （一）"负相关关系"说

A. W. 菲利普斯和 R. G. 利普西通过对英国通货膨胀与失业的实证考察发现，通货膨胀和失业率之间存在一种稳定的"负相关关系"，或"反相关的关系"，[①] 并依此提出著名的菲利普斯曲线模型。

原始的菲利普斯曲线模型创立于 1958 年。菲利普斯依据英国 1861—1913 年的资料进行系统分析研究后提出，在货币工资率和失业率变动之间存在一种稳定的负相关关系。在这里，他还没有直接使用"通货膨胀率"，而是说"货币工资率"。如图 1 所示，横轴 $u$ 代表失业率，竖轴 $w$ 代表货币工资率，有如下表达式：

$$[0u = 失业率(\%) \quad ow = 货币工资变化率(\%)]$$

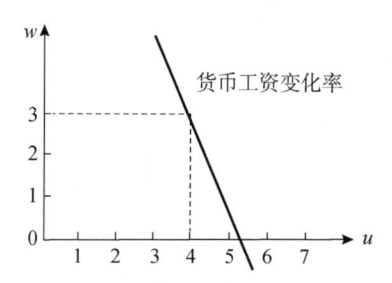

图 1　失业率货币工资率关系

从图 1 中可知，一是当失业率为 5.5% 时，工资率不变，$OW=0$；二是当通过减少失业而使曲线向左运动时，曲线上表明的工资率便上升，如失业率为 4%，则 $OW$ 便上升到 3%；三是当失业率上升，货币工资率下降，但下降缓慢。

早期原始的菲利普斯模型还仅是一种经验性的结论，尚未有理论证明。1960 年，R. G. 利普西从理论上论证了菲利普斯曲线的存在。他是从一个单独的劳工市场供求研究中推导出这个曲线的。他从过度需求角度来解释货币工资增长，认为过度的需求会使失业率

---

[①] ［美］保罗·A. 萨缪尔森、［美］威廉·D. 诺德豪斯：《经济学》，高鸿业等译，中国发展出版社 1992 年版，第 404 页。

下降，货币工资率上升。这种"负相关变化"就是菲利普斯曲线。

萨缪尔森和索洛于 1961 年发表文章，对菲利普斯曲线模型进行了重要的修正和完善。他们的修正和完善主要有以下两点。

一是用通货膨胀率取代了货币工资率，明确将这条曲线表示为通货膨胀与失业率的关系，而不是表示货币工资率与失业率的关系。

二是使这条曲线成为国家当局经济决策者的工具，运用这个工具在失业率与通货膨胀率之间进行相机抉择。

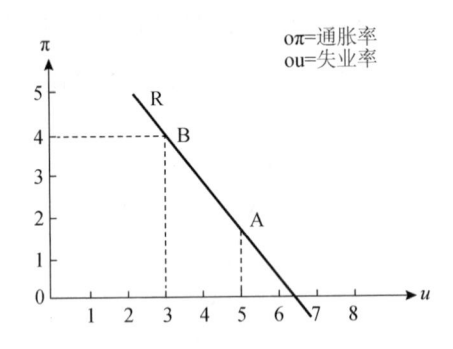

图 2　通货膨胀率与失业率关系

从图 2 可知，菲利普斯曲线上的 A 点和 B 点，就是失业率和通胀率之间的一种相互替代。萨缪尔森认为，"通货膨胀和失业之间存在着一种基本的对换"，"这一对换关系被认为不论在长期还是在短期中都是成立的"。[①] 在某种意义上可以说，通过多失业换取少通货膨胀，或者通过多通货膨胀来减少失业。任何一个国家的政府在面临通货膨胀与失业这两大难题时，都只能相机抉择，无其他路径可走。

## （二）"无替代关系"说

该说是由现代货币主义代表人物、美国著名经济学家米尔顿·

---

① ［美］保罗·A. 萨缪尔森、［美］威廉·D. 诺德豪斯：《经济学》，高鸿业等译，中国发展出版社 1992 年版，第 405 页。

弗里德曼提出的。弗里德曼认为，"在通货膨胀与失业之间不存在稳定的替代关系"①。他于1968年和1975年发表的文章曾多次对菲利普斯曲线提出疑问，并提出"自然失业率"范畴对该曲线加以否定。其质疑主要有两点：第一，菲利普斯曲线Ⅰ是一条具有稳定关系的曲线吗？第二，从长期看，关于通货膨胀与失业的替代关系假说可能存在吗？他十分严厉地批评了菲利普斯曲线忽视了通货膨胀预期的重要作用，认为根本不存在一条长期的菲利普斯曲线。根据他提出的"自然失业率"假说，他明确指出，长期菲利普斯曲线是在"自然失业率"处的一条垂直线。这是因为，较长的通货膨胀率终归要导致较高的通货膨胀预期率，这将使曲线不断向上推移，因而不可能形成长期的失业与通货膨胀的相互替代。短期的菲利普斯曲线会因参数值变动而位移，因而它也不会是稳定不变的。

弗里德曼认为，通货膨胀与失业之间不存在长期替代关系，关键在于"自然失业率"。他明确提出："存在着一种'然失业率'，它与实际的力量及准确的预计相一致；唯有通过加速的通货膨胀才能将失业保持在自然失业率之下；或者，唯有通过加速的通货紧缩才能将失业保持在自然失业率之上。"② 他认为"自然失业率"不是一个数值常数，它取决于与货币因素相对立的"实际因素"，如劳动市场的有效性、竞争或垄断程度、阻碍或促进人们到各部门去工作的因素，等等。事实上，有些国家同时出现通货膨胀与失业现象，只是上述实际因素的独立作用，而并非货币因素（即通货膨胀）对失业的影响。弗里德曼的"自然失业率"假说较之菲利普斯曲线，能在更为广泛的范围上说明资本主义的实际，特别是适合于对资本主义经济停滞膨胀状态下通货膨胀与失业关系的说明。

实际上，弗里德曼的"自然失业率"假说也并没有完全否定菲利普斯曲线。对此，弗里德曼也承认，"自然失业率假说包括了最

---

① ［美］米尔顿·弗里德曼：《弗里德曼文萃》（下册），胡雪峰、武玉宁译，首都经济贸易大学出版社2001年版，第454页。

② ［美］米尔顿·弗里德曼：《弗里德曼文萃》（下册），胡雪峰、武玉宁译，首都经济贸易大学出版社2001年版，第454页。

初的菲利普斯曲线假说（将其作为一个特例）"①。由上可知，他的"无替代关系"说也是不彻底的。

### (三) "通胀—失业螺旋" 说

该说由美国经济学家布坎南和瓦格纳所提出。他们在《赤字中的民主》一书中较详尽地分析了"通货膨胀—失业螺旋"问题，把通货膨胀与失业关系的理论研究又向前推进了一步，使人们对通货膨胀与失业两大社会"公害"的认识进一步深化了。

为什么会产生"通胀—失业螺旋"呢？布坎南和瓦格纳认为，原因在于周期地实行凯恩斯主义刺激经济的政策所带来的必然后果。"如果通过周期性的凯恩斯主义刺激能够推迟报应日的到来，就会出现通货膨胀—失业螺旋"。所谓"通胀—失业螺旋"，指通货膨胀与失业二者互为因果、互相制约、互相推动，形成螺旋式的上升。其具体演进过程是，"每一次新的通货膨胀都将首先刺激就业，但也增加错误的、难以忍受的经济决策。这些错误决策产生的分配不当又将导致再分配性失业。如果经济再一次受到凯恩斯主义膨胀药的震撼，而不是逐渐地调整到其自然均衡状态，那将再一次出现失业的短期减少。然而，新的误差和资源的错误配置将再次注入经济，而纠正这些误差又将导致新的失业。这样，一种通货膨胀和失业螺旋就可能从凯恩斯主义政策中产生。"②

"通胀—失业螺旋"说向人们昭示，"通胀—失业螺旋"是一个恶性循环，即通货膨胀推动失业，失业又加剧通货膨胀；通货膨胀再进一步推动失业，失业再加剧通货膨胀，如此循环往复，螺旋式上升。一个国家的经济一旦步入这个恶性循环，便难以自拔，除非经过大的震荡和调整。

---

① ［美］米尔顿·弗里德曼：《弗里德曼文萃》（下册），胡雪峰、武玉宁译，首都经济贸易大学出版社2001年版，第470页。

② ［美］詹姆斯·M. 布坎南、［美］理查德·E. 瓦格纳：《赤字中的民主》，刘廷安、罗光译，北京经济学院出版社1988年版，第171—172页。

## （四）"失业紧跟通胀"说

哈耶克认为，失业与通货膨胀之间绝无交替关系，二者是由同一原因造成的，即国家垄断。由于国家垄断了货币发行权，并经常滥用这种权力大量发行货币，破坏了市场机制的正常作用，首先造成了通货膨胀，继而又引起了大量失业，因而便出现"失业紧跟通胀"的现象。他认为，用通货膨胀来消除失业，或用提高失业率来缓和通货膨胀的理论，都是没有根据的，也无济于事。要消除通货膨胀与失业，最根本的途径和办法是反对国家对市场经济自由的干预，反对国家垄断，尤其要反对国家对货币发行权的垄断，实行"货币非国家化"。

哈耶克坚决反对凯恩斯主义者关于用通货膨胀来实现"充分就业"的主张。他认为，通货膨胀绝不是解决失业的良方，也不是保证"充分就业"的手段。通货膨胀虽然在短期内会扩大就业，但从长期来看会使失业更加严重。由于通货膨胀是一个连续过程，会使整个社会运行机制遭到破坏，市场运转失灵，引发经济与社会震荡，因此，通货膨胀是首反目标。

哈耶克还不同意现代货币主义者提出的用控制货币发行量的办法来消除通货膨胀。他认为，靠政府控制货币发行量是靠不住的。"健全的货币只可能来自私人企业的自身利益，而不会来自银行的善行"，因此，他主张用私营银行的竞争性货币（自由货币）取代国家货币，取消国家的货币发行权，市场经济就会稳定，失业和通货膨胀皆可消除。

从上可知，哈耶克的"失业紧跟通胀"说，较鲜明地体现了他的极端自由主义经济学思想，尤其是他关于用自由货币制度完全取代国家发行货币制度，更具有自由主义的极端性色彩。用自由货币制度取代国家发行货币制度，且不说西方国家中没有哪一个国家能够施行，即使施行了，恐怕也不可能消除失业和通货膨胀。因为，通货膨胀与失业都根源于资本主义基本矛盾，资本主义基本矛盾不解决，通货膨胀与失业是不可能从根本上消除的。

## 四 我国对西方通货膨胀与失业
## 关系理论的研究与借鉴

我国对西方通货膨胀与失业关系理论的研究起步较晚。改革开放前，我国虽然发生过几次通货膨胀，理论界也进行过研究，但基本上否定社会主义经济中的失业，因而很少进行通货膨胀与失业关系的研究。改革开放后，我国既发生了严重的通货膨胀，又产生了大量下岗失业人员，实践向理论工作者提出要求，因此一些敏感的经济学家才对通货膨胀与失业关系问题进行系统研究。

厉以宁教授是我国较早研究通货膨胀与失业关系的大经济学家。1995年，他在《改革》杂志发表的文章中提出著名的"两害相权"说。他讲道："失业比通货膨胀更可怕"。为什么呢？他解释说："这并不是通货膨胀无害，或通货膨胀不可怕，而是说，通货膨胀与失业，两害相权取其轻。"据此，他提一个处理二者关系的一般原则，即"在一般情况下，应当是就业优先，兼顾物价稳定"，只有在"特殊情况下，比如说，短时期内物价大幅度上升而引起社会恐慌，政府乃有必要从'就业优先，兼顾物价稳定'转为'稳定物价优先，兼顾就业'"。[①]

厉教授对通货膨胀与失业关系的认识是颇有见地的，对目前我国失业问题十分严重而物价水平较低的实际，是很有现实意义的。就是说，在目前阶段，他的"一般原则"非常适用。但这里也有几个问题提出来同厉教授讨论与商榷。

第一，通货膨胀，物价上升，在通货膨胀与失业二者关系中是否只是"特殊"情况？有时它也会成为"一般情况"，那么这时厉教授的"一般原则"还适用吗？

第二，有没有必要"权衡"二者谁"更可怕"。我认为二者都可怕又都不可怕，问题在于是什么情况。轻度的失业与通货膨胀都

---

[①] 厉以宁：《论当前经济工作中的几个热点问题》，《改革》1995年第1期。

不可怕，严重的持久的通货膨胀与失业又都可怕。谁成为中国经济中最突出的焦点问题，就应着力解决谁，而不要先验地确定一个固定不变的"原则"。1994年我国的通货膨胀率高达21.7%，已成为中国经济运行中的突出焦点问题，这时就应以抑制通货膨胀、控制物价为主；目前，我国的失业问题已上升为突出的焦点问题，就应以控制过高失业率为主。

最后，我认为，西方通货膨胀与失业关系的理论对正确处理我国经济运行中出现的通货膨胀与失业问题，有许多值得借鉴的成分。

第一，通货膨胀与失业有时同时存在，有时交替发生，恐怕难以根本否定二者之间的联系或某种替代关系。鉴于目前我国失业严重而通货相当紧缩的状况，可以考虑采用适度的通货膨胀办法来启动市场，刺激生产，扩大就业。关键是把握好力度与时间，谨防力度过大，时间过长，以免引发新一轮通货膨胀。

第二，不要迷信"供给自动创造需求"，但要树立供给可以创造需求的理念。这有助于开发新产品，开拓市场，发展新行业与新产业。新的需求总是靠新产品创造出来的。当然，没有新需求也不会有新产品供给。二者是辩证统一的，都不可偏废。尤其在当前市场疲软的情况下，强调供给创造需求更有现实意义。

第三，在通货膨胀与失业的关系中，"通胀—失业螺旋"是存在的，要谨防中国经济走入"通胀—失业螺旋"。问题的关键在于把握国家对宏观经济运行的调控力度，灵活有效地运用好财政货币政策，既把通货膨胀控制在社会可承受的限度内，又能实现尽可能高的就业率，以保证国民经济健康、持续、快速发展。

（本文发表于《长春市委党校学报》2000年第4期）

# 总需求控制论

我国目前的总需求膨胀既有体制转换过程中运行机制脱节的原因，同时也与我国这几年的宏观经济政策的选择有关。总需求膨胀的原因分析是我们政策选择的出发点，为此我们应该对总需求的控制政策做出新的选择。

## 一 分解：总需求的理论分析

总需求概念源于西方经济学理论。西方经济学家对总需求的分析框架已基本上为中国的经济学家所接受，并在改革的理论中加以广泛地运用。但是由于经济运行机制上的差异，生搬硬套地运用西方经济学对总需求的分析框架和方法是于政策选择无益的。按照西方经济学理论分析的启示，从中国经济运行的实际出发，对总需求进行分解将显现出独特的理论意义和实践意义。

一般来说，总需求就其构成和社会组合可以进行分类。一定期间的社会收益必须在投入下一期经济运行流程时被划分为消费和投资，以便保证经济运行的连续性。因此，总需求就可以被划分为消费需求和投资需求。消费需求和投资需求的分解，就像初等代数理论中的"因式分解"一样，我们称之为"第一级因子需求"。"第一级因子需求"仍然可以进行分解，将此逐级进行简化，分解到最小的需求因子。仍然按照结构—组合分析法，消费需求可以被分解为居民消费需求和社会消费需求；投资需求可以分解为固定资产投资需求和储备库存投资需求。居民消费需求、社会消费需求、固定资产投资需求和储备库存投资需求,我们称之为"第二级因子需求"。到此为止,需求的分解就达到最小因子需求的极限。

应该指出的是,按照经济学的基本概念,需求是消费者[①]选择行为结果,反映的是消费者的选择意向、偏好和经济生活惯性等因素。总需求的分解就不可能只有一种方法。西方经济学的最新发展——市场运行的非均衡理论,对需求的分解就是按照需求的基本概念进行分析的,且严格地根据需求在市场上实现的程度。

按照非均衡理论的研究成果,由于市场的一般均衡只是经济运行的理想状态,是"牛顿世纪"里的假定。因此,对于需求的必要解释就必须抛弃这种理论假定,严格地对需求的概念进行分析和阐述。非均衡理论的需求分析表明,需求反映的是消费者选择的意向、偏好和经济生活惯性等因素,总需求就可以被分解为可能性需求、意愿性需求、有效需求和实现的需求四种类型。对这四种需求的分析是不可偏废的。

有效需求的概念最早体现在 J. M. 凯恩斯 1936 年出版的《就业、利息和货币的一般理论》这部著作中。有效需求指的是经济运行处在充分就业状态下的需求。在凯恩斯时代,由于资本主义经济运行中广泛地存在着失业现象,因此凯恩斯时代是有效需求不足的经济时代。现代非均衡理论家基本上接受了凯恩斯的思想。意愿性需求、可能性需求、有效需求和实现的需求是非均衡理论家的需求分析的新的发展,在西方经济学界被看成经济学的一大进步。意愿需求指的是市场供给既定的情况下,消费者有选择意愿的需求,关注的是消费者的偏好、习俗和消费惯性等一系列因素(其中包括心理因素、社会因素等),意愿需求并不全是消费者或市场的有效需求。可能性需求则是一个更为广泛的范畴,指的是无论市场的供给如何变化,都有可能产生和形成的需求(包含心理因素、社会因素以及个人的收入水平)。可能性需求显然不必然是有效需求或全是意愿需求。实现的需求是交易过程中实现的需求。关于它们的区

---

① 这里的消费者,不是指狭隘的消费者,而是包括生产性消费的广义消费者。

分，非均衡理论家指出，传统的供求分析体系分析的是意愿需求和可能性需求，而不是有效需求和实现的需求。意愿需求和可能性需求是交易过程的事先需求。意愿需求注重的是心理因素的分析，可能性需求却更关心收入基础。但这对经济学中的交易分析和运行分析不产生建设性的建议。要深刻地把握经济运行，识别经济运行的态势，就必须分析有效需求和实现的需求。有了关于需求分析的基本框架，也就为我们分析社会主义的总需求提供了条件，同时，也为我们把握社会主义改革攻坚期的需求膨胀的真谛提供了钥匙。

## 二 原因和本质：改革深化时期的总需求膨胀

近年来，随着我国经济体制改革的深化，国民经济的高速甚至超高速增长（"国民经济新成长阶段"已经来临），出现了持续的超出"温和"范围的通货膨胀和物价的普遍上涨。通货膨胀、物价的普遍上涨恰像经济运行的"沼泽地"，既能陷住改革前进的步伐，同时也好似使对经济环境的治理和澄清成为一种非常棘手的问题。这种情况把许多经济学家的注意力吸引到总供给与总需求的均衡、通货膨胀的治理、价格上涨的控制上。不少人的判断是总需求膨胀，总供求的缺口的产生使通货膨胀公开化，因而宏观经济管理的首要任务就是要控制总需求的过度增长，以保持总供给大于总需求，创造总供给略大于总需求或基本平衡的"宽松经济环境"。从1985年开始，政府实行财政和货币的双紧政策，以约束总需求的增长。但是，在实际执行中的"一刀切"和"切一刀"的选择不可避免地迫使经济增长速度骤然下降；1986年第二季度，经济增长的"滑坡"几乎使经济增长跌至零增长水平（0.9%）。在这种情况下，政府重新调整政策，为了防止政策执行造成经济增长的"急刹车"，选择"软着陆"的政策方案促进增长，采取了紧松搭配的宏观管理政策。此时此际，有人认为，经济体制改革需要的是"微紧的经济环境"，在我国是实际生产能力远远没有达到潜在的生产能力，实际增长率远没有达到潜在增长率的极限。因此，宏观经济政策还有放松的余地。于是，出现了一场关于宏观经济管理政策之争。我们认为，产生这种争论的原因就是双方对总需求的分析不是彼此都能够接受的。我国的总需求膨胀本身，虽经控制，可是屡控屡胀。控而不止，胀而不止的表现本身就说明，政策的效力是递减的，同时也可以说明对总需求膨胀的原因分析不尽客观。按照本文前一部分所提供的分析模型，我国的总需求膨胀的表现机制是所有的"需求因子"都在膨胀。第一级需求因子，消费需求和投资需求俱胀；第二级需求因子，居民消费需求、社会消费需求、固定资产投资需求和储备库存投资需求也一起膨胀。按照前文所提供的第二种分解模式分析，我们认为，在传统的集中体制下，由于长期的低消费政策和重投资政策，广泛存在的需求皆属于意愿需求和可能性需求，一经改革的展开，"放权让利"，广泛的意愿需求和可能性需求有了赖以实现的收入基础，这些需求就"财大气粗"起来。一方面迅速地向有效需求转让，同时成为实现的需求；另一方面剧烈地膨胀起来。意愿需求在传统的体制下多表现为强制储蓄、排队和等待，以及强制替代。改革一经启动，这种需求膨胀起来是必然的。因此，我们认为，我国的需求膨胀的原因和本质是复杂的，既有体制的因素、（供给）结构的因素、社会的因素，同时与人们的"改革的心理预期"有关。

我国总需求膨胀的原因大致有以下四点。

原因之一：体制转型中运行机制的脱节。改革是一种既区别于改良，同时又区别于革命的社会运动，这种运动的实质就是一种制度选择。我国自改革以来，"放权让利"的政策执行取代了对改革深化所需要的公平的竞争环境的塑造。市场机制静悄悄地进入中国的经济运行机制，虽然引起了中国经济运行体制的创新，但是同时也导致了我国的经济运行体制对市场所能形成和激发出的竞争环境的被动适应，对市场运行所要求的公平和有效竞争无能为力。通过对改革的进程进行一番回顾，不难发现，即使在总需求大于总供给的环境下，仍有不少部门企业因开工不足而出现设备和劳力的闲置现象。因此，完全可以结论性地总结道：我国的总需求膨胀是由于宏观的经济政策忽视对经济环境的塑造和澄清，使经济机制的运行产生了脱节。从机制运行的角度来看，体制转型时的总需求膨胀带有一定的必然性。这种必然性还可以从结构上得到清晰的佐证。

原因之二：结构紊乱和结构刚性。结构分析是宏观经济运行态势判断不可忽视的因素。我们所指出的不少部门和企业因开工不足而出现设备和劳力的闲置，按照道理来说，在总需求膨胀的格局下，是不应该出现的。这种现象在中国的经济体制转型期出现，除了说明没有要素市场机制的运行对这种格局进行调整外，也充分地说明了结构的紊乱在一定程度上是总需求膨胀的原因。结构紊乱和结构刚性的存在，不仅使"结构生产力"无法充分地释放出来，而且相对于经济运行偏热，在短线制约的前提下，短线更短，长线更长，就成为结构变化的终结，总需求的膨胀就呈强化的趋势。

原因之三：传统体制的社会惯性。总需求膨胀是一个广泛的社会问题。改革经过"摸着石头过河"的宣传后，经济运行进程中的各种病态趋势就都具有被保留，以供回顾和纪念的价值。如果说"摸着石头过河"对旧体制的社会潜能的释放起到一定的诱发作用，那么"摸着石头过河"的经济思想的精华是"试错"的认识和实践过程。因此，"摸着石头过河"同时也产生对旧体制中的不良因素的强化作用，且被巩固为一个广泛的社会过程。强制（与被迫）替代、强制（与被迫）储蓄、等待和排列机制——这些总需求膨胀的隐患，在中国的改革进程中，一直就没有被铲除过。总需求膨胀的隐患是一直存在的。这种情形的存在不仅影响了我们对新政策的选择，而且也总是我们重蹈旧迹的借口。

中国宏观经济的正常状态不理想（总需求膨胀、物价陡升、通货膨胀），是需要进行改变的。但是我们常在寻求改变的方法之前，将改变的希望奠定和寄托在宏观经验的复原和历史格局的回归上。比如对物价上涨的控制，人们往往钟情地缅怀稳定物价时期的安定，仔细回味管制物价的手段；我们治理通货膨胀往往也是先在历史上的时间序列中换算出现金发行与零售商品交易额的 1∶8 的比例系数，而后再在西方经济学家的"药铺"中酌取"子丑寅卯"。几年来，我们可以发现，中国的宏观经济政策辗转反侧的背后是各种各样的攀比机制、仿效机制和示范机制的蔓延和扩散。"投资饥渴症""消费饥渴症""经济过热的综合征"都成为广泛的社会问题。这种经济运行偏离常态的实质就是传统的体制的社会惯性在新体制诞生发育迈向成熟期的改头换面的社会体现。

原因之四："改革的心理预期"。事实上，我们这些年宏观经济的任何显著变化几乎都是体制改革的函数。[①] 改革恰是在体制僵化或垂而不死的情况下兴起的。改革从一开始就是有伟大的希望的实践，也就是说改革从一开始就与人们对"改革的心理预期"联系在一起的。在不同的层次的人们看来，对应于改革就可以找到很多的同义语，甚至有人认为改革过程中出现的各种现象也是改革的同义语，或将此看成改革的结果。持"总需求膨胀"是改革同义语的观点的人也不乏其人。我们不认为后者是正确的，相反，前者却是真实的。比如，工资的增长在不少人们的心目中就是改革的替代词。"改革的心理预期"就此而成为我国宏观多地偏热和过热的原因。改革十年，人们的"改革心理预期"一般表现为，收入增长预期、消费水平增长预期、工资增加预期和奖金增加预期等；就投资需求来看，主要就体现为投资收益预期和利润预期。在"改革的心理预期"的影响下，增加消费、回提储蓄存款、增发货币量、得到持续增长的奖金、增加工资；增加投资、扩大储备库存都不可能不呈加速膨胀和增长的趋势。

因此，就需求膨胀的原因分析，我们认为，我国总需求膨胀的形势是严峻的，物价上涨和通货膨胀已经深入了我们的生活。对总需求膨胀不进行严格的控制，会导致我们改革成果的丧失，使改革的深化步履维艰，甚至会导致改革的挫败和倾覆。

---

[①] 陈宗胜：《体制变革中的宏观经济分析》，《经济研究》1988年第7期。对于这种理论观点，我们是支持的，但是我们用"改革的心理预期"进行解释。

## 三　对策：控制总需求的政策选择

正确的理论分析是政策选择的出发点。任何经济政策的设计和选择都必须服从于某种理论分析。对总需求膨胀成因的不同认识，也会导致对总需求膨胀的控制政策的不同选择和相应的经济政策效应。经济政策的效应就在于消除或激发某种经济现象的产生。

通过上文对总需求膨胀的现象和原因的分析，为了消除总需求的膨胀，我们认为应该推行新型的经济政策。财政政策、货币政策是宏观得力的调控政策，因此必须进行协调加强。

针对我国的总需求膨胀的态势，我们认为，首先必须分清哪一级的"需求因子"在膨胀，然后进行治理。但是我们同时也必须从宏观经济运行的总体上用财政政策和货币政策进行综合把握，以期保证宏观总体的均衡，否则就会犯"鲧治水"的错误。

对策一：针对投资品（投资需求）的膨胀，我们一方面提高贷款利率政策，另一方面采取核发投资许可证的办法。

传统的抑制投资膨胀的办法就是压缩投资额、大砍基建项目。这种做法不可避免地"一刀切"，反映的只是"计划者的偏好"，而且压缩投资往往影响经济增长的后劲。因为投资需求是消费需求的前提，事前的需求反映的是事后的供给。因此，我们认为传统的做法是不可取的，在投资结构和渠道多元化的时期，这种做法很难奏效。我们认为，采取提高贷款利率和核发投资许可证的办法不失为好的方法。贷款利率的提高，即便是在贷款利率弹性极小的情况下，关于投资贷款的问题，也不会像以往那样盲目和争先恐后。同时，我们建立核发投资许可证制度。投资许可证制度规定对于投资项目的安排必须从储备库存资金的占用、固定资产形成周期等方面给予严格的约束。只有满足这些条件的，才能给予投资许可证。

对策二：对居民消费需求的膨胀的控制，我们可以采用提高储蓄存款利率。储蓄存款余额一般是收入和利率的函数，在储蓄倾向一定的情况下，提高存款利率可以增加储蓄。储蓄具有推迟消费的"功能"，储蓄的增加，市场的结余购买力就减少，从而需求压力就趋缓了。同时，对消费需求膨胀的控制，我们也可以采取消费引导政策。据这些年的消费变化识别，恩格尔系数失效了，我国正爆发着一场"消费革命"，各种"抢购风"一波未平一波又起，消费攀比、模仿和示范之风日甚。针对这种消费膨胀之势，很难说有什么有效武器。但是我们已经注意到，改革以来意愿性需求，不仅转化为可能的需求，而且都在加速向有效需求和实现的需求转化。由于意愿性需求等一系列需求的转化，需要足够的收入基础。同时也需要包含交易过程的时滞来联结，为此我们认为消费引延政策（通过道义上的劝说）确是可以利用的。

应该强调的是，消费刚性是不容忽视的问题。对消费刚性不好好地进行解决，就会使消费需求膨胀带有一定的刚性。我们认为，通过个人收入分配政策，在征收一定比例的个人所得税的基础上，相应征收消费税，如对奢侈品和超出个人或家庭消费必要的消费品购买征收消费税。当然，对作为个人收入分配政策重要内容的工资与奖金，必须施行"基金管理制"，严格地控制额度的扩张。

对策三：对社会消费需求的控制，可采用发行"社会统一折实公债"的办法进行控制。滥发奖金、变相发实物以及"杀价"拍卖的现象甚为严重，为了控制这种需求的膨胀，政府应发行"社会统一折实公债"，将那些即将发放的实物折实成人民币，或勒令所在的社会集团购买，或无原则地让那些接受这种待遇的人们购买。同时，社会消费需求多与官僚主义现象并存，官僚主义的存在使社会集团消费欲壑难填，因此必须率先反对官僚主义。

对策四：控制总需求的膨胀，必须反通货膨胀。通货膨胀从宏观经济形势识别，它是一个复杂的货币现象，是由于货币的供给量大大超过市场需求量而引起的。超出的部分，如果被一次性的物价上涨所吸收，是不会引起通货膨胀的。因此，通货膨胀的现象表现就是持续的物价上涨。

对物价上涨的控制，关键就是要建立完善的要素市场体系，稳定和深化企业的经营机制改革。对盲目提价、"乘机抹黑"的企业征加价特殊税；对企业行为严重短期化，长期短期化的企业实行关、停、并、转，甚至破产；对在流通领域从事"倒卖""倒买"进行黑市交易活动的"倒爷"进行严惩，不妨将其财产充公。

对策五：总体上的紧缩的财政政策和紧缩的货币政策。我们认为双紧的财政与货币政策的作用重心必须进行一次大的调整。财政政策的作用重心从收支总量的调节上转到收支结构的变革上；货币政策的作用重心必须从货币发行量（货币供给量）的控制转到实际的货币需求的量和结构的控制。紧缩的财政政策和紧缩的货币政策分别以税收和利率为与总需求膨胀交战的"尚方宝剑"。

最后，需要指出，本文所提出的五项对策是高度严密的整体，前四项对策是第五项对策的微观经济基础。

（本文与秦海合写，发表于《经济纵横》1989年第4期）

# 二

## 财税金融改革研究

# 中国与发展中国家宏观税负水平比较

## 一 中国宏观税负水平

为了正确测算中国宏观税负水平以及进行国际比较，先做以下说明。第一，选用《中国统计年鉴》1987—1996 年的相关统计数字作为样本数据进行分析。

第二，税负中包含的项目按国际货币基金组织的六项分类法进行归集。

第三，宏观税负水平衡量指标采用国内生产总值负担率，即一定时期内税收收入总额占国内生产总值的比率（T/GDP）。

由表 1 和图 1 来看，我国在 1987—1996 年，税收收入并没有与 GDP 同步增长，相反，却呈现下降趋势。由 1987 年的 19.31% 下降至 1996 年的 10.18%，年平均下降约 1 个百分点。从总体上看，我国目前宏观税负水平即宏观正税负水平是偏低的，当然，这并不意味着纳税主体的负担越来越轻。事实上，政府预算外税外收费在 1987—1996 年以年均 0.5 个百分点增加，1993 年后出现了费大于税的现象（见表 2 和图 1）。

表 1　　　　中国税收收入占 GDP 的比重及税负结构

| 年份 | 国内生产总值(GDP)总额(亿元) | 调整后的税收收入总额 T(亿元) | 商品劳务税 | 关税 | 所得税 | 企业 | 个人 | 农业 | 其他税 | T/GDP(%) |
|---|---|---|---|---|---|---|---|---|---|---|
| 1987 | 11962.50 | 2309.78 | 59.31 | 6.16 | 33.99 | 31.63 | 0.16 | 2.20 | 6.70 | 19.31 |

续表

| 年份 | 国内生产总值(GDP)总额(亿元) | 调整后的税收入总额 T(亿元) | 其中(%) 商品劳务税 | 关税 | 所得税 | 企业 | 个人 | 农业 | 其他税 | T/GDP (%) |
|---|---|---|---|---|---|---|---|---|---|---|
| 1988 | 14928.30 | 2621.45 | 62.70 | 5.91 | 31.44 | 28.50 | 0.13 | 2.81 | 5.86 | 17.56 |
| 1989 | 16909.20 | 3052.76 | 63.10 | 5.95 | 28.40 | 25.35 | 0.27 | 2.78 | 8.50 | 18.05 |
| 1990 | 18547.90 | 3190.17 | 63.85 | 4.98 | 28.30 | 25.22 | 0.33 | 2.75 | 7.85 | 17.20 |
| 1991 | 21617.80 | 3456.85 | 65.09 | 5.42 | 26.93 | 23.96 | 0.35 | 2.62 | 7.98 | 15.99 |
| 1992 | 26638.10 | 3646.06 | 67.82 | 5.84 | 25.23 | 21.54 | 0.42 | 3.27 | 6.95 | 13.69 |
| 1993 | 34634.40 | 4880.14 | 77.38 | 5.26 | 18.27 | 15.48 | 0.21 | 2.58 | 4.35 | 14.09 |
| 1994 | 46759.40 | 5183.41 | 80.23 | 5.26 | 16.73 | 10.85 | 1.41 | 4.47 | 3.04 | 11.09 |
| 1995 | 58478.10 | 6064.21 | 78.75 | 4.81 | 18.13 | 11.37 | 2.17 | 4.59 | 3.12 | 10.37 |
| 1996 | 68593.80 | 6917.26 | 77.33 | 4.36 | 17.87 | 9.34 | 3.19 | 5.34 | 4.80 | 10.08 |

资料来源：根据1988—1997年的《中国统计年鉴》和《中国财政年鉴》有关数据计算。

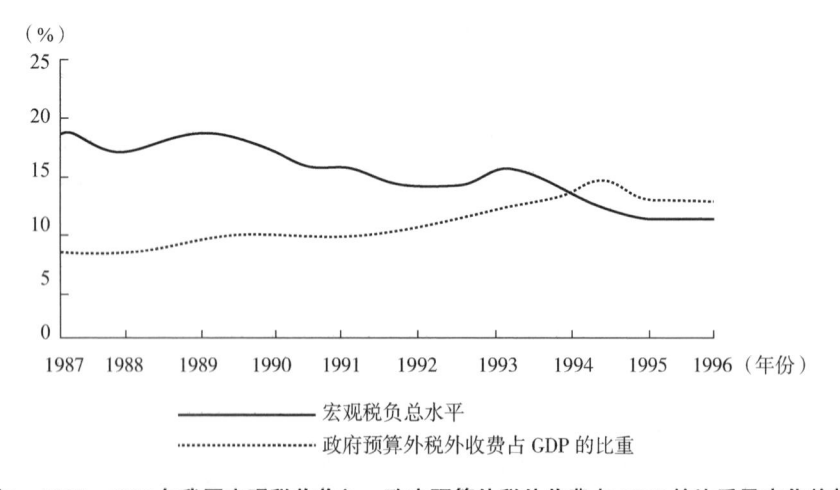

图1 1987—1996年我国宏观税收收入、政府预算外税外收费占GDP的比重及变化趋势

表 2　　　　　　政府预算外税外收费占 GDP 的比重

| 年份 | 国内生产总值总额（亿元） | 政府预算外税外收费总额(亿元) | 政府预算外税外收费占 GDP 的比重(%) |
|---|---|---|---|
| 1987 | 11962.50 | 1033.18 | 8.64 |
| 1988 | 14928.30 | 1319.58 | 8.84 |
| 1989 | 16909.20 | 1415.90 | 8.37 |
| 1990 | 18547.90 | 1608.11 | 8.67 |
| 1991 | 21617.80 | 2256.58 | 10.44 |
| 1992 | 26638.10 | 3163.20 | 11.87 |
| 1993 | 34634.40 | 4563.90 | 13.18 |
| 1994 | 46759.40 | 6779.60 | 14.50 |
| 1995 | 58478.10 | 7716.52 | 13.20 |
| 1996 | 68593.80 | 9073.80 | 13.23 |

资料来源：根据 1988—1997 年《中国统计年鉴》有关数据计算。

但是，我们认为在考察我国宏观税负水平时，也不应将政府预算外税外收费全部归入宏观税负总额，尽管其中一部分收费应并入预算内税收收入，但税费改革分流到位后，使用费等项目仍然是存在的。

## 二　中国与发展中国家宏观税负水平比较

表 3 是国际货币基金组织根据亚洲、非洲、欧洲和中东地区的发展中国家的基本数据整理的发展中国家宏观税负指标。

表 3　　　　　发展中国家税收收入占 GDP 的比重及税负结构　　　　　单位:%

| 项目<br>年份 | T/GDP | 税负结构 ||||||
|---|---|---|---|---|---|---|---|---|
| | | 商品劳务税 | 进出口商品劳务税 | 所得税 | 个人所得税 | 企业所得税 | 社会保险税 | 其他税 |
| 发展中国家 | 18.95 | 52.37 | 2574 | 31.72 | 13.03 | 16.49 | 9.95 | 5.96 |
| 其中:非洲 | 19.53 | 62.4 | 38.55 | 29.76 | 10.8 | 16.42 | 3.78 | 4.06 |
| 亚洲 | 14.84 | 65.57 | 27.18 | 29.16 | 10.5 | 18.18 | 0.33 | 4.94 |
| 欧洲 | 21.88 | 40.55 | 10.86 | 26.14 | 17.65 | 5.33 | 27.74 | 5.57 |
| 中东 | 14.73 | 40.97 | 26.38 | 41.83 | 13.63 | 26.03 | 7.95 | 9.25 |

资料来源：IMP Government Finance Statistics Yearbook, 1983。

从税收收入占 GDP 的比重来看，我国的宏观税负水平为 14.74%，较发展中国家平均水平 18.95%，低约 4 个百分点，略低于亚洲平均水平，同中东地区基本持平；但明显低于非洲和欧洲的发展中国家的税负水平，较非洲低近 5 个百分点，较欧洲低约 7 个百分点。总的来看，我国的宏观正税负是比较低的。但是，我国的预算外税收费比重却很大，平均约 11.09%，如果把其中的"准税"因素考虑到宏观总税负中，恐怕我国的宏观税负水平在发展中国家是较高的。

从宏观税负结构看，在发展中国家商品劳务税、收益所得税、社会保险税和其他税四大税系中，就平均水平而言，商品劳务税占 52.37%，收益所得税占 31.72%，社会保险税占 9.95%，其他税占 5.96%。可见，发展中国家以商品劳务税为主体税，所得税在税负中也占有重要地位，相对于发达国家社会保险税比重较低。而在四大税系中，收益所得税中的企业所得税占税负的 16.49%，高于个人所得税 13.03%，约 3 个百分点。商品劳务税中进出口税占的比重较大，占商品劳务税的 49.15%，近一半。

就各具体国家而言，税负结构也存在着一定的差异。从地区看，中东地区国家所得税比重较高，成为主体税；而其他国家均以商品劳务税为主体。

我国与发展中国家宏观税负结构的共同点都是以商品劳务税为主体税，商品劳务税的比重分别为69.56%和52.37%；所得税都占有重要地位，比重分别为24.53%和31.72%。就其不同点而言，在商品劳务税中，发展中国家进出口税占有较大比重，占商品劳务税的49.15%，而我国仅为5.40%。在收益所得税中，发展中国家个人所得税虽然比重并不过高，但其在所得税中的比重达41.08%，而中国仅为3.51%，相反，中国企业所得税的比重明显高于发展中国家平均水平。另外，发展中国家已经建立起社会保险税，尽管较低，而中国还没有开征社会保险税。

## 三 几点启示

第一，我国预算内宏观税负率即宏观正税负率较低，预算外税外收费比重较高，结果造成分配秩序混乱，"费挤税"现象严重。过多过滥的收费加重了企业负担，抑制了企业的发展，实际上枯竭了税源，致使企业潜在负税能力下降。为此，必须调整税费关系，规范政府收入形式，形成良好的公共分配秩序。

第二，目前世界上大多数发展中国家开征了社会保险税，尽管比重不大，却成为税制的有机组成部分。新中国成立40多年来，社会保障"税制"的建立和发展经历了一个曲折的过程，至今仍未建立起统一的社会保险税收制度。因此迈入21世纪的中国税制改革应适应社会主义市场经济的要求，适时开征社会保险（费）税，使其成为整个社会保障大厦的支柱。

第三，我国与大多数发展中国家虽然都是以商品劳务税为主体税，但我国商品劳务税所占比重过大，所得税比重过小，宏观税负结构不合理。因此，在下一步税制改革时，在进一步完善以增值税为主要税种的商品劳务税的同时，要努力加强所得税和财产税的制度建设和管理。比如适时统一内外资企业所得税制，扩大增值税、消费税、资源税、个人所得税和耕地占用税的征税范围，开征一些新税种，诸如财产税、环境保护税、遗产与赠予税等，进一步优化税制结构和税负结构。

(本文与孙飞合写，发表于《当代经济研究》2000年第7期)

# 关于推进我国财政支出绩效评价改革的建议

## 一 我国现行财政支出绩效评价存在的问题

从广义看，目前我国各级人民代表大会对各级财政预算、决算的审查各级审计机关和财政监督机构对财政资金的使用进行监督检查等都或多或少涉及了评价财政资金绩效的内容，但这些行为主要是以监督检查为主要目的，还不能成为真正意义上的财政资金绩效评价。从财政资金管理看，各级财政部门为加强财政资金管理也采取了一些绩效管理的方法。从我国财政支出绩效评价工作发展的现状看，虽然已有初步基础但由于此项工作起步较晚且缺乏系统性研究，仍不能适应我国经济发展与财政改革的客观需要。总的来看，我国财政支出绩效评价工作主要存在以下几方面问题。

(一) 缺乏统一的法律保障

财政支出绩效评价工作要取得实效，必须得到立法支持，而且要制度化、经常化。而我国公共投资部门虽然也提出要完善项目投资决策程序对国家重点投资项目要从立项决策、竣工验收直到财政支出绩效评价实行全过程管理，但迄今尚未出台全国统一的有关财政支出绩效评价工作的法律法规，使我国财政支出绩效评价工作缺乏法律约束和制度保障。

## （二）没有明确的管理机构

西方许多国家和世界银行等国际组织都设有公共支出绩效评价机构。而我国缺乏这样一个有权威性的财政支出绩效评价综合管理机构，财政支出绩效评价工作主要分散在各管理部门，各部门又主要从技术性能、项目管理方面进行财政支出绩效评价指标、方法和组织程序差异大难以形成统一的、全面的财政支出绩效评价。标准不统一使财政支出绩效评价结果差异大、缺乏可比性，难以保障财政支出绩效评价结果的客观公正性。这是目前我国财政支出绩效评价工作发展滞后的重要原因。

## （三）未构建规范的指标体系

目前各有关部门的财政支出绩效评价主要通过若干固定的财务、技术和工程管理指标进行全过程评价，评价侧重于技术、工程和资金使用的合规性，而对财政资金的使用效益评价不足。同时各部门评价指标设置呈平面化和单一性，缺乏一套建立在严密数据分析基础上的科学、统一、完整的指标体系，不能从不同层面、不同行业、不同支出性质等方面进行综合、立体评价。由于缺乏科学、规范的方法和指标，进而影响了财政支出绩效评价结果的公正合理性。技术性缺陷是我国财政支出绩效评价工作发展缓慢的直接原因。

## （四）支出评价内容不完整

支出评价内容不完整体现在两方面：一是侧重于合规性评价忽视效益评价。从总体上看，目前各有关部门进行的财政支出绩效评价工作带有明显的审计特征，即重点审核项目支出行为是否符合现行财务政策和国家有关规定，往往忽视对项目效率或发展效益方面的评价，或由于评价指标设置不完整不能进行项目的效益评价；二是评价对象仅局限于项目本身而忽视项目内外因素的综合分析。财政支出绩效评价工作不仅涉及项目审核、投资与回报的评价，而且包括各种宏观因素的评价，如投资的社会环境包括政策环境和自然环境对投资行为的影响及投资行为对行业、社会乃至整个经济运行的影响等。目前的财政支出绩效评价工作恰恰不包括这些内容，使财政支出绩效评价工作不能达到为政府宏观决策服务的目的。

### (五) 支出评价结果的约束乏力

由于财政支出绩效评价工作体系不健全，缺乏法律规范财政支出绩效评价结果，因此，它只作为各有关部门项目建设档案保存，或作为有关部门加强新上项目管理的借鉴或参考，对财政资金支出项目中的成绩、问题与相关责任、项目执行过程中的各环节责任人并没有任何直接约束。这不仅使财政支出绩效评价工作流于形式，而且影响了财政支出绩效评价工作的权威性，制约了财政支出绩效评价工作的深入开展。

## 二 构建财政支出绩效评价体系的路径选择

### (一) 坚持系统化原则整体规划财政支出绩效评价的改革方案

有效的制度不可能是一项单一的制度，必须是一个完整的制度体系。但这个制度体系不是以多少论效率而是以其客观性、科学性论效率。比如衡量财政支出的成本与效益时，遇到的一个技术难题为公共产品或服务具有外部性特征而且某项支出效益的取得又与很多因素有关。因此，试图直接、准确地评价财政支出效益确实不易。但有一个简单的方法可以解决这一难题，即在定性评价的前提下采用同类相比的方法实施定量评价。如用于学校教学楼建设的教育经费是"造楼"还是"造人"？从定性的角度看一目了然。财政支出绩效评价难度极大的一个重要原因是绩效评价涉及某些人或某群人的小利益，但对整个国家有百利而无一害。制度体系的整体规划应充分认识实施的难度，从理论上论证财政支出的供给范围与规模、预算会计核算模式、政府事业的发展规划、财政支出管理的决策机制、重要项目评价报告的听证制度等多方面因素的影响，在调查研究的基础上提出切实可行的改革方案。

**(二) 采取循序渐进的实现方式由易到难、由重点到一般逐步展开**

英国和瑞典的经验告诉我们，它们的财政支出绩效评价是从公众和议会特别关注的重大问题与具体项目开始逐渐扩展到全部财政支出；从重点评价支出的经济性、合规性开始逐步转移到对财政支出的经济性、效率性、有效性的全面评价。经济性指在财政支出管理中建立有效的支出决策机制和支出优先安排机制，克服财政支出活动中严重浪费和分配不均问题；效率性是政府及民众对财政支出在项目决策机制、实施进度、经济效益和社会效益等方面要求的具体体现；有效性是财政支出所取得的最终成果的具体体现，需要结合当前效益与长远效益来衡量。我国财政支出绩效评价的实现方式也应采取渐进式的方法由易到难，抓住重点，逐步展开。财政支出绩效评价的重点应由财政支出的经济性和合规性开始逐步扩展到效率性和有效性。

**(三) 按照动态管理的方法在财政资金运行各环节建立财政支出绩效评价制度**

财政资金总是处于不断循环过程中。在收缴环节采取集中收缴方式明显要比分散收缴具有更高的效率；在存库环节开展有效的现金管理可以提高资金效益与加强财政控制；在分配环节预算目标数量化、分类细化有助于对财政支出进行监督和评价，还可清晰地衡量预算分配环节的成本与效益；在购买环节实行政府采购制度可以取得分散采购方式下不可能取得的规模效益、经济效益和社会效益；在支付环节采取电子化集中式的直接支付方法是提高财政资金绩效的必然要求。因此，财政支出流经的各环节存在一个绩效问题，不能仅就财政资金的最终使用成果为对象来评价财政支出的绩效状况，应建立覆盖财政资金运行各环节的财政支出绩效评价制度。

### （四）根据科学化原理建立财政支出绩效评价指标体系与评价机制

财政支出绩效评价指标体系是开展绩效评价工作的中心环节。设计一套科学、合理的指标体系需要兼顾局部利益与整体利益、当前利益与长远利益、直接利益与间接利益，既要通用可比、简单适用，又要易于操作。为此可以按照部门、项目、环节分别建立绩效评价指标。部门评价指标用来衡量部门事业发展取得的业绩，可以和部门负责人政绩考核结合起来；项目评价指标是按照分类的原则对不同财政支出的使用效果进行评价；环节评价指标是衡量财政支出运行过程中库存、分配、购买、投资、支付等各环节的绩效水平。建立科学、合理的绩效评价机制是充分利用绩效评价指标体系，有效开展绩效评价活动的前提。所以应建立融部门自我评价、财政综合评价、绩效审计、社会评价为一体的绩效评价机制。部门自我评价是各部门对年初设定目标与实现情况的对比评价并做出具体分析和说明；财政综合评价是财政部门对重点预算资金的绩效进行重点评价，对所有财政资金的绩效状况做出综合评价，并在预算执行过程中对各部门的预算执行情况进行抽查以保障各项计划目标及时、顺利地实现，从而更好地配合下一年度的预算分配工作；绩效审计是审计部门针对一些使用大量财政资金的部门和领域进行的专项审计并提出相应的处理建议；社会评价是社会民众或媒体针对社会普遍关注、群众反映强烈的事件进行举报、采访或揭露以改善财政支出绩效的整体状况。

### （五）逐步建立财政支出绩效评价的信息收集网络和数据库

财政支出绩效评价活动的开展离不开一定规模与容量的数据库，需要针对各类支出项目的投入、效益与影响进行必要的横向与纵向比较，保证绩效评价工作的持续、高效开展。分不同行业、类型的财政支出项目将有关的信息或资料作为初始数据源并在此基础上逐步扩大评价信息的收集范围，推动数据采集进入标准化工作阶段。充分利用现代化的信息技术建立有效的绩效评价信息收集网络，确保数据信息采集的有效开展。克服制度障碍，在不危害国家安全的前提下实现信息公开、共享；大力推进政府与企业信息化进程，建设完备的财政管理信息系统，提高信息采集的效率性与安全性；发动社会力量开展数据处理软件的设计与开发，以提高数据处理的效率。

## 三 推进我国财政支出绩效评价改革的对策

针对我国财政支出绩效评价工作存在的问题，结合国外发展经验，建立我国财政支出绩效评价体系应从以下几个方面着手。

### （一）划分评价层次

根据开展财政支出绩效评价工作的主体和客体的不同可将财政支出绩效评价工作分四类：财政支出项目绩效评价、单位财政支出绩效评价、部门财政支出绩效评价、财政支出综合绩效评价。财政支出项目绩效评价的主体通常是财政部门、项目实施单位及其主管部门评价对象是财政支出项目的效益。由于财政支出项目是部门（单位）财政支出的重要方面之一，而且项目支出内容十分广泛、项目间差异大、项目效益不确定性大；因此对财政支出项目开展绩效评价对合理安排财政经费、提高财政资金效益具有十分重要的作用。单位财政支出绩效评价的主体通常是财政部门和主管部门，评价对象是主管部门所属二级和基层预算单位的财政支出效益。单位财政支出绩效评价是部门财政支出绩效评价的基础单位，作为财政部门预算管理的基层单位其支出效益直接反映为财政支出的总体效益；因此，是财政部门预算管理的重要内容之一。部门财政支出绩效评价的主体通常是各级人民代表大会、政府和财政部门，评价对象是各政府部门（使用财政经费的一级预算单位）的财政支出效益。部门财政支出绩效评价是财政支出综合绩效评价的基础，是财政部门预算管理的重要内容之一。财政支出综合绩效评价的主体通常是各级人民代表大会、政府监督机构、财政政策研究机构等，评价对象是财政支出的整体效益,是部门财政支出效益的综合反映。综合绩效评价对象具有整体性,其范围可以是整个国家的财政支出,也可以是某一区域内的财政支出。

### (二) 建立评价制度

财政支出绩效评价是一项涉及范围广、内容复杂的系统工程,无论是评价工作的组织实施还是评价结果的具体应用都必须遵循一定的制度规范。首先,建立我国财政支出绩效评价体系的基础是要制定《财政支出绩效评价办法》《财政支出绩效评价方法选择及工作程序》《财政支出绩效评价指标设置及标准选择》《财政支出绩效评价结果应用》等一系列统一的制度规范,明确全国财政支出绩效评价工作规则、工作程序、组织方式及结果应用,并对相关行为主体的权利和义务进行界定。其次,在财政资金运行各环节建立财政支出绩效评价制度。财政资金总是处于不断运动,在收缴环节,采取集中收缴方式明显要比分期收缴具有更高的效率;在库存环节,开展有效的现金管理可以提高资金效益与加强财政控制;在分配环节,预算目标数量化、分类细化有助于对财政支出进行监督和评价,还可清晰地衡量预算分配环节的成本与效益;在购买环节,实行政府采购制度可以取得分期采购方式下不可能取得的规模效益;在支付环节,采取电子化的集中式直接支付方法是提高财政资金绩效的有效途径。因此,财政支出各环节上都存在绩效问题,应在财政资金运行各环节都建立财政支出绩效评价制度。最后,做好财政部门、预算单位、审计和财政监督机构、社会中介机构在财政支出绩效评价工作中职责和业务分工的划分等制度建设,从多方面强化和推进对财政支出绩效的评价。

### (三) 完善评价体系

根据我国的实际情况,财政支出绩效评价指标体系的建立必须遵循短期效益与长期效益相结合、定量与定性相结合、统一与专门指标相结合的原则。我国财政支出绩效评价指标体系设置的目标就是形成一套完整的财政支出绩效评价的指标库，这种指标库的形成不仅需要理论上的研究，更依赖在实践中逐步完善和健全。根据财政支出绩效评价的层次，在财政支出分类的基础上应分别建立财政支出项目绩效评价、单位财政支出绩效评价、部门财政支出绩效评价、财政支出综合绩效评价指标库。从指标的适用性角度考虑，各类指标均可划分为通用指标、专用指标、补充指标和评议指标四种类型。根据指标性质不同将各类财政支出绩效评价指标划分为定量指标和定性指标。

### (四) 制定评价标准

财政支出绩效评价标准指以一定量的有效样本为基础测算出的标准样本数据，用来衡量和评价财政支出的绩效水平。财政支出绩效评价标准按照可计量性分为定量标准和定性标准。定量标准和定性标准又可根据标准的取值基础不同分为行业标准、计划标准、经验标准和历史标准；按照时效性可分为当期标准和历史标准；按照标准形成的方法可分为测算标准和经验标准；按照区域可分为国际标准和国内标准。此外，还可分为政府标准、社会公众标准及民间机构标准等。财政支出绩效评价标准是准确衡量绩效的尺度，标准的正确选择对财政支出绩效评价结果具有较大影响，评价标准的制定既是财政支出绩效评价体系建立的主要环节，也是财政支出绩效评价具体工作所面临的一个重要工作步骤。通过对财政支出绩效评价的标准进行总体规划设计，研究指标与标准的对应关系，研究不同评价对象的标准选择选，取恰当的评价标准值。评价标准值应以财政支出性质、类别为基础，按照不同地区、行业、项目规模，采用历史经验、政策标准、数理统计分析、专家评估、公众印象等方法取得。通过各种渠道广泛收集整理各种分类标准数据后，可在条件成熟时研究建立绩效评价标准数据库。标准会随着经济发展和客观环境的变化不断变化。因此，如何建立和维护更新标准库也是一项非常重要的工作。为提高有关评价标准的权威性，财政部门及有关部门可效仿企业绩效评价，定期发布有关评价标准。

### (五) 创新评价方法

良好的财政支出绩效评价方法是财政支出绩效评价体系的重要组成部分，对财政支出绩效评价结果的准确性具有决定性影响。目前理论界提出了成本效益分析法、最低成本法、综合指数法、因素分析法、生产函数法、模糊数学法、方案比较法、历史动态比较法、目标评价法、公众评判法等多种方法。其中，比较法、因素分析法、公众评价法和成本效益分析法已被《中央部门预算支出绩效考评管理办法（试行）》所采纳应用于实践。在市场经济条件下的公共财政体制框架中，社会效益评价是财政支出绩效评价的重点内容，而现有评价方法中能简便、精准地评价财政支出社会效益，并满足财政支出绩效评价工作实际需要的方法还有待于进一步研究。今后在财政支出绩效评价方法研究上要着眼于增加政府工作与财政资金管理的科学性与公开性，提高政府理财的民主性和社会参与性，深入研究公众评判法等适用于社会效益评价的基本方法，按照民主、科学、简便、精准的原则创新绩效评价方法。

### (六) 规范评价流程

财政支出效益评价应由国家统一规定评价应遵循的原则，确定评价的重点，明确评价采取的方法，规范评价的基本流程。坚持定性和定量评价、事前与事后评价、定期和经常性评价、当前与长远评价、自我与外部评价相结合，形成评价工作制度。可以设计评价工作的基本程序为：制定工作计划确定评价对象下发评价通知书；组织专业小组聘请专家成立评价工作组；制定评价方案选定评价指标确定评价方法和评价标准；下达评价通知；督促部门自评收集、核实数据并实施评价；形成评价报告做好评价总结；经本级财政部门审核后予以备案。

### (七) 设立评价机构

财政支出绩效评价机构是财政支出绩效评价体系的工作主体。为改变目前我国财政支出绩效评价工作零碎涣散、缺乏独立性和权威性的状况,使财政支出绩效评价工作制度化、规范化和法制化,真正形成对计划、决策、管理的监督和制约,应在财政部门建立专门的财政支出绩效评价机构,对全国财政支出绩效评价工作实施统一管理。同时在各政府部门设立专门的绩效评价机构,按照全国统一的财政支出绩效评价体系的有关要求,组织做好本部门、所属单位以及财政支出项目的具体评价工作。鉴于财政支出绩效评价对财政支出管理的监督作用必须赋予工作机构及相关人员以必要的职权,如在信息查询、资料获取、独立取证以及行政处罚建议等方面给予一些特定的权力。

(本文与王泽彩合写,发表于《经济纵横》2006年第3期,被中国人民大学复印报刊资料《财政与税务》2006年第6期全文转载)

# 中国宏观税负理论模型及其实证分析

改革开放 20 年来，国民经济发生了翻天覆地的变化。但是，宏观税负总水平并没有随着经济的发展而同步增长，相反，却呈现出下降的趋势。1987—1996 年，我国税收收入占 GDP 的比重从 15.89% 下降至 10.07%，年平均下降 0.54 个百分点。而在此期间，财政支出几乎年年有赤字，年平均赤字率为 34.88%。如果说造成我国宏观税负水平和弹性"双低"的主要原因是旧体制的"惯性"与体制过渡时期条件的约束所致，那么转轨后形成的新的市场经济体制下的合理的宏观税负该是个什么水平呢？回答这个问题的关键不在于从统计指标中推出应该提高几个百分点，而在于应该从理论上率先回答是什么因素决定着适应社会主义市场经济要求的合理的宏观税负水平，这是解决问题的突破口。可见，构建中国社会主义市场经济条件下的宏观税负理论模型，不仅具有积极的理论意义，还具有重大的现实意义。本文拟就这一问题谈一些看法。

## 一 基本思路

宏观税负是指一国总的税收负担状况，一般用该国一个年度内的税收收入总额（T），或 T 占国民收入（NI），或国内生产总值（GDP）的比重表示。宏观税负主要受以下因素制约：第一，生产力的发展水平；第二，国民经济结构；第三，政府的职能范围；第四，经济管理体制。然而，这并不能从理论上回答什么样的宏观税负水平才是合理的。我国有学者从实证研究的视角出发，根据生产力决定论原理,用我国的税负水平同与我国生产力发展水平相同或相近国家的税负水平相比,以期判断我国宏观税负是否合理。我们认为这种分析方法不够科学合理:其一,所谓的生产力水平相同或相近,它本身并不能仅以 GDP 等某一项指标来衡量,"生产力"是一个非常宽泛的概念,其内涵并不仅限于经济增长;其二,由于我国的统计指标同国外口径不一,经过调整后的指标本身就应该打上"引号",再加上税负水平与生产力水平之间存在着极大的弹性,这就决定了各国税负之间不具有可比性。可见,判断宏观税负水平是否合理,仅从税收自身出发或从生产力决定论出发是难以找到正确答案的。

我们不妨换一个角度,从纳税主体即企业的视角出发来探索合理的宏观税负水平,那自然会像法国庸俗经济学派创始人萨伊一样得出结论:"最好的赋税是税负最轻的赋税。"① 诚然,治税必须有高度的经济观点,必须为发展经济服务。政府在组织财政收入时,必须考虑企业的承受力和自我积累、自我发展的能力。优化税负,确立合理的税负水平决不能偏离这一目标。但这并不意味着国民收入分配无原则地、过分地向企业倾斜。离开财政为之服务,企业自我生存和发展就难以保证。事实上,企业要想成为充满生机和活力的市场经济条件下的行为主体和现代"竞争者",不仅需要社会公共设施和公用事业相应的按比例发展,而且还需要国家各项重点建设事业,诸如能源、交通等基础产业相应的按比例发展,这就要求必须保障财政收入的必要规模和相应增长。如果片面地强调体制转轨后企业自我发展、留利而不顾国家财政承受能力,致使必要的财力规模无法保障,那就会出现各项事业不能随着企业的生产发展需要而按比例地发展,国民经济就会出现比例失衡,其结果企业自身的发展也会受到抑制。因此,确立合理的税负水平必须同时兼顾二者利益。然而,理论并不能代表实践,在以这一原则进行"双向选择"旨在确立合理的宏观

---

① [法]萨伊:《政治经济学概论》,陈福生、陈振骅译,商务印书馆 1982 年版。

税负水平时，双方由于缺少一个可能的支点，各自利益不能"均衡"，致使双方几度陷入窘境。

为了彻底弄清楚这个问题，我们不妨再次把视野放开一些。

随着社会经济的不断发展，国家开始逐步介入社会经济生活，以震撼整个资本主义世界的大危机爆发为始端，凯恩斯主义开始逐步登上历史舞台，西方国家开始逐渐重视和运用调节和干预经济的各种策略。税收作为国家宏观调控的重要杠杆日渐同社会总需求与总供给相互作用下形成的现代社会的三大目标（经济增长、物价稳定和充分就业）联系起来，并逐步形成了所谓的税收经济效应理论。我国改革开放20年，形成了一系列具有中国特色的经济理论，但这些理论当中很多都带有浓重的西方经济学色彩。东西方经济理论的这种发展和变化带来了一种倾向，即宏观税负水平的高低在很大程度上受制于政府调控经济的需要，这就产生了一个问题：优化的或合理的宏观税负水平到底有没有客观标准呢？如果有，那它又与宏观调控是个什么关系呢？要回答这个问题，我们认为应首先弄清下面三个问题：第一，低税负一定高增长吗？第二，税收是稳定物价的有力武器吗？第三，税负劳动供给效应在中国有现实意义吗？

首先，关于宏观税负水平与经济增长的关系。世界银行经济学家凯恩·马斯顿（Marsden）选择了具有可比性的20个国家的经验数据，就税收比率的高低对经济增长的影响进行了研究，基本结论为，一国的低税收比率对提高本国的经济增长率具有积极的促进作用。[1] 我国经济理论界也更多地倾向于这种观点。然而，国际货币基金组织财政学家理查·M.伯德认为，根据一些样本数据推导出过于简单化的结论却是很成问题的，他引证了一些发展中国家如危地马拉和牙买加等情况，展示了在发展中国家出现的低税负、高税负并无过低经济增长的情况，认为税负高低与经济增长快慢之间的

---

[1] Marsden K., "Links Between Taxes and Economic Growth: Some Empirical Evidence", *World Bank Staff Working Papers*, No. 605, 1983.

"联系"根本就不存在。① 我们赞同后一种观点,认为经济增长是一个广泛的经济和政治环境综合作用的结果,税负对经济增长具有影响但不起决定作用;因为经济增长是社会需求作用的一种结果形式,而税收作为社会总需求因素并不直接同经济增长发生联系,所谓的"低税负高增长"只不过是一种表象。仅就经济增长的要素如资本投入,动供给和技术进步等对经济增长的贡献率而言,它们的大小也不决定于政府部门与非政府部门对社会总产品的分割比例。

其次,关于税收和价格稳定的关系。西方学者认为税收对反通货膨胀的效应主要体现在下述几个方面:第一,增税效应,从需要方面抑制通货膨胀;第二,减税效应,从供给方面减轻通货膨胀;第三,增税的流动性效应,从货币需求方面抑制通货膨胀。然而,近年来西方学者研究发现,税收作为反通货膨胀工具有很大局限性,认为增税政策也可能增加通货膨胀的压力。正如布林德和索洛所说:"如果为治理通货膨胀的紧缩性财政政策采取的是提高税收的方式,它对总需求可能有通货紧缩的影响,但也会对总供给产生意料之外的成本推动型通货膨胀影响。"② 其他西方学者如坦兹、威尔逊、汉森等人也认为,增税既可能产生需求面效应,也可能产生供给面效应。我国青年学者郭庆旺认为,在我国目前利用税收从需求方面抑制通货膨胀会因抑制型通货膨胀和畸形税制结构的存在而使其不能成为有力的反通货膨胀的工具。③ 或许可以这样表述,增税抑制总需求在短期内是有效的,但在长期内会对资本投入和劳动产生负面影响,因而产生供给效应。我们认为,从宏观上看,税收能否成为稳定物价的重要手段还是一个模糊的概念。

最后,关于税负的劳动供给效应。西方经济理论认为主要是通

---

① [加] 理查·M. 伯德:《税收政策与经济发展》,萧承龄译,中国财政经济出版社 1996 年版。

② Blinder, A. S. and Solow, R. M., "Analytical Foundations of Fiscal Policy", in *The Economics of Public Finance*, edited by A. S. Blinder, Brookings Institution, 1974, pp. 98 – 99.

③ 郭庆旺:《税收与经济发展》,中国财政经济出版社 1995 年版,第 329—332 页。

过个人所得税来实现的，即通过政府征收个人所得税促使闲暇和劳动的相对价格发生变化而产生的替代效应和收入效应。而在我国由于劳动力大量过剩，劳动的边际生产率很小或等于零，劳动力的无限供给是存在的。我国今后解决劳动供给问题的焦点不是如何增加供给，而是如何消化劳动供给过剩的问题。因此从宏观上判断得出：税负高低对劳动供给基本无影响。

通过上面税负与社会经济三大目标关系的分析，我们可以得出结论，由于税收作为国家宏观调控的杠杆效应力度有限，因而从实现社会经济三大目标和国家宏观调控的视角出发确立税负本身的合理规模与水平是不科学的。过分夸大税收杠杆的调节作用将会导致合理的税负规模与水平的扭曲，从而使社会经济和宏观调控目标的实现失去基础和前提。当然，我们并不否认社会经济和国家宏观调控目标对宏观税负水平的确立具有影响力。因此，解决这一问题的正确途径就只能从税收和财政的关系出发，即从税收服务的对象财政支出角度出发来界定合理的宏观税负总水平。其理由为，第一，无论是从组织财政收入的角度看，还是从资源配置的角度看，税收的基本职能都是扮演聚财手段的角色，无论是财政型税收时期还是调节型税收时期，这都是被东西方的理论和实践所证实的基本规律；第二，从我国财政的实践看，政府财政几乎年年有赤字，这说明从财政需要确立国家宏观税负规模与水平具有客观性。诚然，合理的财政支出规模也将根据政府职能和财政职能的变化而做相应的调整。

## 二 确立依据

至此，问题的关键是如何确立合理的财政支出规模。然而，所谓的财政支出规模，其内涵已随计划经济向市场经济的转轨而发生了重大变化。传统的单元财政模式下的统一的财政支出区分为适应社会主义市场经济要求的双元财政模式下的公共财政支出和国有资产财政支出。与此对应的收入来源分别为税收、费用和国有资产收益、国有资源收益及债务等。可见，税收手段服务的对象只是国家公共财政支出部分。进一步地讲，合理的宏观税负水平的确立取决于合理的公共财政支出规模。

我国学术界关于中国社会主义市场经济条件下的财政支出规模问题研究有两个代表性的观点。其一，国家财政规模大小及其合理与否的程度取决于符合财政资源配置的外在合理比例要求的程度；[1] "理想的税收规模效率水平是指这样一种状态，即一个财政年度内税收收入总额与理想效率条件下的财政支出总额基本相等"[2]。我们认为，从社会主义市场经济条件下的资源配置所要求的财政配置资源的合理比例出发，界定效率财政规模是符合市场经济对财政的客观要求的，是科学的。但在此基础上提出一个财政年度内税收收入总额与理想效率条件下财政支出总额基本相等的观点是值得商榷的。且不说税收并不是形成财政规模的唯一手段，仅就税收与财政的关系而言，这种认识在理论上混淆了计划经济条件下的单元财政模式和社会主义市场经济条件下的双元财政模式对税收的客观要求。事实上，即使是在单元财政模式下，税收收入总额也不会与财政支出总额完全等同。这种观点似乎可以从我国的财政实践中找到佐证。其二，社会主义双元财政模式下的公共财政最佳规模是由市场效率准则来决定的。认为当政府新增单位公共服务所提供的利益，与该单位服务相应的税款所产生的负利益相等时，政府为企业提供了最大量的利益。此时公共财政规模处于最佳数量状态上。[3]我们认为这个理论模型有以下三点不妥：第一，公共财政规模是国家履行其职能的财力保障，财政范畴产生于国家职能的需要，因此研究公共财政的视角不应当是从企业的利益出发，而应当是从国家

---

[1] 李俊生：《财政效率论》，东北财经大学出版社1994年版，第57页。
[2] 李俊生：《税收效率内涵》，载中国财政学会编《社会主义市场经济与财税改革——第十一次全国财政理论讨论会论文选》，中国财政经济出版社1994年版，第190页。
[3] 叶振鹏、张馨：《双元结构财政——中国财政模式研究》，经济科学出版社1995年版，第143页。

利益出发；第二，即便是以企业利益最大化为依据，实践上也不具有衡量企业利益最大化的客观标准；第三，借鉴西方以消费者偏好以及物品的边际效用为已知条件的所谓公共物品最优供应模型并不能反映我国双元财政模式下的公共财政的最优规模。因为公共物品并不等于公共财政。可见，我国学术界关于公共财政规模问题的研究虽已取得了一定的进展，但仍有很大的局限性。

在当代西方国家中，公共财政支出无论是从绝对量还是从相对量来看，都呈上升趋势。围绕这一问题，西方学者曾提出"政府活动扩张法则""公共收入增长引致说""公共支出增长的发展模型""非均衡增长模型"等多种界说。[①] 但这些都是从表象上去释义公共支出增长的原因。事实上，这种增长的背后有其深刻的政治、经济根源，既有真正的经济发展原因，又有公共选择机制的"政府失灵"因素造成的原因。可见，它不是所有市场经济国家公共财政支出的"普遍规律"。认清这一点，便于确立我国合理的财政规模和税负水平，扫清思想认识上的障碍。当然，我国改革20年来财政规模占GDP的比重不断下降也不应是我国的"特有规律"。

中国双元财政模式下的合理的公共财政规模应表述为：社会主义市场经济条件下的资源优化配置所要求的政府公共财政部分配置资源的规模。此为确立宏观税负水平的本依据。这一理论表述的内涵如下：第一，资源优化配置是在一定的经济发展水平和科学水平下对社会总产品的配置，也就是说，资源优化配置是以一定的经济发展水平和科学技术水平为前提；第二，由于政府公共财政部分配置资源受制于社会总资源配置的客观比例要求，因而公共财政规模在量上以当期的剩余价值量（M）为最高限量；第三，合理的公共财政规模是由于社会主义市场经济条件下的资源优化配置对政府公共财政部分配置资的客观要求而形成的，因而必与转轨后形成的经济和政治体制下国家履行相应的职能所需要的财力规模是等价的。

---

① 王传纶、高培勇：《当代西方财政经济理论》上册，商务印书馆1995年版，第126—130页。

## 三 模型提出

根据上文对公共财政规模的理论界定，我们可以得出结论：合理的公共财政规模所要求税收手段形成的财力规模为合理的宏观税负规模的基本内容（用 A 表示）。但二者在量上并不完全相等。因为形成公共财政规模的收入形式并非税收一种，还有其他收费等项目。所谓的"费改税"并不是要将所有的"费"均改为"税"，而是把那些具有税收性质或名为"费"实为"税"的政府收费项目纳入税收轨道。对那些本来即属于收费范畴或名与实均为"费"的政府收费项目，则要按照收费的办法加以规范。

就税收范畴自身而言，组织财政收入是其基本职能，而税收作为经济杠杆通过税负的增减变化及其运动来发挥作用是其调节职能的具体体现。因此，在合理的公共财政规模制约下形成的宏观税负规模的基础上，还要增加一个变量，那就是国家根据社会经济和宏观调控目标需要所要求的税负调节量（用 b 表示）。这一调节量原则上不能超过合理宏观税负规模本身即 A 部分。至此，我们从中国经济体制转轨后目标财政模式——双元财政模式角度出发推导的中国宏观税负理论模型为：税负 = A ± b（b < A，税负 < M）。

## 四 实证分析

根据中国双元财政模式下的宏观税负理论模型（A ± b）来确定合理的宏观税负水平，有两个问题需要说明：第一，确定合理的宏观税负水平的关键是确定 A、b 的量及 b 的符号，但由于 b 的量即国家通过税收杠杆进行宏观调控的量是随着不同时期国家宏观调控目标的变化而变化，而且该量较小，所以这里我们不妨设 b 为零，即我们只确定合理宏观税负的基本水平；第二，我们选用社会主义市场经济体制目标提出前 5 年和提出后 5 年即 1987—1996 年的相关统计数字为样本数据，据以确定 A 的量，即公共财政支出的必要量。

社会公共财政支出必要量（A）不是主观愿望要求的必要量，而是受生产力发展水平制约，应当由政府公共财政部分开支的事业的经费必要量。主要由以下三部分组成。

### （一）经常费用项目

经常费用项目是应当由国家公共财政预算系统开支的维持性经费，一般包括行政管理费、文教卫生和科学事业费、抚恤和社会救济费、地质勘探费、工交商部门事业费、农业事业费和国防费等。在我国目前的预算盘子中，这一项目分别由预算内和预算外资金共同开支。因此，社会公共财政支出中的经常费用项目开支总额是由预算内和预算外资金中的经常费用项目支出数合计而得到的。

### （二）非物质生产部门的非生产性基本建设投资和更新改造投资项目

包括国家党政机关、社会团体的建设，卫生、教育和社会福利事业建设，体育、文化、艺术、广播、电视和电影事业建设，科学研究事业建设，非物质生产部门的公共事业、居民服务、职工住宅和咨询服务业建设，其他非生产性建设以及更新改造投资。

### （三）调节性项目

包括政府履行宏观调控职能和其他相关职能而开支的项目，如由政府作为投资主体承担的能源、交通、通信和水利等重点项目的开支；政府为了进行宏观调控、促进价格改革而进行的价格补贴开支；等等。这里所说的调节性项目与我们构造的宏观税负理论模型中的 b 不是一个层面的问题，因而在量上不包括 b 这一部分。

将上面三项数字加计起来，便可以测算出我国 1987—1996 年社会公共财政支出的必要量，以及它们各自占 GDP 和剩余价值量（M）的比重，见表 1。从表 1 中可以看出，1987—1996 年，社会公共财政支出必要量占 GDP 的比例在 18.7%—20.7%，平均为

19%；社会公共财政支出必要量占 M 的比例在 55.0%—62.9%，平均为 59%。

表1　　　　　社会公共财政支出必要量及其占 GDP 和 M 的比重

| 年份 | 国内生产总值(GDP)(亿元) | 剩余价值量(M)(亿元) | 社会公共财政支出必要量 ||||| 社会公共支出的必要量占 GDP 的比重(%) | 社会公共财政支出必要量占 M 的比重(%) |
| | | | 总额(A)(亿元) | 经常费用项目(亿元) | 非物质生产部门的非生产性基建和更改项目(亿元) | 调节性开支项目(亿元) | | |
|---|---|---|---|---|---|---|---|---|
| 1987 | 11962.5 | 3935 | 2475.5 | 1264.8 | 373.1 | 837.6 | 20.7 | 62.9 |
| 1988 | 14928.3 | 4873 | 2859.0 | 1488.0 | 419.9 | 951.1 | 19.2 | 58.7 |
| 1989 | 16909.2 | 5385 | 3089.5 | 1698.7 | 391.5 | 999.3 | 18.3 | 57.4 |
| 1990 | 18547.9 | 6211 | 3470.8 | 1927.5 | 374.3 | 1169.0 | 18.7 | 55.9 |
| 1991 | 21617.8 | 7344 | 4041.5 | 2191.4 | 464.7 | 1385.4 | 18.7 | 55.0 |
| 1992 | 26638.1 | 8785 | 4857.1 | 2540.6 | 679.1 | 1637.4 | 18.2 | 55.3 |
| 1993 | 34634.4 | 10933 | 6636.7 | 3112.2 | 1195.1 | 2329.4 | 19.2 | 60.7 |
| 1994 | 46759.4 | 15264 | 9082.8 | 4337.9 | 1510.4 | 3234.5 | 19.5 | 59.7 |
| 1995 | 58478.1 | 18226 | 10671.4 | 5250.3 | 1711.6 | 3709.5 | 18.3 | 58.6 |
| 1996 | 68593.8 | 21806 | 12797.3 | 6296.4 | 2055.5 | 4445.4 | 18.7 | 58.7 |

资料来源：①1988—1997 年《中国统计年鉴》；②1988—1997 年《中国财政年鉴》；③本表中 M 量转引《经济研究》，1998 年第 8 期第 52 页。

根据近 10 年来的相关数据测算出的社会公共财政支出必要量是否可以代表中国经济转轨后的社会公共财政支出合理的水平呢？回答这个问题，首先应该考虑影响社会公共财政支出的变化量。当然，近 10 年来社会公共财政开支的项目并非都完全合理的，但这种不合理因素将随着市场经济的日臻完善而逐渐得到调整，调整的部分便融入了影响社会公共财政支出的变化因素。影响社会公共财政支出减少的因素有四点：第一，经济体制改革必然要求政府职能的转变，要求政府机构有很大力度的撤、简、转、裁，同时，要求事业单位更多地转向企业经营和大大减少财政拨款；第二，现行财政安排的巨额价格补贴开支也将由于价格体系改革的深化而有较大幅度以至根本性的压缩；第三，现行财政安排的巨额重点建设投资支出，其中有相当部分也是由于价格体系不合理所造成的，体系改革的深化将使这类投资在相当程度上能转由市场和国有资产财政承担；第四，现行财政开支企业亏损补贴也将随着社会主义市场经济体制的初步完善，尤其是社会保障体系的建立、健全而大幅度地减少。影响社会公共财政支出增加的因素有三点：第一，社会主义市场经济的社会保障制度要有相当规模的公共财政支出；第二，随着市场经济的深入发展，市场失灵的问题将日渐突出，成为阻碍经济发展进入成熟阶段的关键因素，从而要求政府部门加强对经济的干预，这显然要以公共财政支出的增加为前提；第三，随着市场经济由不成熟阶段进入成熟阶段后，公共支出的结构会发生相应的转变。从以社会的基础设施投资为主的支出阶段，逐步转向以教育、保健和社会福利为主的支出结构。这些旨在进行福利再分配的政策性支出的增长会大大增加公共财政支出。可见，经济体制转轨后能影响社会公共财政支出的正负因素都很明显。我们认为，二者相抵后对我国目前社会公共财政开支水平影响不大。

诚然，社会公共财政支出水平并不能完全代表宏观税负水平，合理的有效的宏观税负水平取决于公共财政支出所要求的税收手段所形成的财力规模。构成公共财政支出的收入形式除税收外还有收费等项目。在我国目前具有准税性质的税外收费比重相当大，但随着市场经济的深入发展，费改税的逐步到位，收费等项目在公共财政支出中所占比重将甚微。所以，我们认为可以在确定宏观税负基本水平时将其同税收宏观调控量（b）忽略不计，即把 A 近似看成合理的宏观税负基本水平。

我们可以根据形成宏观税负理论模型内涵的三条标准对社会公共财政支出水平进行检验，如果符合三条标准，那么就可以据此判断社会公共财政支出水平，即19%是合理的有效率的宏观税负的基本水平。

由表1分析可知，社会公共财政支出必要量占国内生产总值（GDP）和剩余价值量（M）的两个比重至少可以说明三个问题：第一，社会公共财政支出必要量受制于我国目前的生产力水平（约占GDP的19%），是社会资源优化配置所要求的公共财政配置资源的合理部分，因而符合生产力标准；第二，社会公共财政支出必要量占剩余价值量的一部分（约占M的59%），没有超过剩余价值量（M）本身的最高限量；第三，市场经济体制开始构建后的5年即1992—1996年的社会公共财政支出水平同市场经济体制目标提出前的5年即1987—1991年的社会公共财政支出水平基本持平，说明这一水平能够满足中国社会主义市场经济条件下国家履行相应的职能所需要的财力保障。事实上，发展中国家的平均税负水平亦是19%。因此，我们得出结论：中国社会主义市场经济条件下的合理的宏观税负基本水平为GDP的19%。

（本文与孙飞合写，发表于<br>《吉林工业大学学报》1999年第1期）

# 税收负担效应分析

税收负担反映国家与纳税人之间的税收分配数量关系,是一个国家税收政策与税收制度的核心内容,也是判别一个国家税赋轻重的重要指标。它在实质上反映与调节国家与纳税人的利益关系。税收负担效应是指政府课税多少对经济产生的不同反应与效果。税收负担过轻会影响国家财政收入,而税收负担过重则会损伤企业和纳税人的生产经营积极性。只有税收负担合理化,才能保证国家与纳税人之间利益关系的协调与和谐,才会对经济发展产生最佳的效应。研究税收负担效应,对我国税制的设计与税收政策的选择无疑具有重要的理论意义及应用价值。

由于税收负担效应主要通过税收的三大职能,即筹集财政收入、调控经济运行、调节社会分配关系来实现,而税收的上述三个职能又具体贯穿和体现于投资、消费、出口及储蓄等重要的经济活动中,因而必须深入分析税收负担的投资效应、消费效应、出口效应以及储蓄效应。

## 一 税收负担对投资的效应

税收负担对投资的效应主要表现为刺激投资与抑制投资两个方面。以往研究者一般把税收负担对投资的影响分为对政府投资的影响和对私人投资的影响,我们这里只研究税收负担对私人投资行为的效应。我们认为,征税是国家行为,国家投资也是国家行为,国家除了在一些关系国家安全和国民经济命脉的领域和重要国有骨干企业保留投资外，一般应退出逐利的投资领域，而应该更多地致力于民间资本不愿意进入的公共产品和公共服务的提供上。所以，政府对公共产品和公共服务的投资是不需要用税收杠杆调节和引导的，而税收对民间投资的效应才是我们的研究重点。

相对政府投资而言，非政府行为的投资即企业投资和个人投资一般统称为民间投资。这类投资的基本特征是以投资利益最大化为目标，它与政府投资的目标有着原则性的区别，只要有获利空间，个人和企业就愿意投资。而政府投资有些完全是出于维护社会公平正义或者政治需要，经济效益的考虑是次于政治利益考虑的。税收对个人和企业投资的影响，可以是鼓励性的，也可以是限制性的，它主要是通过税收负担的高或低来推动不同时期和不同经济发展阶段的政策目标的实现。

投资是经济增长的主要动力。各国政府一般都致力于扩大民间投资，并且利用税收政策来保持其持久力，延长其发展稳定期。特别是当经济增长缓慢、需要扩大投资时，在税收政策上常采取降低税率、扩大税收优惠和允许加速折旧等减轻税收负担的措施来刺激投资，比如企业所得税一般就充当这个重要角色。如果对资本的边际收入征税，可能使投资的边际收入下降，进而抑制投资行为；如果允许某些资本成本项目进行税前扣除，降低资本成本，则能鼓励投资行为。因此，在其他条件不变的情况下，任何旨在提高资本成本的税收措施，都将抑制投资的增长；而任何旨在使资本成本下降的税收优惠措施，都将刺激民间投资意愿。各国运用税收负担影响民间投资行为的方法通常有以下几种。

(一) 调整税率

调整企业所得税税率会直接影响投资人的所得税税负，企业所得税税负的高低又直接影响投资者税后利润的多少。企业所得税税率越高，可供投资人分配的税后利润越少；反之，投资人利润越多。例如，我国企业所得税法规定，对国家需要重点扶持的高新技术企业按15%的税率征收企业所得税。低税率直接刺激了民间资本竞相发展高新技术。有人提出,税收对民间投资的影响最好是无影响,保持税收中性。如果政府不发挥税收杠杆的作用,不利用民间投资的逐利性,那么一些投资数额大、投资回收期长而政府又无力投资的项目,可能永远也无法进行。当然,如果不是需要政府发挥"看得见的手"作用的项目,还是要设计合理的税负水平,尽量减少税收负担对投资决策的影响,以充分发挥市场"看不见的手"的作用。

### (二) 税收优惠

它是指根据国家一定时期的政治、经济、社会政策要求,对生产经营活动中的某些特殊情况给予减轻或免除税收负担。对应征税款依法减征称为减税,对应征税款全部免除称为免税,对外资企业还有再投资退税等方式,以达到刺激投资的目的。税收优惠可以按照不同的标准进行分类。一是从时间上可划分为定期减免和不定期减免。前者限于在规定的期限内给予减税免税,过期一般不再继续享受减免照顾,比如对新办外资企业的所得税"免二减三"的政策。后者是对特定纳税人和特定征税对象在一定范围内给予的减税免税,没有固定的减免时间限制,比如对安置残疾人员及国家鼓励安置的其他就业人员所支付的工资,可以在计算应纳税所得额时加计扣除。二是从性质上可划分为政策减免、困难减免和一般减免。政策减免是指配合国家有关政策所给予的减税免税,如对基础产业、农业投资所得的免税,对部分外商投资者投资所得的免税,等等。困难减免是指对纳税人因特殊情况纳税有困难而给予的减税免税。如汶川大地震后,国家对受灾地区的企业所得税、个人所得税、营业税、房产税、契税、资源税、城镇土地使用税、土地增值税、印花税、车船税、进出口税等税收给予减免。一般减免是指其他一般性的减税免税。三是从与税法的关系上可划分为法定减免和非法定减免。前者指基本税法中明文规定的减税免税;后者指基本税法规定以外的由行政性法规规定的减税免税。减税是对投资者的所得少征一定比例的所得税,以达到鼓励投资的目的。再投资退税是政府将已经征收的税款,在投资者将投资收益进行再投资时予以退还,以鼓励其扩大投资规模。

### (三) 折旧方法

从折旧方法来看,企业所得税中的折旧政策对投资具有较大的影响。在税法上允许加速折旧是鼓励投资的主要措施,如果所得税制度允许的折旧率高于实际应该折旧率,则企业的计税所得就会相应减少,企业所得税负就会减轻,投资人就得到了税收鼓励,从而可能加大投资。我国企业所得税法规定,企业的固定资产由于技术进步等原因确需加速折旧的,可以缩短折旧年限或者采取加速折旧的方法。比如,软件加速折旧规定,企事业单位购进软件,凡购置成本达到固定资产标准或构成无形资产的,可以按固定资产或无形资产进行核算。内资企业经主管税务机关批准,其折旧或摊销年限可以适当缩短,最短为2年。再比如,特殊设备加速折旧规定,对促进科技进步、环境保护和国家鼓励投资的关键设备,以及常年处于震动、超强度使用或受酸、碱等强烈腐蚀状态的机器设备,经报国家税务总局批准,可缩短折旧年限或采取加速折旧的方法。这些减轻税负的税收安排,较好地引导了民间投资的方向和领域,促进了国民经济结构的进一步调整和优化。

与减轻税收负担对投资的鼓励效应相对应,加重税收负担对投资则有抑制效应。当经济发展过热,需要抑制投资时,国家可在税收上采取限制性措施,如提高税负、减少税收优惠和降低在税法上允许的折旧率,相应加大投资人的税收负担而使其减缓或削减投资。前几年为抑制房地产过热,国家通过征收固定资产投资方向调节税的方式控制建设规模;为刺激消费,扩大内需,减少人们的储蓄,国家曾对存款利息开征20%的利息所得税;为控制"炒房团"对商品房价格的推升,国家出台了2年内转让房产征收20%的营业税以及个人所得税的规定;等等,这些都有效地发挥了税收负担对投资的抑制效应。

## 二 税收负担对消费的效应

税收负担对消费的影响主要表现在两方面：一是税收负担的轻重会通过收入效应和替代效应，对居民收入在消费和储蓄之间的配置产生影响；二是税收负担会改变不同商品的税后相对价格，税收的收入效应（减少消费者的可支配收入）将降低消费者的消费数量，其替代效应将使得消费者对不同商品的购买量发生变化。也就是说，税收负担不仅会改变消费者的消费水平，而且会对消费者的消费和储蓄，以及不同商品的相对购买量等产生结构性影响（为了分析的简便，我们在此重点讨论税收通过收入效应和替代效应对消费水平和不同商品相对购买数量的影响）。具体而言，税收对家庭消费行为的影响主要表现在收入效应和替代效应两方面。所谓税收对消费的收入效应是指因为承担税收减少了家庭的可支配收入，从而降低了家庭的商品购买量；所谓税收对消费的替代效应是指通过税负转嫁使得商品的相对价格上涨，出于节约费用的考虑，家庭会减少对课税或重税商品的购买量，而增加对无税或轻税商品的购买量，也就是用无税或轻税商品替代对课税或重税商品的消费。

实际上，收入水平是家庭消费决策的硬约束，理性的家庭会根据商品的价格高低，选择不同商品的购买量组合来实现效用最大化。政府的课税会直接或间接地拿走一部分收入，从而降低家庭的可支配收入水平。比如提高个人所得税税率就会直接减少个人收入；提高消费税税率会提高商品价格，间接增加家庭的购买支出，降低其实际收入水平。所以，在国家增加税负的情况下，家庭的可支配收入必然难以维持原有的消费选择，为了实现最大效应，它只有两个选择：要么减少购买量和消费量，即产生收入效应；[1] 要么

---

[1] 所谓税收的收入效应，是指因为课税减少了纳税人的可自由支配收入，进而引起纳税人对劳动、储蓄和投资等所做出的进一步反应；也就是说，如果税负过重，人们宁愿选择储蓄和休闲，也不会从事生产经营活动。

对原有的消费组合进行调整,即减少对税率相对较高的商品的消费,增加对税率相对较低的商品的消费,也就是用一种商品替代一部分另一种商品的消费。①

## 三 税收负担对出口的效应

当前,研究税收负担不能仅仅局限于在国内经济和市场条件下就税负论税负,还要以全球化视野来考量税收负担问题。事实上,税收负担已经成为一国出口商品参与国际竞争的一个重要政策手段。

### (一) 降低税收负担是提高本国出口产品竞争力的主要手段

在经济全球化和贸易自由化的现代社会,特别是我国加入WTO后,在消除贸易保护和关税壁垒以及非关税壁垒的承诺下,灵活运用税收负担提高本国产品竞争力的主要载体是出口退税率。国家通过给企业退还整个流转环节的税收,使其产品以零税率或低税率进入国际市场,以提高产品在国际市场的竞争力;同时,也促进了出口导向型国内企业的发展,增强就业吸附能力,为国家积累大量外汇储备。实践证明,降低出口企业的税收负担,也就是提高出口退税率,对促进我国外贸出口和经济增长起到了极大的推动作用。

通过出口退税,不仅降低了企业的税负,而且能有效促进本国经济增长。突出表现在三方面:一是能扩大企业的海外市场,促进生产力发展。尤其是其产品在国内消费有限的企业,出口贸易能够给企业带来广阔的市场空间。在我国南方沿海地区,一半以上的中小企业依赖出口生存,这些企业的产品主要靠低廉的价格占有市场,如果不能以低税或无税价格进入国际市场,那么企业毫无出路可言。二是可以为经济增长积累必要的外汇储备。经济快速发展需

---

① 周绍朋主编:《税收经济学》,国家行政学院出版社2005年版,第18页。

要引进国外先进设备、技术和原材料等,外汇储备必不可少,扩大出口是换取外汇的重要途径。多年来,我国一直保持较大的贸易顺差,外汇储备连续多年位居世界前三,2008年取代日本成为全球第一。不管如何评价高额外汇储备带来的弊端,但实实在在的储备毕竟增强了我国的抗风险能力,提升了我国参与国际贸易谈判的话语权。三是参与国际市场竞争和国际分工。出口贸易为技术进步和人力资本积累创造了良好的条件,包括信息资源的获取、技术人才的培养等。可以说,出口贸易使一国的生产与世界联系起来,促进了生产力进步和经济增长。可见,税收杠杆是推动出口贸易增长不可或缺的有效工具。

出口退税还可以在世界范围内维护商品的公平竞争。因为各国税率千差万别,即使劳动生产率完全相同的两个国家也可能仅仅由于国内税负的不同而在同一产品的价格上有很大的差异,造成不公平竞争。只有退还出口产品在出口国国内生产和流通过程中已交纳的全部税金,使出口货物以不含税的零税价格进入国际市场,才能真正实现公平竞争。亚当·斯密的《国富论》曾对出口退税有过专门论述。他认为,商人和制造业者,不以独占国内市场为满足,却为他们的货物谋求最广大的国外销售市场。但由于他们的国家在外国没有管辖权,他们要独占外国的市场,简直是不可能的。所以,一般来说,他们只好请求奖励输出。在各种奖励中,所谓退税,似乎是最合理的了。[①]

出口退税的主要税种为增值税。增值税是按增值额的大小实行多环节征税,无论产品经过多少环节,都可以计算出各环节所缴纳的税款,并采用发票扣税的办法,使每个环节所含增值税税款更加清晰,便于把各环节已纳税款核算出来退还给企业。通过税负杠杆降低出口产品的税负,对进口产品征税或者征收高额的税收,会较好地满足国家宏观经济政策的需要。外贸比较优势原理告诉我们,进口产品必有一部分是属于国内短缺的资源和产品,

---

① 严才明:《我国出口退税政策效应分析》,《涉外税务》2007年第3期。

而出口产品必有一部分是属于我国优势的产品，通过进出口贸易循环，不仅改善了国内总供给和总需求的结构，还会产生经济总量扩张的结果。

总之，调整出口产品税负，对经济有深刻影响。第一，对产业结构的影响。国家对附加值含量不同的产品实行高低不同的退税率，发挥"税收诱因"效应，优化资源配置，推动产业结构调整。第二，由于各地区出口占出口总额中的比重不一样，不同产品出口退税率的差别，以及出口退税的政策倾斜等，也会影响到地区经济结构。第三，出口退税主要是针对增值税而言的，增值税为中央和地方共享税，在中央财政并未拿到全部税收的情况下，要求中央全部退税，会对中央和地方财政负担结构产生影响。[①]

### （二）相机调整税收负担是提高税制竞争力的有力武器

从全球视野看，国际税收竞争（包括有害的国际税收竞争）已经成为一个主权国家权衡和调整税收负担的重要考量依据。全球化是21世纪世界经济最为突出的特点，各国经济越过区域性的藩篱与壁垒在全球范围内竞争并寻求最佳资源配置。其直接的正面外部效应反映为全球经济总量的增长，但是对于税制的发展，却有着正反两方面的作用。就其积极意义来看，全球化促进税制协调发展、鼓励各国拓宽税基、降低税率，进一步实现税收中性。但是，在经济全球化的过程中，也有一些国家和地区专门吸引那些没有实际经营活动，纯粹为实现利益最大化而避税的公司前去"投资"。相关国家和地区为了保护自身利益，竞相降低税率，提供税收优惠，结果严重扭曲了贸易与投资方式，侵蚀了有关国家和地区的税基。在预算支出不变的情况下，税负向地域流动性较差的经济活动和要素转移，从而影响有关国家和地区税制结构的公平与合理，并对正常的经济活动产生副作用。

---

① 张伦俊、祝遵宏：《我国税收对出口贸易的影响分析——兼谈出口退税政策调整的效应》，《国际贸易问题》2005年第4期。

根据OECD的统计，1985—1994年，西方7国在低税地区（主要是加勒比海地区和南太平洋岛国，一般被认为具有避税港性质）的外国直接投资增长了5倍。美国的海外投资在过去15年内增长了1400%。OECD认为，资本的流动和经济活动的位移导致税基国际化，从而动摇了有关国家的既定税收权益。有害税收竞争就是在这种背景下提出来的。

国际税收竞争的存在，使得主权国家自主改革税收制度和运用税收政策的能力不断受到侵蚀。国际税收竞争尤其是恶性税收竞争的目的是吸引非居民税基，把生产要素与经济活动引向本国。优惠的税收政策将会影响跨国企业的投资决策和经营地点的选择，从而使富有流动性的资本、人才和技术从高税负国转移到低税负国。因而，主动降低税收负担参与国际竞争，以吸引更多的外国投资并防止资本外流，发展国内经济，增加就业，提高本国企业的竞争力，也是提升一国国际竞争力的重要手段。世界银行在对两类国家近20年的数据进行分析之后发现，那些选择通过向其他企业和公民征收较少税收收入进行竞争的国家，经济增长得更快；而选择高税收的政府和国家，其经济增长速度就要慢一些。[①] 经济全球化和国际税收竞争使各国税制经历着某种趋同的过程，减税是其普遍采取的政策手段。对于已经加入WTO的我国来说，为了进一步吸引外资和促进本国经济发展，对世界性税制改革的趋势和经验是必须认真考量的。

### （三）有升有降的税收负担有助于协调保护和开放的关系

伴随着关税水平的不断降低，国外的商品和服务正在大量进入我国市场，税收政策面临着开放和保护的两难选择。根据业已达成的双边或多边贸易协定，税收所能提供的保护是有限的，必须结合国内产业结构调整的要求，进行有效的保护。要明确哪些产业具有比较优势，能够走向国际市场；哪些产业还不具备国际

---

① 世界银行编：《世界税制改革的经验》，张楚楠、彭宁、龚辉文译，中国财政经济出版社1995年版，第35页。

竞争的能力,却是我国国民经济的主导产业,必须经过一段时间的保护,才能使其最终走向国际市场;哪些产业目前还没有开发和生产能力,其国内需求主要依靠进口解决。然后,针对不同的行业制定不同的税收政策。具有比较优势的行业,在我国一般都是劳动密集型产业和少数高科技产业,为了鼓励它们出口创汇和开拓国际市场,要进一步贯彻落实国家的出口退税政策,加快出口退税的进度,增加出口退税的指标。同时,给予高科技产业特别的优惠政策,如允许设立风险投资基金,并税前列支;对于那些不具备国际竞争能力的主导型产业,则应千方百计地利用一切可利用的保护性措施。当然,保护不是目的,而是要在保护的过程中谋求发展,最终使自己足够强大。以农业为例,加入 WTO 后,我国每年进口粮食的配额增加到 2100 万吨,配额之内实行 1%—3% 的低关税,配额之外继续实行高关税,但要逐步从以前的 30%—40% 降至 14%—17%。由于我国农业的劳动生产率大大低于农业发达国家的劳动生产率,这样势必会对国内农产品的价格和农民的收入造成冲击。如果按照国际比较优势的原则,我们似乎可以采取放弃农业生产、所需粮食从国外购买的办法。但是,我国是一个拥有十几亿人口的大国,十几亿人口的吃饭问题不能指望别人来解决,这是一个粮食安全的问题,涉及一个国家主权不至于受制于人。因此,税收政策首先必须能够促使农民在生产的品种结构上进行调整,鼓励其提高科技含量,改良品种;其次,不断加大农业投入,强化支农惠农措施,大幅度增加农民收入。当然,按照国际分工的要求,一个国家没有必要生产一切它所需要的东西。因此,对于某些并非事关国计民生的弱质产业,政府可以放弃对它们的扶持。如果继续扶持,一方面政府将承担本来应由企业承担的风险,另一方面造成资源配置过度分散,不利于有国际竞争力的产业形成。所以,在税收政策导向上,应尽量减少给予这些弱质产业税收优惠,充分发挥市场优胜劣汰的作用。

## 四 税收负担对储蓄的效应

税收对储蓄的影响主要是通过税收政策的改变,导致人们因税收负担的变化而影响不同的储蓄主体倾向及全社会储蓄率的改变。储蓄包括国内储蓄和来自国外的储蓄。本文仅研究税收负担对国内储蓄的影响效应。其中国内储蓄包括政府储蓄、企业(公司)储蓄和居民个人储蓄。近年来,我国国内储蓄的结构发生了很大变化。1980—2000年,我国政府储蓄从32%下降到2%,企业储蓄从37%下降到13%,而居民储蓄却从31%上升到85%,居民储蓄已占绝对主导地位。[①]

研究税收负担对储蓄的效应,其最终目的是如何运用税收杠杆将不合理的储蓄转化为合理的投资,进而拉动需求,促进经济的良性发展。

### (一) 税收负担对居民储蓄的效应

一般来说,税收主要通过个人所得税、利息税等直接税对储蓄发生影响。第一,个人所得税对储蓄的影响。个人所得税对储蓄的影响主要是通过调整税负率来影响个人的实际收入水平。一般来说,在个人收入和边际消费倾向不变的情况下,对个人收入征税将减少个人储蓄额。也就是说,对哪些个人所得征税以及征多少税,将直接减少个人实际可支配收入,自然会降低个人的储蓄率。比如,假设一个人月收入为3000元,按照原先个人所得税法规定减除费用标准为800元,那么他的应纳个人所得税额=(3000-800)×15%-125=205元;如果按现行减除费用标准2000元计算,那么他的应纳个人所得税额=(3000-2000)×10%-25=75元。可见,通过降低税负率他可以少缴130元税款,如果该人有储蓄倾向,那

---

[①] 刘华、程海峰、萧艳汾、李丽:《影响储蓄向投资转化的因素及财税对策分析》,《税务研究》2002年第4期。

么他的储蓄就会增加130元。第二，利息税对储蓄的影响。对储蓄利息征利息税，会减少储蓄人的收益，从而降低储蓄报酬率，影响个人的储蓄和消费倾向。一般来说，对储蓄利息征税，会降低储蓄倾向，促进个人增加消费；但这个规则在中国并不必然。增加对储蓄的课税未必一定能降低储蓄倾向。因为储蓄行为属于潜在消费，如果居民对未来收入预期较低，或国家的社会保障水平偏低，无论国家对储蓄利息如何征税，居民也不会降低储蓄水平，相反会进一步增加储蓄，以保证未来的消费水平。据统计，截至2008年12月末，我国金融机构本外币各项存款余额为47.84万亿元，同比增长19.30%；人民币各项存款余额46.62万亿元，同比增长19.73%；全年人民币各项存款增加7.69万亿元，同比多增2.3万亿元。① 这一现象一方面显示投资渠道少，另一方面折射出老百姓对未来的经济判断比较悲观，存钱以备急需。

因此，利息税对储蓄的影响是双重的，既有减轻的效果，也有提高的效果。当今世界绝大多数国家都对储蓄利息征税，同时对一些特定储蓄项目的利息免征或减征利息税。这些利息项目一般包括养老基金、退休基金以及政府机构、慈善机构和非营利性事业组织的利息所得，表明各国政府试图发挥税收对利息所得的调节功能。但目前在我国，利息税对储蓄的影响不大是一种流行的观点，实践也证实了这种看法。1999年11月，我国开征存款利息个人所得税，目的是"赶虎出笼"，结果存款不降反增。2007年8月1日，国家将存款利息个人所得税税率从20%下调为5%，仍然未能阻挡储蓄余额猛增的势头。从2008年10月9日起，国家暂免征收储蓄存款利息所得的个人所得税。与其说是刺激消费、扩大内需之策，毋宁说是税收悖论的又一次应验。税收杠杆不是任何时候都能被作为万能工具应用的。

---

① MSN中文网，http://msn.idoican.com.cn/detail/articles/20090115553105/，2009年1月15日。

## (二) 税收负担对企业储蓄的效应

企业储蓄是指企业把征收所得税和进行分配之后的净利润存入金融机构的行为，也就是企业的保留盈余，即纳税后的企业收入减去分给股东的股息后的剩余。企业储蓄一是为了获取利息收益，二是将一部分闲置资金存入银行以备扩大再生产之用。那么税收对企业储蓄有何影响呢？从实践层面看，对企业利息征收所得税，其直接影响是减少企业的税后留利，对企业的扩大再生产产生不利影响。另外，调整企业所得税也可以影响企业储蓄倾向。一般而言，企业所得税税率越高，越会降低企业税后利润水平，从而使企业储蓄越少。而且相对于实行比例税率的企业所得税来讲，采用累进税率的企业所得税会更进一步降低企业的储蓄水平。此外，个人所得税也可能通过居民可支配收入的减少影响其消费需求，进而引起企业减产，投资减少，利润水平降低，从而间接影响企业的储蓄水平。当然，企业所得税在降低企业税后可支配利润水平的同时会减少对投资者的分配，从而引起居民收入水平的降低而间接影响到居民储蓄倾向。这种交互效应是关联的、动态的、持久进行的，体现在经济社会生活的方方面面。

## (三) 税收负担对政府储蓄的效应

政府储蓄是指政府将财政收入中经常性收入大于经常性支出的部分存入金融机构的行为，也就是财政收入与财政支出的差额，即财政节余。税收负担对政府储蓄的主要影响体现在税收负担规模对政府收入的影响方面。正常情况下，政府收入大部分来自各种税收，而税收实际上是对家庭收入和企业利润的一部分扣除。所以，税收直接减少了家庭储蓄和企业储蓄。在一定程度上，政府储蓄和企业储蓄、家庭储蓄存在着此消彼长的关系。但从实际的计算口径来说，并不是一种严格的互补关系。有的经济学家认为，政府税收收入的边际消费倾向比家庭和企业用来纳税的收入的边际消费倾向要低。[1]

---

[1] 庞凤喜主编：《税收原理与中国税制》（修订版），中国财政经济出版社2008年版，第74页。

如果这个结论成立，那么税收负担的增加，可以达到动员储蓄的目的。从原理上看，所有提高税收总量的行为，都会对政府储蓄产生有利的影响。但提高税收水平也不是随意的，它受经济发展水平的制约，一国税负总水平的改变，必须以不损害经济均衡发展为前提。所以，最有效的途径不是提高税率，而是完善税制，并不断提高税收征收管理水平。

（与王文汇合写，本文发表于
《税务与经济》2010年第5期）

# 论扩张性财政政策与货币政策的配合

财政政策与货币政策是国家或中央政府调控宏观经济运行的两大重要政策，是实现宏观经济正常运行，保障国民经济健康、快速、可持续发展的重要手段。二者结合得好，运用得好，不仅可以充分发挥各自的最佳功能，而且能形成一种合力，产生最佳的"综合效果"。因此，所有市场经济国家都十分重视财政政策与货币政策的配合协调问题的研究和操作。

## 一 财政政策与货币政策的协调配合是实现宏观经济调控目标的必然要求

任何经济都不可能如理想般地有序进行，社会主义经济也不例外。它在运行与发展过程中，由于受各种因素的作用与制约，必然要出现某种不均衡、无序性，甚至是明显的失衡状态，通货膨胀或通货紧缩均是宏观经济运行与发展过程中出现的总量与结构失衡状态。为了抑制和克服这两种失衡状态，保证国民经济发展的有序性和实现良性循环，必须运用财政政策和货币政策，这是二者结合运用的内在必然性和客观必要性。否则，国民经济将失去控制，陷入一片混乱的无政府状态。宏观经济运行与发展中如出现通货膨胀，应对的政策就应当是"双紧"政策——紧缩的财政政策和紧缩的货币政策。"双紧"就意味着同向同时配合，不能"一松一紧"，"一松一紧"意味着逆向和相互矛盾。宏观经济运行与发展中如出现通货紧缩，应对的政策就应是"双松"政策，或"双扩"政策——扩张的财政政策和扩张的货币政策。"双松"同样意味着二者同向同时配合，不能"一松一紧"，"一松一紧"意味着二者逆向和相互矛盾。从上可见，无论是"双紧"的搭配，还是"双松"的搭配，都不是单凭人们的主观愿望随意决定的，都是宏观经济运行中克服失衡状态，为达到既定目标所必需的。如果不考虑宏观经济运行的失衡状态表现为通货膨胀或通货紧缩，任意进行两种政策的逆向搭配，那就势必使两种政策的作用效果互相抵消，甚至使二者作用效果为零或负。在两种政策搭配过程中，不仅要注意政策的作用方向，不能进行逆向搭配，而且还要使两种政策之间关系协调，不能互相摩擦、冲突；同时还要注意两种政策持续的时间和作用力度，只有这样才会产生最佳的综合政策效果。国家在宏观经济政策操作过程中，要做到财政政策与货币政策的有机配套与结合，并非说二者一定要同时并用，政策力度也要一样。其中，还有一个政策工具使用顺序问题，即谁先谁后的问题。一般来说，由于财政政策具有出台快、见效快的特点，所以，无论是应对通货膨胀还是应对通货紧缩，往往都是财政政策率先出台，而相应的货币政策紧随其后，在货币政策中利率政策都一般率先出台。当然，也不能否定在一定条件下货币政策会率先出台而财政政策"断后"的情况。不过，从我国的实践来看，以往我国对通货膨胀的治理都是"先紧财政、后紧银行"的，这次对通货紧缩的治理，也是先扩张财政，尔后再扩张货币的。认识和把握财政政策与货币政策在实践中的运用次序，更有助于我们自觉地实现二者的有机结合与协调。

## 二 扩大投资必须伴以扩大消费

1998—2000年，我国对通货紧缩的控制与治理是有一定成效的，但效果还是待提升。究其原因，可以找出许多条，但我一直认为，扩张的财政政策应有扩张的货币政策积极跟进，并与之相配合。其主要表现为，扩大投资仅仅靠政府扩大投资，而占社会投资总额比重达80%左右的民间投资却没有启动，并且，扩大投资又没有扩大消费与其相配合，这就是问题的症结所在。因为我国发生通货紧缩的根源在于社会总需求不足，在社会总需求不足中，尽管投资需求也不足，但起决定性作用的是消费需求不足。运用扩张性财政政策扩大投资支出，可以刺激投资需求，并能带动一定的消费需求。人所共知，追加投资若按 C：V＝7：3 的有机构成来实现，就会使3/10 的投资转化为工资（V），形成消费需求。但这点带动，对严重的社会需求不足来讲，解决不了根本问题。针对性最强和最有效的根本措施，就是直接运用消费扩张政策，强力刺激消费。

### （一）增加城乡居民的货币收入

1999 年，国家拿出 540 亿元用于改善和提高城镇居民生活水平，有 8400 万中低收入者增加了货币收入。这是一个扩大居民消费的大举措，但据观测，这 540 亿元货币大致有以下几个去向。一是由于"流动偏好"沉淀在职工家里。二是转化为储蓄存款。虽然利率很低，但为未来购买和支付，只能做此选择。三是进入金融市场，转化为股票或债券，进行资产投资是为了获利。四是进入消费品市场，购买生活所需要的各种消费品。其中，前三个去向要占绝大部分，第四个去向，即转化为现实消费的至今不超过1/4。因此，就不可能对日益疲软的消费品市场产生较大的影响和拉动作用。

为什么会产生上述结果呢？我认为主要原因在于：这次增加货币工资收入，中等收入阶层获益较大，而真正低收入阶层（下岗职工、失业人员）获益偏少，"锦上添花"的比重偏大，"雪中送炭"的比重偏小，尤其是没有满足中国最大消费群体——农民的消费需求。当前，就居民的消费需求来说，明显地存在结构性矛盾，即有消费能力的阶层在一般消费品基本满足后没有进一步扩大消费的欲望及动力；而对消费品有强烈需求欲望的低收入群体却没有相应的消费能力。对于前者应主要刺激其扩大消费的欲望，开启其扩大消费的动力机制；而对于后者则是尽快地增加其货币收入，以增加和提高其现实的消费能力。所以，我总的看法是：1999年我国为扩大居民消费所采取调升中低收入阶层工资的举措力度不够，还应进一步加大力度，在今后1—3年再进行两次大幅度调升工资为宜。工资调升可考虑同工资制度改革结合起来进行，要对原有工资结构进行调整，使工资构成中包括住房支出、社会保障、子女教育费用支出等基本因素，并把福利性、实物性消费转化为商品化、货币化消费。这里需要突破三个传统观念问题：一是农民不能同城镇职工一样增加货币工资收入。农民没有实行与城镇职工一样的工资制，不能成为不给农民增加货币收入的借口或障碍。我认为，在如今农产品过剩的情况下，可实行"绿色农产品"价格补贴，鼓励农民生产无污染产品，既可增加农民收入，同时维护农业生态环境，还可以以户为单位实施农村义务教育补贴，每户一个适龄儿童入学便可每年享受一定的补贴（要规定只有入学才享受，不入学不享受），以激励和促进农村义务教育发展。二是通货膨胀有害，在任何情况下都不能搞通货膨胀。针对我国目前较严重通货紧缩的特定条件，我认为应当而且必须采用适度通货膨胀的办法加以治理，这是有的放矢，对症"下药"。因为适度的或较温和的通货膨胀，对于理顺扭曲的价格，制止价格不合理下降，调整和改变失衡的经济结构，增加就业，促进经济增长有着一定的积极作用。三是关于积极利用赤字效应问题。进入20世纪90年代以来，我国的财政赤字尽管绝对量在上升，财政赤字占国内生产总值的比重却保持在较低的水平上。我国财政赤字有两部分：一是中央财政赤字，二是地方财政赤字。一般地讲，国家财政赤字就是指中央财政赤字。据统计，1991—1999年我国中央财政赤字分别依次为217亿元、229亿元、299亿元、667亿元、663亿元、609亿元、558亿元、960亿元、1803亿元人民币，占GDP的比重均在3%以内。其中，近几年更是处在较低水平上，1998年仅为1.21%，1999年为1.77%。① 可见，我国财政赤字额并不大，占国内生产总值的比重还是比较低的。因此，扩大财政赤字还是存在较大的空间和余地的。而且，中央政府扩大的财政赤字是可以弥补的，只要不是失去控制，不仅不会产生不可抵御的风险，反而极有利于促使我国经济摆脱通货紧缩的困境，走上健康发展的道路。一般而言，弥补财政赤字有两个途径：一是举借债务，包括举借内债与外债，无论举措哪一种债务都必须充分考虑偿还能力。二是增发货币，包括经济发行与超经济发行，无论哪一种发行都必须充分考虑社会商品流通的实际需要，尤其是超经济发行要慎重并要严格予以控制。我认为，在目前我国正处于较严重的通货紧缩的情况下，上述两条途径均有可操作的现实空间。先看我国的国债状况：20世纪80年代，我国国债发行次数不多，数额也不大。进入90年代后，不仅发行次数增多，同时增长规模也较快。到1998年年底，我国政府累计举借内外债13749.8亿元人民币，累计偿还内外债本息8274.25亿元人民币，国债余额为7862.33亿元，国债负担率（国债余额/当年GDP）不到10%。国债负担率表示国民经济的债务化程度，指标越高，表明国债对经济的干预越强，而财政收入相对不足。国债负担率不足10%，这表明我国的债务负担并不高，远远没有达到债务负担的国际警戒线（15%），② 并且与世界上诸多国家相比，我国的国债负担率也是很低的。所以，面临通货紧缩迫切需要举债时，则必须大胆进行举债。举债虽然并非"无本万利"，但确实是"一本百利"。从90年代以来我国国债的负担率、中央财政的债务依存度及债务偿还率等几种指标变化来看，我国扩大债务的空间仍然是较大的，见表1。

---

① 许健：《财政政策的困境及对策》，《财贸经济》2000年第1期。
② 阎坤、徐佳蓉：《中国国债规模若干重要观点述评》，《财贸经济》2000年第3期。

表1　　　　　1991—1998年我国债务负担率与债务依存度　　　　单位:%

| 年份 | 当年负担率 | 累计负担率 | 中央财政依存度 | 累计偿债率 |
|---|---|---|---|---|
| 1991 | 1.38 | 5.88 | 17.80 | 34.58 |
| 1992 | 1.70 | 5.28 | 25.35 | 36.46 |
| 1993 | 1.15 | 4.67 | 19.48 | 38.50 |
| 1994 | 2.35 | 5.25 | 64.84 | 44.07 |
| 1995 | 2.98 | 6.35 | 74.55 | 57.99 |
| 1996 | 3.29 | 6.83 | 40.70 | 62.86 |
| 1997 | 3.31 | 7.32 | 57.06 | 63.32 |
| 1998 | 4.07 | 5.77 | 66.00 | 46.41 |

从表1可知，无论是当年的债务负担率还是累计债务负担率，都是较低的。中央财政的债务依存度虽然在1997年达57.06%，1998年达66%，已经是比较高了，但还明显低于1995年74.55%的水平。1995年正是中国经济"过热"之时，累计债务偿还率高达57.9%，但并没有发生债务危机。而1998年中国经济处于较"冷"状态，债务依存度和累计偿债率都低于1995年，尤其是中国的外汇储备和国家的整体经济实力也都明显强于1995年，所以偿债能力也大大提高。因此，举借1800亿元的债务绝不会有什么问题。另外，再谈增发货币问题。由于我国的通货紧缩形成的一个重要因素是流通中货币供应量不足，所以银行这个"贮水池"必须"开闸放水"。除了扩张信贷以外，辅之以增发货币也是必要的。增发多少，要视商品流通客观的实际需要量而定，原则是缺多少补多少，不要过少也不能过多，最后达到一个较理想的后果是使金融市场上的真实利率大体上与名义利率趋向一致，既消除货币升值的状态，又不致引起货币大幅度贬值。考虑到适度通货膨胀有扩大就业，刺激经济增长的正效应，在进行货币经济发行的基础上，也可

适当地搞点超经济发行，以造成物价明显回升，形成轻微通货膨胀的态势。但务必谨慎，严格控制，并按程序办事，操作得好，可以收到事半功倍的效果。

### （二）发展消费信贷，刺激居民扩大消费

消费信贷在西方发达国家早已是一种发育比较成熟的信贷方式，而对中国居民来说还是比较陌生的。它虽然在改革开放初期就已出现，但一直发展缓慢。只是在20世纪90年代后期和21世纪初，中国为了治理和控制通货紧缩，解决消费需求不足的问题，消费信贷作为一个新的启动与扩大消费的良策，才成为越来越多的人所关注的热点问题，才被领导层和决策机构所重视。

什么是消费信贷？人们常把消费信贷理解为"用明天的钱来圆今天的梦"，其实，这种说法并不准确。准确地说，消费信贷就是以刺激消费、提高居民生活水平为目的，用居民未来收入作为担保，由金融机构向消费者提供的以特定商品为对象的贷款。正确理解消费信贷的概念应注意把握以下几种含义：第一，消费信贷从本质上说是信用消费的一种形式；第二，消费信贷的目的是刺激消费、扩大总需求、加速商品的周转、提高消费者的生活水平；第三，消费信贷强调的是消费者有稳定的未来收入作为基础和还款的担保，而不是盲目的、不自量力的消费；第四，消费信贷的概念和"超前消费"的概念是完全不同的，消费信贷是一种量入为出的方式，只是把我们习惯的计算期拉长了（比如5年、10年，甚至更长）。

我国最先发展的是房屋的消费信贷业务，继而又创办了汽车的消费信贷业务。中国建设银行最早在20世纪80年代初就开办了住房的消费信贷业务，但一直发展不快，到1996年以后才呈突飞猛进之势。住房消费信贷余额从1996年的80多亿元上升到1997年的200多亿元，1998年则达到450亿元，占全银行信贷资产总量的3.58%。中国工商银行从90年代中期起开展了住房消费信贷业务，截至1998年年底住房贷款余额为829亿元，其中个

人贷款达到156亿元，约占全国30%的市场份额。在汽车消费信贷上，中国建设银行首先于1998年10月在市场上推出了汽车的消费信贷业务，截至目前已办理贷款近3亿元，销售各类汽车近3000辆。中国工商银行是1998年年底开办这项业务的，在不到两个月的时间里共发放贷款1亿多元，销售汽车上千辆。截至1998年年末，全国消费信贷余额已达600亿元左右，出现了快速发展的好势头。客观地讲，目前我国的消费信贷尚处在刚刚起步阶段，与西方发达国家相比，我国消费信贷的发展水平是很低的。一般来说，西方发达国家的消费信贷要占到银行贷款总额的20%—30%，而我国的此项比例仅为1%。不仅总体水平低下，而且突出存在以下问题：一是品种单调，缺乏多样性；二是消费信贷机构少，缺乏竞争性；三是认可率、普及率低。从消费者方面看，目前我国大多数消费者对消费信贷缺乏了解。据调查，目前我国只有35.9%的被调查者表示会接受这一方式。这同西方发达国家消费信贷在居民消费中占70%以上的比重形成巨大的反差。因此，我国必须大力加快消费信贷的发展步伐，逐步建立起一个品种繁多、贷款方便、形式多样、服务优良、竞争有序、信誉完全的消费信贷制度和体系，以便更有效地推动居民消费的增长，促进国民经济的快速发展。

我国的消费信贷发展严重滞后，一个很重要原因在于，我们对消费信贷促进国民经济增长的重要功能及作用认识不够。消费作为现实的需求力量，对经济增长起着直接的拉动作用，这已被西方发达国家的实践所证实。1998年美国个人消费年增长率为4.3%，GDP增长为3.4%，个人消费为国民收入的贡献大约占了2/3，是经济增长的推动力。在亚洲，日本居民消费对经济增长的贡献率为66.4%；韩国为64.8%，我国则在50%上下波动。据测算，消费占GDP的比例要超过50%，才能支持经济的持续增长。有专家按发达国家消费对经济增长贡献率计算，在我国可增加消费1300亿元左右，将带动经济增长约为4.5%；若按消费对经济增长贡献率为50%计算，则最终可拉动经济增长2.3%。另据有关人士计算，如按我国消费贡献率为60%计算，占目前我国最终消费81%的居民消费，其只要增长一个百分点，即可带动GDP增长0.5个百分点。可见，消费信贷对经济的拉动作用，对宏观经济运行是何等重要。消费信贷正作为一项长期的战略措施被各个国家长期使用，使其市场在不断增长的同时也在不断地得到调整，有利于国民经济长期稳定的发展，并最终使人们生活水平得到更大的提高。所以，我国应坚持把消费信贷作为一项战略措施长期使用。

**（三）进一步完善消费政策，取消那些不合理的限制消费的各种规定**

我国有些消费政策是在计划经济体制下形成的，其根本特征是对城乡居民的生活消费实行计划调节和控制，消费者没有消费自主权，消费行为和消费需求都被计划所约束与限制。改革开放后，原有的与计划经济体制相适应的消费政策受到了严重的冲击，并且随着市场经济的发展被逐步否定和废除。目前我国正处在经济体制转轨时期，与计划经济体制相适应的某些消费政策尚没有完全废除，而与市场经济体制要求相适应的消费政策还需进一步健全与完善。

首先，要把短缺经济条件下制定的种种限制消费的规定予以取消。目前中国经济的基本特征是社会总需求大于总供给。为了维持总需求与总供给的大体平衡，避免和控制通货膨胀发生，国家往往采取控制和限制消费需求的政策与规定。我国现在已经由短缺经济转入过剩经济，那些限制消费的规定应予以取消，对那些名为限制超前消费的消费税，也可考虑减免。因为现实中人们的需求是有层次的，消费也不可能"一刀切"。高收入阶层存在一些"超前消费"也是合理的。如果说存在某些毛病，至多是加以引导，而不应加以限制。

其次，要鼓励竞争，打破垄断价格，切实解决某些行业和商品税费过高的问题。目前中国一方面存在大量"无房户""危房户"和"住房拥挤户"；另一方面又有大量建好的房屋售不出去，处于

"空置"状态。造成这种状况的原因固然是多方面的，有体制上的原因，也有盲目建设的因素，但是房价过高不能不说是一个十分重要的原因。商品房价过高，原因之一就是建造费用过多、过高，如土地费、市政费、扩迁费等税费合计起来几乎要占房价的50%。再如购买小汽车，需缴各种各样的税费，有些是合理的，有些则是说不清是合理与不合理，办完繁杂的手续把车开到家，所缴税费几乎要占车价的一半以上。如果要上路营运，费用就更高了。据了解，在西方发达国家，车外的税费一般只占5%左右。当今中国的中等收入阶层有不少人想买车，也能买得起车，但对各种高额的税费难以承受，只好"望车兴叹"了。还有些垄断行业或单位，如邮寄包裹、农村电价等凭借垄断价格获取高额利润，也加重了人们的负担，限制了人们的消费。所以，应该积极打破垄断，引进竞争机制。垄断行业和部门引进竞争机制后，垄断价格自然就被打破，商品及服务价格下来了，商品及服务的质量却会大大提高，人们的消费会随之大大增加。

最后，应调整个人所得税的起征点。个人所得税的征收对象主要是高收入阶层及中等收入阶层中的偏高人群。月收入800元在中国现阶段已明显属于低收入阶层范畴，再将其作为个人所得税的起征点纯属不当。个人所得税属于调节税税种，其主要功能是调节高收入，保证社会分配公平，以实现经济效率最大化。这个税种的上述功能要求其具有一定的灵活性，不能像某些税种那样固定化、稳定化。因此，它应随着我国经济的发展和人民生活水平的提高，不断地适当修改与调整。依据我国20世纪90年代以后九次较大幅度工资调升的实际，理应调高个人收入所得税的起征点。依我个人之见，调高到月收入为1200元可能比较符合实际。这样，既不至将这几年工资调升的好处被个人所得税"吃"掉，使职工从经济发展与改革中得到实惠，从而调动他们发展经济与参与和支持改革的积极性；又能保证国家税收稳定增长，充分保证该税调节高收入的功能，控制分配领域中收入差距过分悬殊、滋生两极分化的现象，有利于维护经济、社会生活的稳定。个人收入所得税起征点调高后，真正获益的是中低收入阶层,他们会由于收入的增加提高自己的实际消费水平。

## 三 银行降息与财政减税要配合

这是货币政策与财政政策"双松"组合或"双扩张"组合的根本要求。银行降低存贷款利率,是实行扩张性货币政策的一个重要步骤,其目的在于减少储蓄存款,刺激和扩大投资,以推动就业增加和经济增长。这一举措如果没有财政上的减税相配合,其效果将大受影响。其间,如果税收相应增加,就表现为"紧财政",它就会抵销银行降低利率,实行宽松货币政策的实际效果。在我国这次通货紧缩发生以来,银行曾多次调低利率,企图以此来增加货币供给,刺激就业与投资,拉动经济增长,但效果一直不明显,原因在于财政政策没有与之紧密配合。1998年,在前几年每年增税1000亿元基础上又增加税收1000亿元。①"紧财政"几乎把"松货币"的政策效应冲销殆尽,这就是银行一再降低利率并且加收利息税也见不到实际效果的症结所在。

这里涉及一个重要理论与实践问题迫切需要讨论清楚,即面对严峻的通货紧缩形势,中国的税收政策应如何决定自己的取向,是实行增税政策,还是实行减税政策?对此,学术界存在明显的分歧:一曰:"减税得不偿失论。"高培勇同志在《通货紧缩下的税收政策选择》一文中指出:"瞻前顾后,在当前的中国,我们不宜也无法选择减税。"为什么不能选择减税呢?他认为,"从经济波动的周期性到当前中国通货紧缩的特殊性,再到中国现时的税收格局,似乎可以明确确定这一点:我们固然不应排斥减税对于缓解当前中国通货紧缩所能发挥的作用,但如果将这种作用同我们因此付出的成本——如财政困难的加剧及其对经济社会发展所产生的威胁——相挂钩,仔细地算一算效益与成本的比较账,

---

① 罗振宇:《通货紧缩论》,经济科学出版社1999年版,第221页。

减税将很可能是得不偿失之举"①。二曰:"减税政策推动论。"洪银兴同志在《推动经济回升的宏观扩张性政策取向》一文中认为,减税降费是推动我国经济回升的重要的宏观扩张政策,仅靠降低利率政策是不够的,还必须实行减税降费的政策。他讲道:"现在企业负担不仅仅是银行利息负担,税收负担也很重,因而严重缺乏投资能力,也没有投资积极性。""要使企业和居民成为现阶段扩大需求的主体,特别是要以扩大投资需求为重点,政府需要进一步采取的扩张性的政策就是减税。对于税收调控手段缺乏的地方政府来说相应的调控手段就是降费。""实行有效的减税政策,不仅可增强厂商的投资能力,提高投资积极性,还可通过与减税相配套的有效的税收政策趋势调整结构。"② 三曰:"结构性减税论。"杨灿明同志在《我国"十五"期间的经济发展与财政政策选择》一文中认为,"全面减税的条件不具备,结构性减税可以尝试"③。并提出三项减税措施:其一,豁免"放小企业"旧欠税款;其二,给高新企业减税;其三,适当提高机电等产品的出口退税率。

综上所述,我基本上赞同洪银兴同志的意见。从近期来看,中国要走出通货紧缩,实行降低利率的扩张性货币政策,迫切需要减税政策的协调与配合,否则,扩张性货币政策难以奏效。从长远来看,减轻企业税负已是势在必行。目前我国企业(尤其是国有企业)的税费负担已相当沉重,使得众多企业所创造的 m 几乎全被税费刮走,很少或根本没有税后利润,一批一批地陷入困境,乃至破产。我们喊了多少年要"放水养鱼",可做起来为什么总是"竭泽而渔"呢?税费之所以减不下来的一个根本原因是吃"皇粮"、吃财政饭的人日渐增多,国家财政不堪重负。据统

---

① 高培勇:《通货紧缩下的税收政策选择——关于当前减税主张的讨论》,《经济研究》2000 年第 1 期。

② 洪银兴:《推动经济回升的宏观扩张性政策取向》,《经济学家》2000 年第 1 期。

③ 杨灿明:《我国"十五"期间的经济发展与财政政策选择》,《财贸经济》2000 年第 3 期。

计，截至 1996 年年底，我国财政供养人员总数已达 3673 万人，比 1978 年增长 82.3%，大大高于我国同期人口 27.1% 的增长速度。财政供养人员占全国的比例由 1978 年的 2.1%，上升到 1996 年的 3%，大约由 50 个人养一个吃"皇粮"的人，演变为 30 个人养一个吃"皇粮"的人。这使国家财政不堪重负。1980 年全国行政管理费开支 66.79 亿元，占国家财政总支出的 5.5%，1996 年达 1040.8 亿元，比 1980 年增长了 14.5 倍，占国家财政总支出的 13.1%。如果再加上事业费开支，1996 年财政供养人员一年就需经费 3600 多亿元，几乎占到了国家财力规模的一半。庞大的开支必须由沉重税费收入来支撑，这可能就是我国税费减不下来的真正原因。依我看来，在目前我国处在通货紧缩时期，趁大批企业职工下岗失业之机，让更多的吃"财政饭"的人转岗去自己到市场上"找饭吃"，不失为一个有利的良机。所以，抓住治理通货紧缩这个特殊机遇，大胆进行税费体制的根本改革，与政府机构改革和职能转变相配套。制定并推出减税降费的方案与措施，切切实实把企业过重的税费负担减下来。这绝不是摆脱当前通货紧缩的一项权宜之计，而是解决企业发展后劲，实现长久可持续发展，保证国民经济今后实行良性循环的长远战略决策。当然，我这里讲的减税降费，绝不是一种个别调整，不是对原有的税收制度与收费制度的修修补补，而是从全局上、整体上把我国企业的税费负担水平从高位上降下来，降到大多数企业可以承受且在正常经营管理条件下有一定税后利益的水平。我认为，关于目前实行减税降费政策"将很可能是得不偿失之举"的论断，是很不科学的。在我看来，目前实行减税降费不仅条件具备，恐怕是条件最充分、时机最适当的时期。不可否认，从近期来看，减税降费会明显减少一些财政收入，使国家财政困难有所加大，但绝不会对经济社会发展构成严重威胁。因为我们有与之相配合的政府机构及国家行政管理体制的改革，即在减税降费的同时，把大批"吃财政饭"的人也减下来，先把财政支出那一块减下来，而后再实施减税降费，这样就不会严重加大国家财政困难。从长远来看，把企业的重税重费减下来，企业经过一定时间的"休养生息"后会增强发展后劲，增强自身积累与发展的功能，经济效益会普遍回升和提高。这样，企业肥了、壮了，国家财政便有了丰厚的税源。因此，减税降费有助于国家税收的不断增长和国民经济的可持续发展。这就是许多人都明白却不愿去做的、名减实增的辩证法。

［本文发表于《石河子大学学报》（哲学社会科学版）2001年第1期］

# 中国结构性减税的五大原则

自1998年开始，中国税收收入占国内生产总值（GDP）的比重快速上升，引发了关于减税可行和减税不可行的热烈争论。归纳起来，不外乎有两种观点：一种是"应该减税"，认为近些年税收收入的增长速度大大高于国内生产总值（GDP）的增长速度，宏观税负一路上扬，表明政府拿走了太多的国民收入，加重了企业负担。如果再加上除税之外的预算外收入和制度外收入，企业的负担（所谓大口径宏观税负）就更加沉重了，甚至超过了发达国家，唯有减税才能降低高税负对经济增长的阻抑作用和对积极财政政策的抵销作用。另一种是不应该减税，认为当前中国的税负水平并没有超过世界上其他发展中国家的平均水平，与中国经济发展状况是相适应的，没有必要采取大规模减税措施；即使根据国家宏观经济形势要求进行一些结构性调整，也要保持宏观税负总量基本维持不下降。

我们认为，以上两种观点对于中国税收政策的认识都有一定的道理，但也存在一定的误区。实施结构性减税，既是为应对国际经济危机冲击，保增长促就业而实行的一项重大宏观调控举措，也是优化税制结构，深化税制改革的正确抉择。所谓结构性减税，是指在当前经济形势下，为进一步减轻纳税人税收负担，降低纳税人生产经营成本，调动民间投资积极性，提高本国企业国际竞争力，增强并放大积极财政政策效应而适当渐进调减税收的一种措施。新一轮结构性减税应坚持"税负渐降，有增有减，刺激经济，完善税制"的改革原则，绝对不能演变为全面减税，更不能理解为单一减税。既然是减税,就要使税负水平有一定程度的下降,维持税负总量或税负总水平不变的想法是不实际的,也不应成为中国税收制度与政策的基本目标。结构性减税的实质就是在税制结构的改革与调整中逐步实现税负总水平的下降。显然,这是一个与相应社会经济条件的创造相结合的循序渐进的过程。

## 一 结构性减税要与结构性增税相结合

结构性减税是就总体而言达到税负总水平下降,并不排斥部分税种增税。针对中国实际情况和政策目标,在减税的同时也可以提高一部分税种的实际税负,以进一步完善税制。结构性减税的总效应,以及税制的规范与公平不仅将为企业的发展创造一个良好的税制条件,还将进一步促进经济的长期发展,最终为税收收入的持续增长奠定基础。要消除人们的片面认识,不能认为国家提出减税就不能增税。增税不是为了弥补减税造成的收入缺口,而是对税制结构进行合理调整。即使没有今年的减税,对某些税种的征税范围和征收标准调整也会有序推进。从这些年研究的结果和实践的情况看,可以进行增税操作的措施主要有:改革资源税制,适当扩大资源税的征收范围,提高征税标准;完善消费税制度,将部分严重污染环境、大量消耗资源的产品纳入征收范围;统一内外资企业和个人的房产税、城建税、教育费附加等制度,研究开征环境税及相关税种的改革方案。

下面仅以资源税为例,对部分税种进行说明。

增税的必要性。中国的资源税于 1984 年第二步利改税时开始征收,1993 年 12 月 25 日国务院颁布新的《中华人民共和国资源税暂行条例》,距今已十六年,弊端越来越明显。一是税负不公。中国地域辽阔,各地资源结构和开发条件存在很大差异。资源贮存条件好、品位高、开采条件优越的企业成本低,利润水平高,反之利润水平就低,由此造成企业间苦乐不均。二是征收范围小。中国目前的资源税征税范围仅为矿产品和盐,矿产品主要是原油和煤炭

(见表1)。之后虽然经过几次调整，但也只是对个别矿产品的品种进行微调，征税范围始终很小，对于土地、水、森林、草场等众多自然资源，至今仍未纳入资源税征收范围。实际上，中国这些资源不仅匮乏，而且浪费极为严重，亟须国家采取税收手段加以保护和利用。三是税负偏低。现有征税范围的资源税税额标准普遍比较低，未能起到对已征税资源的保护作用。随着石油等资源的稀缺状况日益显现，其价格不断飙升，而资源税的名义定额税额未变，实际税负却在不断下降。尽管中国近几年对煤炭、石油等项目税额做了调整提高但相对于1994年税负实际上未升反降。以原油为例，1994年原油价格为每吨300元，按当时每吨8元最低税额标准计算，其税负为2.67%；而现在，中国原油价格已涨到每吨3000元，按现在最高税额每吨30元计算，税负仅为1%；按20世纪90年代税额标准计算，目前石油资源税额最低应提高到每吨80元，每吨30元税负较过去比实际是下降了，而不是调高了。四是税收总额太低。中国是资源大国，却是资源税收入小国，资源税收入比例几乎到了微乎其微的地步，由此造成了中国资源近乎被疯狂开采、低价出口、野蛮浪费的境况。据测算2000—2005年，全国和西北五省份资源税占税收总收入的比例分别为0.54%、0.4%、0.4%、0.41%、0.38%、0.46%和1.19%、1.16%、1.34%、1.21%、1.21%、1.34%（见表2）。

表1　　　　　　　　　　中国资源税税目及税率

| 征收税目 | 税额幅度 |
| --- | --- |
| 1. 油 | 8—30元/吨 |
| 2. 天然气 | 2—15元/千立方米 |
| 3. 煤炭 | 0.3—5元/吨 |
| 4. 其他非金属矿原石 | 0.5—20元/吨或立方米 |
| 5. 黑色金属矿原石 | 2—30元/吨 |

续表

| 征收税目 | 税额幅度 |
|---|---|
| 6. 有色金属矿原石 | 0.4—20 元/吨 |
| 7. 盐 | — |
| 固体盐 | 10—60 元/吨 |
| 液体盐 | 2—10 元/吨 |

资料来源：许善达：《国际税收》，中国税务出版社 1999 年版，第 256 页。

表 2　　　　全国、西北五省份资源税占税收总收入比例表

| 年份 | 项目 | 单位 | 全国 | 陕西 | 甘肃 | 青海 | 宁夏 | 新疆 | 合计 |
|---|---|---|---|---|---|---|---|---|---|
| 2000 | 实现总收入 | 万元 | 118557811 | 1756438 | 950471 | 249637 | 294823 | 1463790 | 1724159 |
| | 其中:资源税 | 万元 | 636456 | 13046 | 8487 | 3708 | 606 | 30505 | 56442 |
| | 所占比例 | % | 0.54 | 0.74 | 0.88 | 1.49 | 0.21 | 2.09 | 1.19 |
| 2001 | 实现总收入 | 万元 | 151654671 | 2217887 | 1168197 | 311115 | 385846 | 1777217 | 5890262 |
| | 其中:资源税 | 万元 | 671076 | 13595 | 8450 | 4272 | 739 | 41143 | 68199 |
| | 所占比例 | % | 0.44 | 0.60 | 0.72 | 1.37 | 0.19 | 2.32 | 1.16 |
| 2002 | 实现总收入 | 万元 | 169965625 | 2485967 | 1338916 | 331586 | 395228 | 1988504 | 6540201 |
| | 其中:资源税 | 万元 | 751357 | 21451 | 8785 | 4910 | 1270 | 51408 | 87824 |
| | 所占比例 | % | 0.44 | 0.86 | 0.66 | 1.48 | 0.32 | 2.59 | 1.34 |
| 2003 | 实现总收入 | 万元 | 204661428 | 2900526 | 1558790 | 377296 | 461613 | 2327294 | 7645519 |
| | 其中:资源税 | 万元 | 831133 | 26337 | 12330 | 6254 | 1301 | 46364 | 92586 |
| | 所占比例 | % | 0.41 | 0.90 | 0.79 | 1.66 | 0.28 | 1.99 | 1.21 |
| 2004 | 实现总收入 | 万元 | 257234769 | 3818121 | 1912579 | 451536 | 629597 | 3086354 | 9808187 |
| | 其中:资源税 | 万元 | 988035 | 43030 | 15915 | 7450 | 1490 | 51923 | 119808 |
| | 所占比例 | % | 0.38 | 1.13 | 0.83 | 1.65 | 0.24 | 1.68 | 1.21 |

续表

| 年份 | 项目 | 单位 | 全国 | 西北五省份 ||||||
|---|---|---|---|---|---|---|---|---|---|
| | | | | 陕西 | 甘肃 | 青海 | 宁夏 | 新疆 | 合计 |
| 2005 | 实现总收入 | 万元 | 308670287 | 4883380 | 2252465 | 609383 | 790662 | 3909087 | 1244977 |
| | 其中:资源税 | 万元 | 1426322 | 68212 | 21101 | 14209 | 2290 | 60811 | 166623 |
| | 所占比例 | % | 0.46 | 1.40 | 0.93 | 2.33 | 0.29 | 1.56 | 1.31 |

资料来源：张捷：《论资源税改革与完善》，《国家税务总局税收科学研究所研究报告》2008年第10期。

仅从资源税就可以看出，中国部分税种税负严重偏低、负担不公平等与当前煤炭资源的乱采滥挖、石油资源的挑富弃贫、土地资源的"圈不用"、水资源的"跑冒滴漏"和森林资源的乱砍滥伐等有着直接的关系。不下决心增税，就无法实现节约资源和建设环境友好型社会的目标，也无法维持可持续发展。以为结构性减税就是单一减税而绝无增税，把结构性减税与某些税种增税对立起来，是不对的。某些税种的必要增税，亦是结构性减税的题中应有之义。

## 二 结构性减税要与大幅度降费相结合

通常认为，减税的最直接的受益群体是企业和个人，减税一定能减负。但实际上，纳税人的负担包括税收负担和非税负担，减税只能减少纳税人的税收负担，但不能减少纳税人的非税负担，减税所留下的空间往往被各种收费所填补与占据，"减税"未必就一定能"减负"，该减的其实是各种收费。据统计，1953年，中国预算外资金只有8.91亿元，仅相当于预算内资金的4.2%；而从1978年开始，非税收入已经从960亿元迅速增长到2000年的4640亿元，22年增长了4.8倍；到了2008年，全国各种收费竟高达4万亿元，是1978年的近42倍。收费的主体与税收的主体有所不同，税收的主体是单一的，即税务局；而收费的主体则是多元多头的，地方财政、交通、国土、工商、卫生、公安、城管、环保、教育等部门都有权收费。

巨额税外收费不仅加重了企业负担,加剧企业经营困难,而且造成了"费挤税",分散了国家财力,削弱了国家的宏观调控能力。各项非税收入大多由收费单位直接管理,或者先征收上缴,然后再由财政返还,美其名曰"收支两条线",实际上大量资金游离于预算之外,监督失察,使用失控,挥霍浪费,败坏风气。从表3可以看出,改革开放以来,中国的非税收入虽有一定的下降,但始终占到税收收入的三分之一以上,1990年甚至达到了1∶1的程度。

表3　　　　　　　　　中国政府收入情况

| 年份 | 财政性资金（亿元） | 税收收入（亿元） | 非税收入（亿元） | 税收∶非税 |
| --- | --- | --- | --- | --- |
| 1978 | 1479.37 | 519.28 | 960.09 | 1∶1.85 |
| 1985 | 3534.85 | 2040.79 | 1494.06 | 1∶0.73 |
| 1990 | 5645.74 | 2821.86 | 2823.88 | 1∶1.00 |
| 1993 | 5781.49 | 4255.30 | 1526.19 | 1∶0.36 |
| 1995 | 8584.41 | 5973.75 | 2610.66 | 1∶0.44 |
| 1996 | 11442.12 | 7050.61 | 4391.51 | 1∶0.062 |
| 1997 | 11498.67 | 8255.57 | 3243.10 | 1∶0.39 |
| 1998 | 12787.99 | 9092.55 | 3695.44 | 1∶0.40 |
| 1999 | 14461.64 | 10314.97 | 4146.67 | 1∶0.40 |
| 2000 | 17305.95 | 12665.80 | 4640.15 | 1∶0.37 |

注：1. 财政性资金是财政收入（不含债务收入）与预算外资金的合并数,因此,表中并未涵盖全部财政性资金,即那些既未纳入预算内也未纳入预算外的非税收入（制度外收入）。2. 1993—1995年和1996年的预算外资金收入范围分别有所调整,1997年起,预算外资金中不包括纳入预算内管理的政府性基金,与以前各年不可比。

资料来源：非税收入数转引自贾康、刘军民《非税收入规范化管理研究》,《税务研究》2005年第4期;税收收入数采自历年国家税务总局统计司收入快报,财政性资金数为税收入与非税收入相加而得。

在税与非税三分天下或者齐头并进的情况下，光减税不降费是达不到预期效果的，甚至还会出现"税退费进"的反常情况。如果国家勒紧腰带实施结构性减税，让利于民，而各级政府及其部门照常税外收费，照常铺张浪费，不仅于情于理说不过去，而且会大大抵消减税的效果。税和费都是企业的经济负担，必须防范"税减而费不降"问题，避免"以费代税"和"以费挤税"情况出现。在当前中国名义税负与实际税负严重背离的情况下，为扭转税费负担不断攀升与纳税主体负担沉重的局面，税制改革的重点不仅要注重减税，更要通过推进财税体制改革，规范政府收入格局，尤其要减轻纳税主体的税外负担。结构性减税定要全面把握中国税收负担的特殊结构特征，正确认识名义税负和实际税负的关系，防止将应该减掉的各种税外负担转移到减税上，避免出现"税退费进"的局面。

## 三 结构性减税要与加大信贷供给相结合

当前，为刺激经济增长，国家无论是实施结构性减税，还是出台4万亿元投资拉动计划，其核心目的一是通过刺激内需带动外需，二是以政府投资带动民间投资。只有把居民的消费热情和社会资本、民间资本的投资积极性充分调动起来，才能实现投资的乘数效应，迅速提升景气，改善预期，制止下行趋势，真正刺激经济全面复苏。而刺激消费和需求必须与加大信贷供给配合起来，才能达到"四两拨千斤"的效果。

### （一）加大居民消费的信贷供给

从刺激消费与拉动经济增长的各种政策手段看，加大信贷供给不失为一个好办法，也已为美、英等发达国家的实践所证明。但在中国的具体实践中，至今还处在一种买房买车才能或者才想到借贷的尴尬境地。而在美国，居民一方面拥有大量存款，一方面又在大量贷款消费。原因在于美国政府对消费贷款利息允许抵扣个人所得税，虽然消费贷款的利率高于存款利率，但将消费贷款利息抵扣个人所得税后，贷款消费对个人来说仍很划算，这实际上是政府的一项鼓励消费的政策。而中国在实行消费信贷时没有这种税收优惠政策相应配合，自然起不到刺激消费的目的。另外，首付比例大和贷款利率高，也是制约消费的重要因素。因此，建议国家尽快研究出台消费贷款利息允许抵扣个人所得税的政策，建立居民贷款消费零首付的国家担保制度，等等，使扩大内需的政策真正落到实处。

### (二) 加大对民营企业（中小企业）的信贷供给

一是要扩大金融体系对私营经济的开放度，改善民营企业的融资环境。银行在经营过程中，应当摒弃"成分论"，积极主动地为私营经济这一亟须资金支持的群体提供有效的金融服务。给民营企业"国民待遇"，使其以与国有企业平等的市场主体身份进入资本市场。各类金融机构在贷款政策、贷款利率上要将民营企业与其他企业同等对待，在条件审查、办理程序上更加灵活便利。要积极向民营企业宣传金融产品，提供结算、汇兑和财务管理等多种服务；要努力开展票据融资业务，对信誉优良的民营企业开办商业承兑汇票贴现和再贴现业务，支持有条件的民营企业发行民营企业债券；要积极创新金融产品，充分运用个人生产资料、财产所有权、财产使用权、企业经营权、知识产权、持有的股权、承包经营权以及其他可用于担保、抵押质押的财产或权益进行抵（质）押并经公证机关办理公证，赋予强制执行等措施，扩大贷款范围和规模。

二是建立多层次的资本市场，支持民营企业直接融资。大力发展非国家控股的股份制商业银行，改造现有城市商业银行，发展城乡信用合作社。对城乡合作金融机构提供必要的政策扶持，为其创造有利的外部经营环境。如允许自由参与同业拆借、缴纳中央银行的存款准备金的比率可比国家商业银行适当降低等。要尽快建立存款保险制度，保证城乡合作金融机构吸收存款的安全，增强存款人对城乡合作金融机构的信任度，以及允许私人资本开办银行。要降低民营企业上市融资的门槛，为民营企业的股票发行和上市提供必需的市场条件。

三是加快担保体系建设促进金融信用体系良性运转。政府预算内要安排中小企业专项发展资金，重点支持中小企业信用担保体系建设。鼓励各种投资机构、金融机构吸纳民间资金组建商业担保机构，建立和规范民营企业基本信用制度，完善信用评价体系，探索建立中小企业担保公司的风险机制。只有全面撬动民营经济投资激情，才能有效拉动经济强劲回升与增长，提升整个经济体系的效率和活力。

## 四 结构性减税要与加大民生投入相结合

刺激消费与拉动内需的第一个前提是老百姓手里要有钱。截至2008年年底，中国城乡居民储蓄存款余额达217885亿元人民币，这不能说中国老百姓没有钱。那为什么不大量消费呢？这是刺激消费与拉动内需的第二个前提，即老百姓得敢消费。也就是说，现在消费了，要保证将来能挣回来，否则宁愿过紧日子，节约度日。这么多年，老百姓（包括企业家）手中留存了大量的"真金白银"，无论政府怎么千呼万唤，就是无法"赶虎出笼"，去消费、去投资。仔细分析，其最主要的原因是居民的预期心理在起作用，老百姓有钱不敢花。从当前的情形来看，主要有两个因素影响国内居民的消费预期：一是花钱地方多。买房贵、看病贵、上学贵使居民家庭支出大幅度上升，促使居民增加储蓄以备未来应急之需。二是后顾之忧大。客观地说，中国的社会保障体系虽然有了很大进步，但农村三五十元、城市一二百元的保障水平，连保障正常的生活都很困难，根本无钱增加消费。居民风险意识不断增强，促使居民增加储蓄以维持正常生活水平。如果居民的预期心理在一定时期内得不到明显改善，那么消费倾向也不可能很快提高。这就要求政府在当前和今后一个时期要注意政府投资的着力点，要不断优化投资结构和领域，把更多的资金投入改善民生、增加社会保障等领域，逐步消除老百姓的"看差"预期，这样才能提振消费和投资信心。

具体地说，政府应该按照公共财政的要求，调整财政支出结构，转变财政调节经济增长的方式和手段，由直接干预、直接投资的硬调节转变为以提供基本生活保障、弥补市场不足和借助于经济杠杆间接调控的软调节，消除居民消费的后顾之忧，增加居民的消费信心。首先，政府应减少对一般性、竞争性、经营性领域的支出，加大对"三农"、教育、医疗卫生、生态环境、保障性安居工程建设等民生领域的投入，增加公共产品的供给，更好地满足民众对公共品的需求。其次，增加公共财政投入，扩大社会保障基金规模，加快覆盖城乡居民的社会保障体系建设，建立应对体制转轨和人口老龄化的财政支持机制，如提高城市和农村最低生活补助标准、提高企业退休人员基本养老金水平和优抚对象生活补助标准等。再次，完善企业职工基本养老保险制度和失业保险制度，提高社会保险基金统筹层次，合理确定社会保障待遇和缴费水平，完善社会保险费征管机制。最后，政府应加大力度继续控制物价上涨的幅度，尤其是控制与居民生活密切相关的房价、医疗费、学费、油价以及农资价格的涨幅。国家施行结构性减税定要与上述加大民生投入措施相配合，否则结构性减税的实际效应就会被冲击或抵销，从而难以实现刺激消费，促进经济增长的目标。

## 五　结构性减税要与提高居民可支配收入相结合

国民收入分配格局，即政府、企业和居民在 GDP 分配中所占比例关系是宏观经济中的一个关键性问题。在目前中国的国民收入分配中，居民收入所占份额偏低，而政府和企业收入所占份额偏高。根据可得到的资料测算，中国职工工资总额只占国民收入的 20% 左右（见表 4）。

表 4  中国职工工资总额占国民收入的份额

| 年份 | 国民收入(亿元) | 职工工资总额(亿元) | 工资占国民收入的比重(%) |
|---|---|---|---|
| 1978 | 3010.0 | 568.9 | 18.9 |
| 1980 | 3688.0 | 772.4 | 20.9 |
| 1985 | 7020.0 | 1383.0 | 19.7 |
| 1990 | 14384.0 | 2951.1 | 20.5 |
| 1991 | 46557.0 | 3323.9 | 20.8 |
| 1992 | 20223.0 | 3939.2 | 19.5 |
| 1993 | 24882.0 | 4916.2 | 19.4 |

资料来源：周绍朋主编：《税收经济学》，国家行政学院出版社2005年版，第136页。

从表4可以看出，改革开放以来，中国经济总量迅速放大，国民收入从1978年的3010.0亿元到1993年的24882.0亿元，15年增长了8.3倍，而职工工资仅提高了1—2个百分点。收入是消费的基础，收入增加是扩大内需、促进经济稳定发展的前提。因此，适当提高居民收入在国民收入分配中的比重，提高劳动报酬在初次分配中的比重，提高城乡居民可支配收入水平，是化解当前经济危机的重要举措。一要建立企业职工工资正常增长机制，确保工资能随经济增长适时调整，让人民共享改革开放成果；二要加强国家对企业工资的调控和指导，发挥工资指导线、劳动力市场价位、行业人工成本信息对工资水平的引导作用；三要通过完善法律法规、深化改革和宏观调节，规范初次分配秩序，使劳动报酬增长与经济增长和企业效益增长相适应；四要完善保护职工合法权益的各项制度，确保工资按时足额发放。老百姓手中没有钱，任何指望刺激消费、拉动内需的措施都是徒劳的。增加居民可支配收入的一个有效途径就是给职工涨工资，而且幅度要适当大一些。长时期低工资是造成中国国民节衣缩食、舍不得消费、不敢消费的主要桎梏。就税收而言，减轻企业和居民的税收负担也是增加可支配收入的一个有效途径。例如，吉林省为进一步提高居民收入水平，于2008年把营业税起征点统一调整到5000元，即对月营业额5000元以下的所有行业的个体工商户，不征收营业税、城建税和教育费附加；对月收入5000元以下的个体工商户、个人独资及合伙企业（不含建筑、娱乐、采矿等行业）不征收个人所得税；对未达营业税、增值税起征点的个体工商户自有经营用（不含出租）房产、土地免征房产税和土地使用税。该政策正式执行后，每年约减少地税收入2.42亿元，占个体经济税收的21%，将惠及2.2万户个体工商户，户均降低税收负担1100元，其中营业税纳税户最高可降低税负4000元左右，增值税纳税户最高可降低税负750元左右。

综观世界性税制改革的总体经验，减税政策从来都不是孤立运行的。减税和增加政府支出双管齐下是各国通常的做法。只要减税和增加支出两种手段搭配合理、执行力度适中，就可以取得较理想的效果。20世纪60—80年代美国经济的繁荣就是两者配合使用的结果。当然，如果两种手段的双向配合力度过大，既会扩大财政赤字的规模，使政府的债务负担加重，又会很容易导致通货膨胀。因为无论减税的长期收入效应如何，在短期内减税必然造成税收下降，这时，如果在减税的同时过度扩张政府支出，必然造成巨额赤字，而且由财政赤字引发通货膨胀，这样就会抑制减税的刺激效应，反而造成新一轮经济衰退。2009年，中国就遇到了这样的难题。一方面，扩内需、惠民生、保就业需要更多的财力支撑，财政压力凸显，增收需求明显加大；另一方面，为保增长、调结构、增效益、促发展，中央实行积极的财政政策，实施结构性减税，大幅度提高公共财政支出，又形成了巨大减收压力。因此，必须科学搭配减税与增支两种工具，实现二者的合理均衡，才能实现短期经济迅速回升和长期税制优化的双重目标。

从根本上讲，实施结构性减税，有助于调节经济发展中日益突出的结构性矛盾和利益冲突，推动和谐社会的建设与发展。改革开放以来，中国的税制取向与中国收入分配制度"效率优先，兼顾公平"的原则是基本相一致的。随着中国税制的不断改革变化，经济运行效率不断提高，城乡之间、区域之间、产业之间、居民之间的各种利益矛盾日益加剧，收入分配的不公平问题凸显出来。一是城乡之间收入差距明显扩大。1983 年城镇居民收入是农民纯收入的 1.82 倍，1993 年上升到 2.8 倍，2003 年进一步拉大到 3.23 倍，把社会保障、公共医疗等因素考虑在内，目前城乡居民的实际收入差距为 6:1。[①] 二是地区之间收入差距过分悬殊。根据国家统计局的数据，2001 年农村人均纯收入最高的是上海，为 5890 元，最低是西藏，为 1404 元，上海是西藏的 4.2 倍；城镇居民可支配收入最高的仍是上海，为 12883 元，最低的是山西，为 5391 元，上海是山西的 2.4 倍。至今这个差距并未有太大的变化。三是行业之间收入差距过大。20 世纪 90 年代中期，最高行业人均收入为最低行业人均收入的 2.23 倍，2000 年为 2.63 倍，[②] 2003 年这一比例则达到 3.98:1。四是不同阶层之间的财产差距也过分悬殊。中国的基尼系数近年来也在高位运行，[③] 表明收入分配存在较大问题。税收作为国民收入分配与再分配的重要调节手段，必须充分发挥其调节上述收入分配不公平现象的作用，以缓解城乡之间、地区之间、产业之间和居民之间的利益矛盾与冲突。这是促进与实现社会公正，构建社会主义和谐社会的根本要求与基本保障。结构性减税就是要通过调整不同地区、不同产业、不同阶层及居民的税负、税种及税率状况，实现上述要求。因此说，它并不是简单减点税的问题，其根本目的是经济社会的协调与健康、快速发展，实现社会的公正与和谐。

(本文与王文汇合写，发表于《学术月刊》2010 年第 4 期)

---

[①] 姚先国、盛东：《转折关头的中国经济》，《经济学动态》2006 年第 8 期。
[②] 谭崇台：《论快速增长与"丰裕中贫困"》，《经济学动态》2002 年第 11 期。
[③] 冯建军：《社会公正与教育公正》，《江西教育科研》2007 年第 9 期。

# 关于构建财政支出绩效评价体系的若干思考

## 一 财政支出绩效评价的指导思想和原则

财政支出绩效评价的指导思想是按照提高财政支出经济性、效率性和有效性的总体要求，全面完善评价制度，准确界定评价内容，科学划分评价层次，合理设置指标体系，客观选取评价标准，创新评价方式方法，努力构建绩效评价制度体系，使绩效评价有章可循；努力构建绩效评价指标体系，使绩效评价有据可依；努力构建绩效评价标准体系，使绩效评价有标准可比，通过充分发挥财政支出绩效评价体系的整体功能，使财政资金得到事前、事中和事后多方面的控制，大大提高财政资金的使用效益。财政支出绩效评价有以下基本原则。

### （一）以社会整体福利的提高为归宿点

公平原则是政府财政活动的首要原则。以亚当·斯密的分工理论为基础，在以市场为主要调节手段的经济组织形式之下，政府的行为主要是涉及市场功能所不能调节的领域。所以，政府的财政行为必须以追求社会经济的公平为宗旨，财政资金的分配和使用应该在公平基础上兼顾效率，以追求全社会福利最大化为出发点和归宿。在评价财政支出绩效时，应从总的社会效益出发，立足于社会整体福利的提高，这样才是对财政支出绩效的客观评价。

## （二）以不同阶段的发展要求为出发点

财政支出绩效评价必须坚持马克思辩证思想，用发展的观点，针对支出具体问题进行具体分析，实事求是地解决实际问题，即财政支出绩效评价，必须以不同阶段的发展要求为出发点。纵观人类历史的演变过程，社会经济都是螺旋式发展的，任何一项财政制度的安排都是适应不同社会经济发展阶段的产物。因此，对财政支出绩效评价制度设计、安排和实施，应与当时的客观社会经济条件相适应，做出真实的审视和评价，保证其客观性和真实性，从而促进经济和社会进步和发展。

## （三）应贯穿于财政资金分配使用的全过程

从财政资金的分配和使用到目标的实现是一个复杂的过程，尤其是社会经济转型和改革时期，开展对财政支出绩效评价必然会触动各方面的利益。因此，财政资金的分配、使用等支出各环节的绩效高低不仅直接影响后续环节绩效的发挥，而且决定着财政支出绩效的高低以至各社会主体的利益格局。另外，由于财政支出存在认识时滞、决策时滞、执行时滞、反应时滞等，使得财政支出绩效评价不仅要考虑每一个环节的即期效应，还要考虑其滞后效应。所以，财政支出绩效评价应贯穿于财政资金分配使用的全过程。

## （四）实行集成性管理

鉴于财政制度系统的复杂性、财政制度绩效表现多样性等特点，对财政支出绩效评价也不能孤立地采用单一技术方法，而应着眼于适用方法的合理组合。如采用财政支出绩效评价因素分析法、比较分析法、统计分析法等，根据不同的支出项目，不同的绩效表现形式，实行各种评价方法的集成性管理。对某一项财政支出进行绩效评价时，根据其绩效发挥和表现特点，合理选择其适应的评价方法。既可以从影响绩效发挥的各因素入手，也可以通过各种制度绩效之间纵向与横向的比较，还可以采用适当的回归分析等统计工具，这样从不同的角度进行客观、准确的评价。

## 二 财政支出绩效评价指标体系

财政支出绩效考评要达到以下几个目的：一是在环境发生变化，尤其是在政府的政策发生变化的情况下，检查项目的目标是否具有持续性，项目执行的结果是否达到预期的目标，是否有更简洁、有效的途径达到预期的目标。二是决定是否有必要设立一个新的项目，或继续扩大项目的规模。三是决定是否继续增加、减少或维持项目的投入水平。简言之，通过项目评价可以对资源的分配、项目的改进以及项目的责任做出评判或结论。

根据我国转轨时期财政制度安排的要求，财政支出项目绩效考评指标体系，应主要包括对项目适当性、效率性和有效性的评价。至于一个具体的项目，需要侧重评价哪几个方面，要根据项目评价的目标及项目生命周期所处的发展阶段具体决定。

### （一）项目适当性（Appropriayion）的评价

项目的适当性，主要表现在四个方面：第一，项目的设立和实施是否得到政府和社会广泛的认同；第二，项目是否符合政府的总体目标及政策导向；第三，项目设立的必要性、紧迫性和优先性；第四，针对项目所编制的战略计划是否成功，项目是否具有很强的逻辑性。项目的适当性评价一般在项目正式设立前进行。对于已经存在较长时间的项目，或者因为政治、经济和社会环境发生变化而受到较大影响的项目，进行适当性评价也很重要。这种评价帮助政策制定者决定是否有必要设立一个新项目。如果有必要上这个项目，如何有效地设立；或评价一个项目是否有必要持续下去，如有必要，如何有效地继续进行。

### （二）项目效率性（Efficiency）的评价

考察效率情况，主要考虑以下三个方面：第一，投入情况，即资源的使用情况（资金、人员、技术/设备）；第二，项目运行或获得项目产出的程序，即为完成项目所从事的活动、战略及操作过程；第三，产出，即通过项目管理的直接控制所产出的产品或服务（如提供培训课程的数量、部长签发文件的数量等）。在政府绩效管理这个特定的问题上，提高效率的含义已经不只局限于提高投入产出的比率问题，更重要的是提高各环节的工作质量。这是因为，每个人的工作只是整个活动链条的一个环节或一个部分，只有将各环节有机地统一起来，才能获得高水平的产出。同时，只有每个人的高质量工作，才能提高项目产出水平的质量。在项目的各阶段，都可以对项目的效率性进行评价。在项目的早期阶段，评价项目的效率性尤其重要。因为通过效率性评价可以确保项目获得预期的产出，并取得成功的结果。

### （三）项目有效性（Effectiveness）的评价

项目的有效性是指与预期的目标相比较，项目实现结果的程度。项目的有效性包括三方面：第一，测量影响结果实现的因素；第二，对结果产生的项目因素或外部因素进行因果说明；第三，确认是否有意外的结果将对预期的目标产生积极或消极的影响。在一揽子计划中所指的责任性就集中在目标的创立、产出和报告，以及产出结果的可视性。因此，有效性评价的重点强调管理的责任性。项目的有效性问题，只有在结果可能实现的情况下，才能进行评价。它一般在项目执行的晚期或项目结束后进行，这要取决于项目所处的阶段。只有这样才能透彻地说明结果的实现程度。例如，评价一个"出口促进"项目的结果，就只有在主要的出口产品实现多年后才能做出全面的评价。如果项目的目标设立在一个不可实现或不现实的水平上，项目有效性的评价就难以实现。使用项目的逻辑分析有助于有效性的评价。评价有效性不仅要集中在预期的结果是否实现，还要考虑获得预期结果的成本，即是否做到"物有所值"。"有效性评价"有时亦指"对结果的评价"。

总之，凡是一揽子计划中规定的所有项目及项目主要组成部分都要作为系统评价的对象。每3—5年要对项目的有效性进行系统评价。要经常对项目的效率进行评价,尤其是当政治、经济和社会环境发生重大变化时,更要对项目的适当性做周期性的再评价。在项目评价中,需要重点把握以下内容:评价项目是否符合国家政策的导向,有效地利用资源,为政府工作目标的实现作出贡献;是否应责任人的要求执行评价;项目是否具有很高的公共性或与其他项目有重要关联;绩效信息是否指出项目存在的问题;是否提出项目期限建议,即项目结束、推迟或改变;项目最后被检查的时间。

(本文与王泽彩合写,发表于《社会科学战线》2006年第4期)

# 我国商业银行投行业务发展初探

目前，我国商业银行大多数都设立了投资银行部门或专业投行机构，国有大型商业银行更是利用规模优势在投资银行业务探索上先试先行并取得显著进展，股份制中型商业银行也紧随其后大力拓展投行业务。我国商业银行在面对金融业全面开放的挑战和机遇时，已经由传统商业银行向现代全能型银行集团转变，在资本约束、利率市场化、融资结构失衡等条件下，商业银行要向更广阔的资本市场拓展已成为必然选择。

## 一 我国商业银行投行业务发展现状

### （一）法律框架现状

随着我国金融市场发展，商业银行经营环境发生了巨大变化，各资本市场之间原本清晰的边界变得模糊，参与者数量增长使得竞争不断加剧，金融产品结构日趋复杂，金融服务需求强烈且多样化。无论是在主观意愿还是客观条件上，商业银行顺理成章地发挥其资金成本、客户资源、运营网络、对外信誉等优势开展投资银行业务。相应地，监管部门也逐渐出台相关的法规政策，有限度地放松了对商业银行开展投资银行业务的束缚。中国人民银行相继出台《证券公司进入银行间同业市场管理规定》《基金管理公司进入银行间同业市场管理规定》《证券公司股票质押贷款管理办法》《商业银行中间业务暂行规定》，明确商业银行开办代理证券业务、衍生产品、基金托管、财务顾问等投资银行业务。在2001年商业银行开始提供"银证通"后,基金托管、财务顾问、项目融资、个人理财等业务陆续开展。2004年,批准商业银行直接投资设立基金管理公司。[①] 2005年,确定工商银行、建设银行和交通银行为首批直接投资设立基金管理公司的试点银行,这使商业银行通过基金公司间接进入证券市场成为可能。同年,商业银行获准开展资产证券化业务。2006年,9家商业银行获准从事短期融资券承销业务。国家对金融业综合经营改革的鼓励与扶持政策取向,为未来国内商业银行探索综合经营、实施业务整合提供了有利的外部政策环境。至此,我国的商业银行已经实现了在分业经营框架下的一定程度上的业务交叉融合。

### (二) 业务经营模式选择

1. 准全能银行式的直接综合经营

德国商业银行为典型的综合经营银行模式。在这种模式下,商业银行通过内设部门直接开展非银行金融业务,各种金融业务融合在一个组织实体内。商业银行在政策允许的范围内设置相关的职能部门,在中间业务的范畴内开展诸如财务顾问、委托理财、代理基金发售等投资银行业务。中国工商银行于2002年5月设立投资银行部,下设重组并购处、股本融资处、债务融资处、资产管理处、投资管理处等业务部门。招商银行于2001年成立了其投资银行部门——商人银行部,全力推进投资银行业务。2002年,招商银行成立了招银国际金融有限公司,正式申领投资银行牌照。交通银行上市后旋即成立投资银行部。2006年,浦东发展银行设立投资银行部,选择事业部附属模式,公司及投资银行部下设投行业务部,主要职责包括银团与结构性融资(包括短期融资券承销)、项目融资(房地产融资)、资产管理、财务顾问和信贷资产证券化等业务。此外,中信、光大、民生、华夏、兴业等股份制商业银行也在2005

---

① 刘宜辉:《商业银行开展投资银行业务的风险及其管理》,《经济论坛》2007年第17期。

和 2006 年建立起独立的投资银行部门。[①]

2. 银行控股式的间接经营模式

英国商业银行为银行母公司形式的代表。此模式下，商业银行和非银行子公司之间有严格的法律界限，证券业务、保险业务或其他非传统银行业务是由商业银行的子公司进行的。与综合性银行相比，虽然这种模式的规模经济和范围经济效益受到限制，但仍有助于实现风险分散化，并且通过业务的交叉销售获得较高收益，提高银行的品牌价值。1995 年，中国建设银行与摩根士丹利等合资组建中金公司；中国银行 1996 年在境外设立中银国际。2002 年，中银国际在国内设立中银国际证券有限公司，全面开展投资银行业务。

## （三）业务范围选择

1. 财务顾问业务

包括证券承销、企业并购以及项目融资的咨询顾问业务、政府财务顾问、集合理财顾问。财务顾问业务主要是发挥商业银行拥有的网络、资金、信息、人才和客户群等方面的综合优势，为客户提供投资理财、资金管理、风险管理、公司战略等方面的专业顾问服务。由于大多数企业缺乏资本经营的实际操作经验，商业银行利用自身的信息网络、资金和人才优势，从专业的角度帮助客户制定经营策略、实施资本经营，达到扩大规模、抢占市场份额、转换经营方向等目的。商业银行从事财务顾问业务的价值取向不仅局限于获得咨询费收入，而是与客户群的开发相结合。一是通过提供财务顾问服务，密切与客户的联系，有利于客户群的培养，向客户推销其他金融服务产品；二是全面了解客户的财力、经营状况，有利于控制银行向客户提供常规产品的风险，带动商业银行相关业务的发展。[②]

---

[①] 李勇：《商业银行投资银行业务之路》，《银行家》2007 年第 4 期。

[②] 董立杰：《我国商业银行开展投资银行业务的优势和模式》，《湖北经济学院学报》（人文社会科学版）2008 年第 1 期。

### 2. 杠杆融资业务

杠杆融资业务的本质就是商业银行通过提供信贷资金，满足企业股份制改造、上市、配股、收购、兼并等资本经营活动对资金的大量需求，具有贷款金额大、贷款期限短等特点。随着我国企业股份制改造步伐的加快，上市公司之间、上市公司与非上市公司之间的收购兼并活动日趋活跃，短期周转资金的融资市场空间巨大。此外，借助杠杆融资业务，可以派生出"过桥贷款"、股权资金的收款、结算、并购方案设计、配股项目推荐等创新业务，培育新的利润增长点。在目前激烈的市场竞争形势下，可以更好地密切银企关系，发展和巩固核心客户。

### 3. 基金托管和资产证券化业务

主要包括福利基金托管、企业年金托管、社保基金托管、银行不良资产证券化、基础设施资产证券化、出口硬通货应收款证券化等。随着各种福利基金、专项基金和社会保障基金市场化运作步伐的加快，商业银行对此类业务给予高度重视，迅速进入市场。资产证券化在我国的探索和开展为我国商业银行投资银行业务的发展开辟了新的舞台和发展空间。资产证券化业务可以提高商业银行的资产流动性，也为其资产负债管理提供了新的选择。商业银行可以为项目、企业、证券公司提供证券化的资产，并进行证券化资产的评估和方案设计。

## 二 商业银行投行业务存在的问题

近年来，投行业务使得银行的中间业务收入大幅增加，但繁荣之下隐忧仍存。

### （一）业务范围受限制

在"分业经营、分业监管"现状下，我国商业银行只能从事部分简单的、低风险、低收益的投资银行业务；而与资本市场、资本运作相关的一些复杂的、高风险、高收益的业务项目要么绝对不能从事，要么必须以变通手段进行合规处理。目前所有商业银行都无法获得 IPO 经营资格，堵住了商业银行为客户直接融资的大门。《商业银行法》规定，商业银行不得从事股票业务，不得向企业投资，使得商业银行无法在股票包销和证券交易上服务客户。[①] 虽然禁止银行从事某些高收益、高风险的投行业务，在风险防范方面起到了积极作用，但"一刀切"地把所有银行全部阻挡在一个门槛里，就可能在一定程度上束缚了风险防控优秀的银行的投行业务的正常发展。2004 年美国商业银行中间业务收入占比为 47%，花旗银行高达 70%，日本为 39.9%，英国为 41.1%，而我国仅为 12.33%。[②] 这反映出我国商业银行投行业务还处于低级发展阶段。

### （二）专业人才匮乏，创新能力不强

投资银行业务是一项高度专业化的金融中介服务，它要求有一支精通金融、财务、法律等专业知识，并具有一定从业经验的高级人才队伍作为业务支撑。商业银行现有业务人员的知识结构比较单一，不能完全胜任投行业务的开展，在较大程度上形成人力资源的瓶颈制约。人才的缺乏会导致银行业务创新能力不强，产品设计和风险计量方面存在较大不足和隐患。而专业人才的培养需要一个漫长的学习和积累过程，这将不可避免地制约着我国商业银行投行业务的快速发展。

### （三）政策法规存在盲区

目前，监管部门对商业银行开办新业务实行必须报批的市场准入制度，顺应商业银行经营的发展趋势，监管层对商业银行综合化经营限制措施已大大松动，并出台了部分政策和监管法规进行规范管理，我们相信这种趋势仍将延续。但由于投行业务具体监管细则

---

① 程丽芬：《我国商业银行发展投资银行业务研究》，《财经界》2007 年第 9 期。
② 何桂基：《国外商业银行发展投资银行业务对我国的启示》，《中国农业银行武汉培训学院学报》2007 年第 5 期。

尚未出台，政策上存在较大弹性，可能原本之前"默许的"会成为今后"禁止的"。加之商业银行的大量投资银行业务要接受一行三会等机构的多边监管，监管部门之间协调不力、法规冲突等也会产生政策法律风险。

### (四) 与传统业务的关联风险

商业银行往往将过桥融资、担保资源作为撬动并购顾问、承销等投行业务的营销手段，反过来投行业务也能成为拉动贷款和其他融资需求的重要因素。为降低营销成本，提高营销效率和收费水平，实现为客户提供一揽子综合化服务，商业银行采取传统业务与投资银行业务打包捆绑销售的方式进行营销，这在带来综合效益的同时，也增加了关联风险，操作不当很有可能会加大商业银行的总体经营风险。

## 三 完善商业银行投行业务风险管理

在商业银行内部风险控制机制完善、外部监管有利的情况下开展混业经营，可以在总体上分散银行的经营风险。因此，提出以下几点建议。

### (一) 实行投行业务分级准入制

当前我国银行监管部门对商业银行投资银行业务的专门监管几乎是空白，也没有精通投行的专家对业务进行研究分析，导致监管机构只能以最安全但也是最保守的监管方式设置禁区，来防范可能出现的风险和损失，却严重阻碍了金融深化和金融效率的提高。建议监管机构组织精干力量成立专门的投资银行业务监管部门，加强对国际、国内投资银行业务的发展趋势进行研究，加强各分业监管机构的合作，充分运用 VAR 等计量模型对投行业务、产品风险、风险管理水平进行评估，设置合理的分级业务准入条件，拒绝不合格的银行机构和产品进入高端投行市场，让风险管理水平较高的优秀银行和产品获得风险溢价，确保投行市场的稳定与繁荣。

## （二）加强人力资源建设

投资银行是"知本"密集型业务，优秀的人才和有效的机制对于业务发展至关重要。要促进投资银行更好更快地发展，国内商业银行有必要进一步完善和优化组织结构，加快投行专业人才的培养和引进工作。组建高水平投行专家团队，建设重组并购、银团贷款与结构化融资、资产转让与证券化、直接融资等业务中心。对于优秀的投行人员，要借鉴国外先进投行和国内证券公司等机构的经验，真正实现收入与业绩挂钩的机制，做到人尽其才。[①] 发挥人才在竞争中的核心作用，提高从业人员素质，严格履行业务操作规程。要对从业人员进行充分的风险管理培训，加强服务意识，严格按照操作规程办事，以客户利益为重，避免投资银行业务和传统商业银行业务的捆绑销售，并实行严格的信息披露。[②]

## （三）完善风险内控体系

严格内部资金管理，控制内部关联交易。商业银行应严明纪律，切实加强内部控制，对信贷资金和投资银行业务之间的资金交易实行严格的限制，加强投资银行部门的资金用途管理，做到"专款专用、封闭运行"。明确不能以信贷风险约束弱化作为开展投资银行业务的代价，信贷决策不能受投资银行业务收入等因素的干扰，防止投资银行业务风险向资产业务领域转移。适当控制业务选择。在当前我国的监管水平下，商业银行应慎重选择适当的投资银行业务，短期内不应当介入股票市场。建立现代风险管理制度，包括风险评估、风险报告、风险验证、风险检查等制度。积极采用风险价值法（VAR）、经风险调整的收益率（RAROC），以及事后检

---

[①] 刘筱琳：《银行业与证券业兼营下的利益冲突与"防火墙"法律制度探讨》，《法学评论》1999 年第 6 期。

[②] 董必荣：《智力资本信息披露的困境》，《财经理论与实践》2006 年第 6 期。

验等风险内控方法来管理和控制风险。

## (四) 完善风险外部监控

随着金融业的快速发展，银行、保险、证券机构业务彼此融合，行业间的界限越来越模糊，应对传统的分业监管加以调整以适应形势发展的需要。首先，在目前既定的单一监管前提下，融入功能监管要素，在一定程度上按业务性质来确定监管边界，尽快完善功能监管的相关制度，加强各监管机构相互协作。其次，建立风险预警机制。监管应注重动态性，吸取次贷危机的经验教训，随时关注银行的风险状态，及时提示，重在预防。监管机构根据投资银行部门定期上报的相关资料，采用合理的风险测量方法，确定其实际承受的风险大小，并考虑银行集团资本总额与分布及其风险管理水平，对风险水平做出评价，并根据结果督促其优化风险管理操作。

（本文与陈曦、张臣明合写，发表于
《税务与经济》2008 年第 6 期）

# 论另一种信息不对称下的保险管制

新古典经济学的完全理性假设，保证了经济人在获得完全信息条件下的最优化行为和市场一般均衡。在该假设下，保险市场毫无疑问能达到一般均衡，实现帕累托最优。然而，在现实的条件下，这种假设是不存在的。1970年，乔治·阿克洛夫开创性地提出以分析市场机制不完备为核心的逆向选择理论，使经济学界进一步认识到市场交易双方之间信息的不对称会影响到价格机制的作用，使资源配置的效率受损，从而导致"市场失灵"。相应地，随着信息不对称理论研究的深度和广度不断扩展，保险管制的理论基础和思维方式也发生了变革。

## 一 另一种信息不对称：被保险人角度的信息劣势

我们通常所说的保险市场的信息不对称，大多侧重于对保险公司处于信息劣势的分析，即侧重分析知情者的道德风险和逆向选择问题，这也是西方经济学经典文献常常分析的一种信息不对称。但在保险市场实际运行中，为改变信息劣势，保险公司不得不通过保险产品的设计来降低相对于被保险人的信息不对称所带来的风险。例如针对不同类型的潜在投保人设计不同的保险合同，由投保人根据自己的风险类型选择保险合同，这样通过信息甄别将不同类型的投保人加以分离；以及规定一定比例的免赔额，要求投保人自保，同时也可以附加大量的除外责任、免赔责任等，来实现激励相容。但这种为规避信息不对称而进行的努力，又不可避免地提高了保险产品的复杂程度，因之也就带来了另一种信息不对称——相对于保险公司来说，不具备专业知识的普通投保人对具体保险合同的信息是不对称的，相对处于信息劣势地位。大多数投保人很难准确地理解保险公司所提供的保险产品，因而也就无力与之谈判。就保险人的保险产品和保险服务而言，保险人拥有比保户更多的信息优势，这些信息优势可以转化为保险合同的各项条款和保险服务的各种形式。在现阶段保险市场垄断竞争的现实和保户法律权利、能力还不足以抗衡保险人的信息优势、行为优势的条件下，保户在鉴定保险合同的过程中，就有可能遭受保险人的严重道德风险和逆向选择问题。使情况更糟的是，由于保险产品的特殊性，投保人无法对产品取样或试用来观察效果，而如果产品与预期不符，也无法更换或退货，因为保险事件已经发生了。

保险市场的另一种信息不对称的结果是保险需求者较少或不去投保，这样对保险业的发展所起的羁绊作用是显而易见的。所以，另一种信息不对称所导致的"市场失灵"是限制保险业发展的一个重要因素。主要表现在：一方面，在另一种信息不对称的条件下，保险市场出现"稀薄"现象即由于信息劣势，消费者对保险商及其所提供的产品缺乏信任，或者消费者在投保时徘徊不前，犹豫不决，最后可能做出少投保甚至不投保的决策，从而有意压制自己的消费需求，减少甚至不去购买所需要的保险商品，致使市场交易量不足，并使市场呈现萎缩状态的经济现象。虽然从表面上看我国的保险市场发展速度很快，但实际上我国保险业与应有的发展水平仍相差甚远，而由信息不对称导致的市场"稀薄"现象在其间所起的消极作用是不容忽视的。另一方面，在保险活动中，在没有政府干预的情况下，保险人的活动难以受到被保险人的有效监督，而由这些经营活动所形成的资产的质量也难以得到有效的保障。因而，这将在很大程度上增加了投保人保险索取权的风险程度，在一定程度上限制了保险业的发展。事实上，保险公司面临的实质性风险在20世纪90年代呈现一种明显上升的趋势。美国和英国所受的冲击最大，它们的破产保险公司占全球破产保险公司的 70% 以上。在美国，每年有 0.5%—1% 的保险公司破产。英国的平均水平大约是 0.5%，但 1992 年达到了 2%。随着保险与金融市场在全球范围内的一体化趋势和减少管制的趋势，市场竞争将日趋激烈，其他国家的破产保险公司也会增加。[①]

从我国的保险业发展的实际情况来看，在保险过程中的另一种信息不对称现象尤为明显。首先，中国的保险市场是一个新兴的市场，保险公司层出不穷，保险商品复杂多变，保险服务参差不齐，而保险消费者对保险知识的了解十分有限，几乎无法达到与保险人信息基本对等的地步。其次，由于保险合同是附加合同，所有的条款均由保险人事先设计，投保人选择的余地往往很小，而且投保人在投保时，并不能确定何种险种最适合自己。随着当今社会保险商品功能的不断增加，保险商品的知识含量更高，这就使保险人掌握的保险信息更加多于消费者所掌握的信息，信息不对称现象表现得愈加明显。再次，保险合同生效后，投保人能否获得预期的回报取决于保险人的营运情况，尤其是在投资险种备受青睐的今天，保险人的资金运用效果对投保人来说具有极为重要的意义。然而单个投保人由于自身条件的限制，不可能充分了解保险人的营运情况并对其进行有效监督。最后，由于保险商品是一种知识含量较高、涉及多方面要素的特殊商品，而具备从业经验的保险人对于该商品的了解和认知程度要远远高于保险消费者。在保险事故发生后的理赔过程中，保险人进行的查勘、检验、估损、理算等活动具有很强的技术性，被保险人很难对保险人确定的理赔结果提出自己的意见，理赔纠纷时常发生。因而信息不对称现象在保险商品的交易和消费过程中表现得尤为突出。

---

① [比利时/美国] 让·勒梅尔：《欧美保险业监管》，袁卫、孟生旺译，经济科学出版社 1999 年版，第 51 页。

## 二 另一种信息不对称条件下的保险管制

在不确定性研究基础上发展起来的信息经济学表明，信息不完备和不对称是市场经济不能像古典和新古典经济学所描述的那样完美运转的重要原因之一。虽然人们也设计发展了众多的机制——如状态依存的激励合约、强制信息披露等，试图减少不完全信息的不利影响，并取得了一定的成效。但在一些信息严重不对称的行业，这些解决机制并不能很好地发挥作用，有时甚至还会产生新的信息不对称，更进一步加剧了"市场失灵"。特别是保险市场更加突出的信息不完备和不对称现象，导致市场参与者有可能随时因信息问题而陷入困境。这时就需要政府的介入，利用其掌握的行政资源，采取各种管制措施，来保证市场的正常运行。保险管制的依据更多的是基于另一种信息不对称之上，即要解决被保险人的信息劣势问题。另一种信息不对称条件下的保险管制体现在两个方面。

一方面，降低消费者的市场搜寻成本。就保险人的保险产品和保险服务而言，保险人拥有比被保险人更多的信息优势，这些信息优势可以转化为保险合同的各项条款和保险服务的各种形式。保险业务这种特有的经营方式，要求对保险人提供保险产品和保险服务的过程提供更充分的信息。但是，保险人在很多情况下不愿意披露信息，一是当公司内部的信息太专门化，不能及时披露；二是披露代价太大时，保险人可能就不愿意披露；三是当信息中包含对自己不利的信息时，保险人就不愿意如实披露信息。也就是说，在另一种信息不对称条件下，为了消除信息不对称性给市场机制作用的正常发挥所带来的不利影响，必须采取通过政府管制的方式直接制约保险人的行为。因此，从缓解投保人信息劣势的角度出发，政府有责任对保险产品和服务加以管制——主要集中于对保险产品设计、保险合同的条款的管制，必须告诉消费者关于产品价格、特性和质量方面的准确信息。

增加消费者对所消费产品各方面信息的理解和把握，使交易双方拥有同等的信息，使消费者有能力把高质量产品和低质量产品区别出来，促使消费者改变自己的购买行为，以避免这种信息不对称使消费者的权益受损，从而有利于市场结构的改善和市场机制作用的正常发挥，使得市场更有效率。

另一方面，降低投保人保险索取权的风险程度。德沃特里庞和泰勒尔认为，"银行治理结构的特殊性表现在银行的债权主要由众多的分散的小储蓄者持有。小储蓄者既没有激励也没有能力去搜寻信息或干预银行治理，因为信息的搜寻与干预是一种'公共产品'。就是说银行的治理结构是有内在缺陷的。因此，储蓄者需要一个公共或私人机构代表他们在银行绩效不佳时实施外部干预"[1]。他们将这种说法称之为"代表假说"。同时，他们强调，对银行监管的分析的很多推论对许多其他的中介机构仍然是适用的。实际上，他们强调了银行、保险公司、养老基金与证券基金问题与管制的共性。由此可见，保险管制的主要问题是保险公司的偿付能力，也就是股权、债务之间关系与资产风险性问题。既然大部分股权是外部的（不是由经理拥有），因此保险公司偿付能力主要取决于保险公司的债务、股权比例或资本结构。不同索取权（股权、债权等）的收入流分别代表了索取者的激励方式，这些激励方式决定他们的干预行为。外部干预与控制权的配置影响着经理的激励。理想情况下，经理们应该知道经营绩效差会引起外部干预，而绩效良好则会带来外部宽容行为。当保险公司的偿付能力降低到某一确定比例之下时，控制权就会从股东转移到债权人。保险公司的特殊性表现在投保人即债权人。投保人既没有积极性也没有能力去搜寻信息或干预保险公司管理。"搭便车问题"说明被保险人的信息是匮乏的。被保险人的反应通常不是真正干预保险公司的管理。因此，被保险人需要一个公共机构代表他们在保险公司绩效不佳时实施外部干预。因此，我们发现，在另一种信息不对称条件下，现实中的保险

---

[1] ［德］沃特里庞、［德］泰勒尔：《银行监管》，石磊、王永钦译，复旦大学出版社 2002 年版。

管制可以区分为两类。

其一，从消费者利益保护角度来看，保险管制要解决的是"市场缺陷"问题。即在保险产品供求过程中，由于保险人与被保险人之间固有的信息不对称关系的作用，保险合同条款的制定和保险费率的厘定，更多地表达了保险人的愿望和利益。因此，在被保险人的保险信息能力、保险行为能力都不足以抗衡保险人在信息、行为方面优势的不发达的保险市场条件下，对保险人进行必要管制，如费率管制、进入管制及合同规则等，就成为保护被保险人利益的制度安排。

其二，从债权人利益保护的角度来看，保险管制要解决的是保险公司"治理缺陷"的问题。保险公司的众多的分散的被保险人是作为债权人出现的，他们既没有激励也没有能力去搜寻信息或干预保险公司治理，因为信息的搜寻与干预是一种"公共产品"。就是说明，保险公司的治理结构是有内在缺陷的。因此，被保险人需要一个公共或私人机构代表他们在保险公司绩效不佳时实施外部干预。因此，从债权人利益保护的角度来看，保险管制的主要内容是确保保险公司的偿付能力，也就是保险管制要有效解决股权、债务之间关系与资产风险性问题。

综上所述，信息不对称论的分析启示我们，即使在较完善的市场经济体制下，仍有必要在一定程度上采取直接的保险管制手段，以克服由信息不完备或信息不对称造成的市场失灵和提高资源配置效率。在市场经济体制不完善、市场作用不充分的转轨经济背景下，我们更应注重对采取保险管制手段实现微观经济目标的必要性和有效性的研究。在我国保险业市场化进程中，随着保险业风险因素的日益显性化，应该从减少被保险人的信息劣势角度出发，重视维护保险市场体系稳定性和健全性的管制。

（本文与毕殊晨、安洪军合写，发表于《长白学刊》2004年第3期）

# 经济资本及其管理：中国商业银行风险管理革命

## 一 经济资本和账面资本、监管资本的内涵与相互关系

商业银行通常在三个意义上使用"资本"这个概念，即财务会计、外部监管和内部风险管理，按其不同内涵对应的银行资本可以分为账面资本、监管资本和经济资本。账面资本是银行根据会计准则在资产负债表上反映出来的资本，是商业银行账面实际拥有的资本金，通常情况下为具有资本属性的几个会计项目之和。监管资本是银行监管机构为了满足监管要求，促进银行审慎经营，维持金融体系稳定而规定的银行必须执行的强制性资本标准，也即银行必须持有的资本。经济资本也称风险资本，是银行根据所承担的风险计算的银行需要持有的最低资本量。从银行所有者和管理者的角度讲，经济资本是用来抵御银行承担的非预期损失所需的资本，是随着银行风险管理技术的演进而逐步形成的，也可以说，经济资本是银行弥补非预期损失而对应的资本储备，这部分资本储备相当于用来弥补潜在损失的保险准备金。

账面资本、监管资本和经济资本之间既有明显区别，也有紧密联系。账面资本对应着资产负债表上的净资产，是一种实际存在的资本，代表着股东权益，主要关注主体是股东。监管资本是法律意义上的资本，是符合监管当局要求的资本，确定监管资本的标准是

资本用途，尤其是防范吸收银行未来损失，主要关注主体是监管当局。经济资本是银行从风险角度计量的银行应该保有的资本，其确定标准是银行实际承担的风险量，主要关注主体是银行经营管理者。

三种资本之间的区别显见，但彼此又相互联系。首先账面资本与监管资本有很多交叉的地方，这从两类资本所包含的项目中可以看出。账面资本是监管资本的基础，监管当局在计算监管资本时，只不过是在账面资本的基础上适当调整而已。具体来说，监管资本中的核心资本均为账面资本，只是在计算资本充足率时，要从核心资本中扣除一些项目，如重估储备、一般准备、优先股。附属资本中的一部分属于账面资本，而可转换债券和长期次级债务在会计上属于债务，因而不属于会计资本。

由于监管资本注重的是银行风险的未来可能损失，而经济资本决定银行实际承担的风险，银行实际承担的风险越大，需要持有的监管资本和经济资本越多。在实践中，由于监管当局和银行内部管理者在计量风险时所采用的方法不完全一致，所以两者之间存在一定差距。而且由于银行内部计算资本实际需要时，一般会考虑资产组合等风险管理手段对减少风险的作用，而目前监管资本的计量并没有考虑这一因素，因此，经常是所要求的经济资本低于所要求的监管资本。从未来发展趋势看，由于监管部门已经开始以经济资本为方向调整监管资本的计量，并将银行内部的经济资本系统纳入监管范围，经济资本和监管资本正趋向于一致。

账面资本代表银行股东的剩余权益，从风险角度来看，也代表着股东承担风险的能力；因为股东对银行债务和风险损失，以其资本为限承担有限责任。因此，银行所承担的风险，是账面资本、经济资本、监管资本三者统一的基础。

从经济资本与账面资本之间的关系来看，正是因为归属于股东的账面资本所提出的回报要求，尤其是考虑到承担风险以后的回报要求，准确说是"经风险调整后的回报要求"，导致了经济资本概念的产生和应用。因此，经济资本虽然是虚拟资本概念，但它也是以会计资本为基础的。

从根本上看，三类资本是一致的，其一致性充分体现在防范风险的作用上。由于经济资本就是与风险相对应的，因此，账面资本和监管资本有逐渐向经济资本靠拢的趋势。

## 二 经济资本与银行损失

经济资本属于银行资本范畴。经济资本与银行损失是密切相关的。

银行就是在经营风险，通过对风险的掌控和经营获利，这必不可少地需要面对风险可能带来的损失。银行的风险管理，一方面应在不影响收益的情况下，尽可能地减少损失；另一方面，必须在一定程度上保证即使发生损失，银行的继续存在不受影响。银行对风险进行管理的前提是准确计量风险所带来的损失。银行风险所带来的潜在损失可以分为预期损失、非预期损失和异常损失三种。这三种损失之间最突出的区别是其出现的可能性。衡量未来可能性的概念是置信水平。置信区间越大，置信水平越高；置信水平越高，表明银行的风险容忍度越低，银行越安全。

预期损失是指在一般正常情况下，银行风险损失的统计平均值，是银行在一定时期可预见的平均损失。预期损失是银行的经营成本而不是风险。

异常损失，又称灾难性损失，是指某些异常情况导致的超出银行正常承受能力的损失，通常发生概率极低但损失巨大，例如战争和重大灾难袭击等，一般无法预见。

非预期损失介于预期损失和异常损失之间，是在一定时期内超过预期损失的那部分潜在损失。非预期损失是银行预期损失之外的部分，是真正的风险。这部分风险由于存在着较强的不确定性，所以银行在业务经营中难以以提取拨备的方式将其纳入经营成本管理，只能为其匹配相应的资本予以弥补，用银行资本来消化，这部分用于抵御非预期损失的资本一般被称作经济资本（EC）。这就是经济资本概念产生的基础。

如前文所指，经济资本又称风险资本，是基于银行全部风险之上的资本，它是银行自身根据其内部风险管理需要运用内部模型和方法计算出来的用于应对银行非预期损失的资本，也是银行自身根据其风险量化、风险管理能力认定的应该拥有的资本金，由商业银行内部评估而产生的配置给资产或某项业务用以减缓风险冲击的资本。经济资本不等同于银行所持有的实收资本，也不等同于银行的监管资本，主要是反映了银行自身的风险特征，所以它与银行实际承担的各种风险（诸如信用风险、市场风险、操作风险等）是相对应的。

从银行内部风险控制管理和外部监管的角度研究经济资本，我们认为，经济资本是银行为了强化内部风险管理而需要配置的一种资本，用于抵御非预期的潜在损失。银行在经营中必须确保自身有足够的经济资本。

## 三　中国商业银行的风险管理革命

由于经济资本科学地实现了资本和风险的匹配与整合，因此它对银行风险管理具有重要的特殊功能。首先，经济资本是抵御"非预期损失"的缓释器。经济资本是银行在一定期间内（如一年）为抵御在一定置信水平条件下非预期损失导致的支付危机所需的资本金量，是银行内部配置的资本金，因此通过经济资本可以度量不同业务类别和不同类型的风险状况，缓释银行的非预期损失。其次，经济资本是联结银行经营所承担风险与业务收益的纽带。国际上一些大银行于20世纪90年代开始将经济资本引入不断发展的风险度量模型，并提出资本充足性及其所利用的资本是否与风险一致的问题。运用经济资本，银行各层级管理人员能够知道单笔资产业务或者整个银行面临多少真正的风险。尤其是在贷款定价中，监管资本的重要性远低于经济资本，美国"联储"认为经济资本在贷款价格制定中起着决定性作用。最后，经济资本是满足监管资本最低资本要求的第一道屏障。监管资本是银行满足风险控制的最低资本要求,因而银行应当持有高于最低监管资本要求的资本。只有经济资本才具有警示及保证功能。许多大银行通过精密、精确的模型计算出经济资本量小于监管资本,使监管资本总是略大于经济资本,再由经济资本约束风险资产规模,使资本充足率总是高于监管资本的最低要求。正是因为经济资本具有其他资本不可替代的特殊功能,因此将经济资本管理引入中国商业银行,必然引发中国商业银行风险管理的革命性变化。

### (一) 引入经济资本管理是全新的风险管理模式

中国商业银行操作风险管理日益受到监管层及商业银行自身的重视。对今天的银行管理者来说,如果还不了解风险值、风险调整收益等概念,[①] 显然已经不行了。在过去的 20 年间,银行管理领域发生的最为显著的变化是,银行的管理重点已逐渐从传统的资产负债管理过渡到以风险计量和风险优化为核心的全面风险管理。银行更加注重的是资本管理和价值管理,资本和风险资产的匹配成为商业银行风险管理的核心问题。[②] 1998 年的资本协议仅提出针对信用风险的资本要求,1996 年的资本协议修正案进一步提出对市场风险的资本要求,2004 年的《巴塞尔新资本协议》对资本要求又进一步扩大至操作性风险,由此全面风险计量和管理的管理模式逐步形成。新的风险管理模式主要有以下四个方面的特征:第一,强调用资本作为抵御风险的主要机制。根据巴塞尔委员会的理解,银行承担的风险应当严格限定在自身资本能够承受的范围之内。第二,强调以增进股东价值为导向的管理理念。第三,强调以风险计量为核心的风险管理文化。第四,强调以降低代理成本为导向的银行公司治理结构。对"什么是操作风险""操作风险从何而来""如何

---

① 彭建刚、周行健:《经济资本研究新进展》,《经济学动态》2008 年第 9 期。
② 李镇西、周凤亮:《商业银行经济资本管理探索与实践》,中国经济出版社 2008 年版。

监管、防范和控制操作风险",无论是提高商业银行管理水平还是应对 WTO 后金融业形势的巨变,都具有十分重要的现实意义。

随着先进科技成果在银行业务领域的广泛应用,银行业务品种的增加和需求的变化,银行业务的操作风险呈现出多样化、复杂化、科技成分高、防范难度大等新的特点。近年来连续发生的银行大案要案已经充分说明,现有的风险防范措施已不能满足全面防控和化解操作风险,确保银行经营健康发展的需要。通过对银行业操作风险特点的深入研究,找出防范操作风险的有效机制,实施全面风险管理,确保银行经营稳定运行和健康发展,成为中国银行业迫在眉睫的任务。同时应更加重视银行业务流程、IT 领域、交易系统、外包业务、案件防控等方面的操作风险,设计清晰、合理、规范的内部流程,实行有效的授权管理,并进行持续的合规评价和改进,从制度上防范操作风险。[①]

从理论上讲,操作风险属于银行风险体系的重要组成部分,其发生机制、补偿机制、控制方法等具有鲜明的特点。商业银行操作风险的研究对丰富和发展金融风险理论特别是商业银行的风险理论有着积极的意义。

### (二) 为操作风险分配经济资本将推动新资本协议实施

随着《巴塞尔新资本协议》的实施,国内商业银行也必须着力推动新资本协议的运用,尽快全面推行经济资本管理。首先,这是商业银行改进风险管理的动力和工具。新资本协议提供的经济资本计量方法有助于中国商业银行风险管理逐步走上精细化和科学化管理之路,有利于促进银行盈利模式转变和经营行为理性化,推动银行业可持续发展。其次,是提升中国商业银行国际竞争力的必然选择。推动中国商业银行实施新资本协议,将有助于引导银行提升风险管理能力,建立与此相关的产品定价机制、资本分配机制及绩效考核机制,通过机制建设和制度创新实现可持续发展。最后,是增

---

[①] 厉吉斌:《商业银行操作风险管理》,上海财经大学出版社 2008 年版。

强银行监管有效性的必然要求。传统的以外部约束为主导的银行监管手段对于越来越复杂的银行业务，其效能在不断递减，监管当局应在事前发现商业银行管理方面的漏洞，而不是事后查找问题的根源，并顺应市场发展，进一步鼓励市场创新。新资本协议重视对银行识别、检测和管理风险能力的综合评估，使得监管资本约束与商业银行风险管理能力之间的关系更加紧密，体现了灵活的监管思想，有利于促进中国的银行监管创新与制度变迁。

**（三）全面推行经济资本管理必然引发商业银行的管理制度革命**

银行业的每一个风险防范措施和制度都是血和泪换来的教训。银行业风险管理发展的过程也是制度创新和制度变迁的过程。目前中国商业银行管理亟须进行制度变迁和制度创新，建立完备的全面风险管理体系，并将操作风险的监控和预警以及防范作为全面风险管理体系的重点内容。在操作风险控制中积极引入经济资本管理理念，以经济资本约束商业银行的经营活动，降低非预期损失的发生概率，控制操作风险。

（本文与周琳、李萍合写，
发表于《社会科学研究》2010年第6期）

# 加快国库集中收付改革

国库集中收付制度，是建立以国库单一账户体系为基础，资金缴拨以国库集中收付为主要形式的财政国库管理制度。它是市场经济国家和部分发展中国家加强财政管理监督，提高资金使用效益的通行做法。我国传统的财政资金缴库和拨付方式，已很难适应社会主义市场经济体制下公共财政发展要求，财政资金使用缺乏事前监督，截留、挤占、挪用等问题时有发生，甚至出现腐败现象。为此，我国从2001年开始，中央财政和地方财政按照预算单位"主体地位""资金使用权"和"财务管理权"三个不变原则，拉开了中国财政国库集中收付制度改革序幕。

改革账户设置方式，建立国库单一账户体系。建立以国库单一账户体系为基础的现代国库管理制度，就是改变目前预算单位在商业银行多重开户，分散核算的运行方式，将所有的财政性资金全部纳入国库单一账户体系管理。

改革收入收缴方式，收入直接缴入国库或者财政专户。对收入收缴管理制度进行改革，是国库集中收付制度改革的总体要求和深化收支两条线改革的需要。当前，改革收入收缴方式的重点是非税收入的收缴，主要内容是取消目前部门和单位开设的收入过渡户，由缴款人持执收单位开具的缴款通知，直接到代收银行办理缴款业务，然后按照非税收入实行不同的预算管理方式，由代收银行直接缴入国库或财政专户。

改革资金支付方式，实行财政直接支付和财政授权支付。对财政预算内资金、政府性基金、预算外资金和其他财政性资金的支付，通过财政直接支付和授权支付两种方式进行。

改革资金结算方式，由代理银行先垫付后清算。改变目前实行的财政部门把资金拨付到主管部门，再由主管部门逐级下拨到基层预算单位的结算方式。在实际操作上，财政部门或预算单位开具资金支付凭证办理支付业务时，暂不动用财政国库资金，而是由代理银行先行垫付应由财政或预算单位支付的资金。每日终了，代理银行与人民银行进行资金清算，由人民银行从国库存款账户中，将资金划转给代理银行。

一年多来，我省围绕财政国库集中收付制度改革和稳步推进试点等方面，都做了大量工作。从实际运行情况看，省直国库集中支付改革试点运行基本稳定，达到了改革的预期目标，取得了较为明显的成效。一是财政资金使用效率和管理规范化程度显著提高；二是通过运用集中支付管理系统，解决了以往在资金使用过程中的截留、挤占、挪用等问题；三是实行国库集中支付，促进了预算单位财务管理意识和管理水平的提高。

虽然目前财政国库集中收付制度改革取得了初步成效，但由于财政资金的缴拨是整个财政、财务管理的核心环节，从预算编制、执行，到单位财务管理等各环节存在的问题，最终都要通过支付环节体现出来，矛盾和问题都很集中，面临一些亟待解决的问题。

财政国库管理制度安排亟待创新。当前，已制定和发布的各项制度，可以确保逐步实现改革的预期目标。但是，从法制建设和依法治国的角度来看，这些制度和管理办法仅属于部门规章的范畴，法律层次较低，不能体现法律的强制性作用。

预算编制改革与预算执行改革的有机结合不够。部门预算的细化级次影响支付改革试点实施的单位级次，对于管理级次多的单位，都要通过重新编制用款计划，才能实施到下级单位；大量应列入下级单位或应改列补助地方预算的支出仍留在一级单位转拨，给实施支付改革带来了困难。预算单位的资金尚未做到全部由财政直接支付。国库集中支付制度中"零余额账户"使用规定，与现行金融会计制度相抵触。

针对财政国库管理制度改革现状和面临困难，为积极、稳妥、扎实地推进此项改革，今后应在以下几方面有所突破。一是逐步确立和完善国库集中收付制度的法律法规体系。在改革实施范围不断扩大的情况下，及时将财政国库管理制度改革《试点方案》《资金支付管理办法》改为《方案》和《条例》，报请国务院发布实施；根据改革需要，适时修订《预算法》《预算法实施条例》《国家金库条例》《国家金库条例实施细则》等行政法规。二是完善各项配套措施改革，适时扩大集中支付资金范围。国家在逐步完善财政国库集中收付改革实施方案、"非税收入"收缴、会计核算、资金拨付、资金结算等办法的基础上，逐步探索扩大财政集中支付资金的范围，即由目前的财政预算内资金逐步延伸到预算外资金和政府性基金。三是加大对财政困难省份"金财工程"建设扶持力度。"金财工程"是推进财政国库集中收付制度改革的重要技术支撑。"十一五"时期，国家应继续加大对中西部省份和老工业基地省份"金财工程"建设的扶持力度，努力改善国库集中收付电子化办公条件。四是强化国库集中收付政策业务培训。国库集中收付制度改革要求财政、财务人员有过硬的政治素质、高度负责的精神、广博的宏观经济、财税政策、金融管理等知识。国家相关部门应定期或不定期地对地方预算单位、代理银行、人民银行、财政等系统人员进行培训，确保国库集中收付制度改革向纵深推进。

(本文与王泽彩合写，发表于
《吉林日报》2005 年 12 月 16 日)

# 我国商业银行投资银行业务现状、风险与对策

## 一 投资银行业务简述

投资银行是证券和股份公司制度发展到特定阶段的产物，是发达证券市场和成熟金融体系的重要成分，在现代社会经济发展中发挥着沟通资金供求、构造证券市场、推动企业并购、促进产业集中和规模经济形成、优化资源配置等重要作用。

由于投资银行业发展迅速，对其准确界定也显得十分困难。投资银行是美国和欧洲大陆的称谓，英国称之为商人银行，在日本则指证券公司。国际上对投资银行的定义主要有四种：一是任何经营华尔街金融业务的金融机构都可以称为投资银行。二是只有经营一部分或全部资本市场业务的金融机构才是投资银行。三是把从事证券承销和企业并购的金融机构称为投资银行。四是仅把在一级市场上承销证券和二级市场交易证券的金融机构称为投资银行。

与传统商业银行业务相比，投资银行业务是一个动态发展的概念。从国际上看，各大投行早期业务主要是承销、交易和经纪业务，随后逐渐扩展到重组并购、财务顾问、结构化融资、资产证券化、资产管理、衍生产品交易、股权直接投资等业务。在我国分业经营体制下，商业银行除了不能开展交易所市场的证券承销、经纪和交易业务之外，仍然可开展大多数投资银行业务，包括银行间市

场承销经纪与交易以及重组并购、财务顾问、结构化融资与银团、资产证券化、资产管理、衍生品交易等。此外,随着金融创新和综合化经营改革的推进,股权直接投资等新兴业务也有望成为国内商业银行可涉猎的业务领域。

## 二 我国商业银行投资银行业务的现状

### (一) 法律法规现状

随着我国金融市场发展,商业银行经营环境发生了巨大变化:各资本市场之间原本清晰的边界变得模糊,参与者数量增长使得竞争不断加剧,金融产品结构日趋复杂,金融服务需求强烈且多样化。无论是从主观意愿还是客观条件上,商业银行顺理成章地发挥其资金成本、客户资源、运营网络、对外信誉等优势开展投资银行业务。相应地,监管部门也逐渐出台相关的法规政策,有限度地放松了对商业银行开展投资银行业务的束缚。中国人民银行相继出台《证券公司进入银行间同业市场管理规定》《基金管理公司进入银行间同业市场管理规定》《证券公司股票质押贷款管理办法》《商业银行中间业务暂行规定》,明确商业银行开办代理证券业务、衍生产品、基金托管、财务顾问等投资银行业务。2001年,商业银行开始提供"银证通"后,基金托管、财务顾问、项目融资、个人理财等业务陆续开展。2004年,批准商业银行直接投资设立基金管理公司。2005年,确定工商银行、建设银行和交通银行为首批直接投资设立基金管理公司的试点银行,这使商业银行通过基金公司间接进入证券市场成为可能。同年,商业银行获准开展资产证券化业务。2006年,9家商业银行获准从事短期融资券承销业务。

银监会主席刘明康提出:"要大胆创新、大胆实践,以饱满的热情和昂扬的姿态迎接中国银行业综合经营时代的到来。"国家对金融业综合经营改革的鼓励与扶持政策取向,为未来国内商业银行探索综合经营、实施业务整合提供了有利的外部政策环境。因此,我国的商业银行已经实现了在分业经营框架下的一定程度上的业务交叉融合。

## (二) 经营模式

这里仅介绍两种模式。

### 1. 准全能银行式的直接综合经营

德国商业银行为典型的综合经营银行模式。在这种模式下,商业银行通过内设部门直接开展非银行金融业务,各种金融业务融合在一个组织实体内。商业银行在政策允许的范围内设置相关的职能部门,在中间业务的范畴内开展诸如财务顾问、委托理财、代理基金发售等投资银行业务。

2002年5月,中国工商银行设立投资银行部,下设重组并购处、股本融资处、债务融资处、资产管理处、投资管理处等业务部门。2001年,招商银行成立了其投资银行部门——商人银行部,全力推进投资银行业务。2002年,招商银行又成立了招银国际金融有限公司,正式申领投资银行牌照。

### 2. 银行控股式的间接经营模式

英国商业银行为银行母公司形式的代表。此模式下,商业银行和非银行子公司之间有严格的法律界限,证券业务、保险业务或其他非传统银行业务是由商业银行的子公司进行的。与综合性银行相比,虽然这种模式的规模经济和范围经济效益受到限制,但仍有助于实现风险分散化,并且通过业务的交叉销售获得较高收益,提高银行的品牌价值。

1995年,中国建设银行与摩根士丹利等合资组建中金公司,1996年中国银行在境外设立中银国际。2002年,中银国际在国内设立中银国际证券有限公司,全面开展投资银行业务。

## (三) 发展现状

近年来,投资银行业务使得银行的中间业务收入大幅增加,从几家大型银行的发展轨迹就可见一斑。

2002年，中国工商银行从事投资银行业务，当年即实现收入1.9亿元。2003年、2004年、2005年分别实现4.82亿元、10.34亿元、18.02亿元，增长率分别达到153%、114%、74%，在中间业务收入中的占比分别为6.1%、9%、13%，成为中间业务收入的重要增长点。2006年，中国工商银行境内机构实现投资银行业务收入27.6亿元，同比增长53%，在中间业务收入中的占比达14%，已发展成为与代理、结算和银行卡业务并列的第四大中间业务收入来源和第三大中间业务收入增长来源。2006年开始，国内股票市场活跃，证券公司经纪和自营业务收入迅猛增长，中国工商银行27.6亿元的投资银行收入与国泰君安（37.3亿元）、银河证券（33.63亿元）、中金公司（32.77亿元）等国内一流券商相比较弱。[1] 2007年，中国工商银行投资银行业务收入达到41.66亿元，在2006年的基础上又有大幅增长。[2]

2007年，中国建设银行的投资银行业务实现各项收入24.90亿元，较上年增长1倍多。在规范发展企业财务咨询等传统财务顾问业务的同时，拓展企业首次公开发行及再融资、并购重组、股权投资、债务融资等新型财务顾问业务，全年实现财务顾问业务收入19.96亿元，较上年增长128.38%。短期融资券承销金额达到625.80亿元，市场占比为18.68%。资产证券化业务继续推进，成功设计发行个人住房抵押贷款支持证券。[3]

2007年，中国银行的海外投资银行业务成为亮点。中银国际实现税后利润17.82亿港元，较上年增长57.70%。中银国际在香港2007年新股承销榜上蝉联第三名，跻身港股现货市场交易量前三名。中银国际的资产管理公司——中银保诚的业务继续保持香港市场前列，管理的总资产为433亿港元，较2006年上升51%。中银保诚在香港联交所主板推出了第一只以沪深300指数为标的境外

---

[1] 李勇：《商业银行投资银行业务之路》，《银行家》2007年第4期。
[2] 数据来自工商银行2007年报。
[3] 数据来自建设银行2007年报。

交易所买卖基金产品。此外，以中国主权政府债券和政策性金融债券承销份额计算，中银国际证券在内地券商中蝉联第一。中银国际证券成功担任了中国中铁股份有限公司等大型企业首次公开发售项目的主承销商。[1]

## 三 投资银行业务发展中面临的风险

### (一) 道德风险

全能银行或金融集团通过广泛涉猎基金管理、证券经纪、证券发行与交易等诸多领域的全方位服务，出现大量跨市场领域的产品。由于银行危机往往会因连锁反应引发整个经济体系危机，因此各国政府都对银行给予特别保护，可以视为特殊的津贴。当商业银行开展投资银行业务时，津贴收益就从传统部门扩展到投资银行部门，受津贴外溢的影响，证券和保险业务风险将完全处于金融安全体系的保障范围，从而产生道德风险。此外，业务的交叉融合也为综合银行利用内部信息侵占消费者利益提供了机会。一旦投资银行业务与银行的传统业务产生潜在的利益冲突，可能导致银行客户利益由此受损，并可能威胁国家的金融秩序和安全。

### (二) 市场风险

商业银行直接参与这些高风险的业务并获得额回报的同时，也意味着投资银行业务必将携带着其他资本市场的风险进入商业银行。在我国改革开放初期，商业银行曾一度通过设立证券公司、信托公司等机构开展证券业务，银行通过附属的证券机构将信贷资金投向证券、房地产等领域。由于综合经营时机并不成熟，风险管理水平低下，监管机制远不完善，结果盲目综合造成金融市场秩序混乱。在随后国家对金融业和房地产业的整顿中，这些投

---

[1] 数据来自中国银行 2007 年报。

资银行业务损失惨重,最终形成不良资产。市场混乱和风险管理措施的缺乏威胁金融体系的安全,就此监管层为隔绝风险建立了分业经营体系。

### (三) 政策风险

目前,监管部门对商业银行开办新业务实行必须报批的市场准入制度,顺应商业银行经营的发展趋势,监管层对商业银行综合化经营的限制措施已大大松动,并出台部分政策和监管法规进行规范管理,我们相信这种趋势仍将延续。但由于关于投资银行业务具体监管细则尚未出台,政策上存在较大弹性,可能原本之前"默许的"会成为今后"禁止的"。加之商业银行的大量投资银行业务要接受一行三会等机构的多边监管,监管部门之间协调不力、法规冲突等也会产生政策法律风险。

### (四) 关联风险

商业银行往往将过桥融资、担保资源作为撬动并购顾问、承销等投资银行业务的手段,反过来投资银行业务也能成为拉动贷款和其他融资需求的重要因素。为降低营销成本,提高营销效率和收费水平,实现为客户提供一揽子综合化服务,商业银行采取传统业务与投资银行业务打包捆绑销售的方式进行营销,这在带来综合效益的同时,也增加了关联风险,操作不当很有可能会加大商业银行的总体经营风险。

### (五) 操作风险

根据《巴塞尔新资本协议》的定义,操作风险是指不完善或有问题的内部程序、人员及系统或外部事件所造成损失的风险。投资银行操作风险表现为:失职违规、内部欺诈;内部流程不健全、流程执行失败、控制和报告不力、担保品管理不当、产品服务缺陷;IT系统及一般配套设备不完善、数据缺失;外部欺诈、自然灾害、交通事故、外包商不履责等。此外,商业银行从事投资银行业务时间不长，管理层及业务人员缺乏相关经验，加之投资银行业务风险具有内生性、复杂性、隐蔽性、关联性的特点，无疑增加了管理操作风险的难度。

## 四 完善商业银行投行业务风险管理

在商业银行内部风险控制机制完善、外部监管有利的情况下开展综合经营，可以在总体上分散银行的经营风险。因此，提出以下几点建议。

### （一）设立防火墙制度

目前我国商业银行所开展的投资银行业务涉及面广、操作环节多，风险分担结构复杂，其经营风险远高于代理收付款、结算、保管箱等传统中间业务。根据"内控先行"的原则，商业银行在经营投资银行业务的过程中，要加强内部的风险控制，在不同的业务性质部门之间建立"防火墙"制度，控制或隔离不同部门之间的资金、人员和信息上的流动，防止利益冲突和内幕交易的发生，实现风险隔离，避免银行资金因违规操作而造成自身的风险。而在银行集团模式下，这种"防火墙"制度隔离的则是商业银行机构和投资银行机构之间的资金、人员和信息上的流动。

### （二）加强人力资源建设

投资银行是"知本密集型"业务，优秀的人才和有效的机制对于业务发展至关重要。要促进投资银行更好更快地发展，国内商业银行有必要进一步完善和优化组织结构，加快投资银行专业人才的培养和引进工作。组建高水平投资银行专家团队，建设重组并购、银团贷款与结构化融资、资产转让与证券化、直接融资等业务中心。对于优秀的投资银行人员，要借鉴国外先进投资银行和国内证券公司等机构的经验，真正实现收入与业绩挂钩的机制，做到人尽其才。发挥人才在竞争中的核心作用，提高从业人员素质，严格履行业务操作规程。要对从业人员进行充分的风险管理培训，加强服务意识，严格按照操作规程办事，以客户利益为重，避免投资银行业务和传统商业银行业务的捆绑销售，并实行严格的信息披露。①

### （三）完善风险内控体系

严格内部资金管理，控制内部关联交易。商业银行应严明纪律，切实加强内部控制，对信贷资金和投资银行业务之间的资金交易实行严格的限制，加强投资银行部门的资金用途管理，做到"专款专用、封闭运行"。明确不能以信贷风险约束弱化作为开展投资银行业务的代价，信贷决策不能受投资银行业务收入等因素的干扰，防止投资银行业务风险向资产业务领域转移。在当前我国的监管水平下，商业银行应慎重选择适当的投资银行业务，短期内不应当介入股票市场。建立现代风险管理制度，包括风险评估、风险报告、风险验证、风险检查等制度。积极采用风险价值法（VAR）、经风险调整的收益率（RAROC）以及事后检验等风险内控方法来管理和控制风险。

### （四）优化外部监管操作

随着金融业的快速发展，银行、保险、证券机构业务彼此融合，行业界限越来越模糊，应对传统的分业监管加以调整以适应形势发展的需要。首先，在目前既定的单一监管前提下，融入功能监管要素，在一定程度上按业务性质来确定监管边界，尽快完善功能监管的相关制度，加强各监管机构相互协作。其次，建立风险预警机制。监管应注重动态性，随时关注银行的风险状态，及时提示，

---

① 刘筱琳：《银行业与证券业兼营下的利益冲突与"防火墙"法律制度探讨》，《法学评论》1999 年第 6 期。

重在预防。监管机构根据投资银行部门定期上报的相关资料，采用合理的风险测量方法，确定其实际承受的风险大小，并考虑银行集团资本总额与分布以及其风险管理水平，对其风险水平做出评价，并根据结果督促其优化风险管理操作。

(本文与陈曦合写，发表于
《河南金融管理干部学院学报》2008年第4期)

# 创新制度缓解县乡困难

——关于吉林省县乡财政困难问题的调查报告

近年来，随着中央和省缓解县乡财政困难政策的实施，吉林省县乡财政的困难状况有了一定改善。但由于吉林省是东北老工业基地，又是粮食主产区，县乡经济总量较小，县乡财政困难始终是困扰吉林省经济发展的突出问题。

吉林省县乡财政困难主要表现为以下两方面。

第一，财政收入规模小，增长较慢。1999—2004年，县（市）一般预算全口径财政收入五年平均增长9.2%，低于全省平均水平4.6个百分点，占全省财政收入的比重由1999年的28.9%下降到2004年的21.5%。

第二，财力水平低，保障能力较弱。工资占比重大，水平偏低；公用经费严重不足；事业发展投入少；历史欠账多，债务负担重。

吉林省县（市）财政困难主要有以下几方面的原因。

第一，县域经济欠发达。产业结构不优，农业比重大。招商引资能力弱，缺少经济增长点。

第二，财政收入结构不优。农业税比重大，非税收入多。由于非税收入大部分是列收列支收入，财政可集中统筹安排使用的部分较少，降低了县（市）财政收入的"含金量"。

第三，财政供养人员多，增长较快。目前压缩财政供养人员的任务仍十分艰巨。

第四，受国家政策影响大。受近几年国家出台的粮食企业增值税减免政策、出口企业增值税"免、抵、退"政策，以及对小煤窑、小水泥、小化肥等行业的限制等因素影响,吉林省县(市)财政收入减收较多。如支出方面,一是调整工资增支多;二是法定支出多,同收入增长不同步;三是国家配套多;四是到期难以归还的政府主权外债务扣款多。

进一步缓解县乡财政困难的基本思路如下。

一是全面落实国家缓解县乡财政困难政策,保证县乡财政健康发展。一是管好用好国家转移支付补助。对国家给予吉林省"三奖一补"转移支付资金,省财政将全部分配给财政困难县(市),并加强监督管理,按规定用好。二是减轻县乡财政负担。应由省市政府承担的支出,要足额安排,坚决不转嫁给县乡;除国家另有规定外,省市财政安排的各项专款,一律不得要求县乡配套。三是明确县乡财政支出顺序,优先保证工资发放,基层政权正常运转和社会保障支出需要,然后再视财力尽可能安排经济社会发展支出,做实事,做好事。

二是继续加大对县域经济的扶持力度,促进"三财"良性循环。不断加大扶持县域经济发展的资金规模和政策倾斜力度,加强县乡基础设施建设,增强县乡招商引资能力,为县乡自主生财创造条件。加强收入征管,严禁各种形式的税收优惠政策,严厉打击偷税、骗税、抗税行为,杜绝买税、引税、包税行为,加强非税收入管理,做到应收尽收,依法聚财。

三是进一步加大向县乡倾斜财力的力度,增强县(市)自我发展能力。一是减少共享收入省级分享数额。在现行财政体制的基础上,在省级财力不受太大影响的情况下,通过降低分享比例或采取定比递增的方式,进一步减少省与县(市)共享收入省级分享数额,增加县(市)留用财力。二是对县乡招商引资新增的省级收入,省财政将全额返还给县乡,增强县乡自我发展能力,调动县乡发展经济和增加收入的积极性。三是加大对县(市)的转移支付补助力度。省财政在今后测算和分配一般性转移支付补助时,将适当提高县(市)的转移支付补助系数,增加对县(市)的补助数额。

四是控制和压缩财政供养人员,减轻县乡财政负担。一是加快县乡事业单位改革步伐。在 2004 年试点工作的基础上，全面推进事业单位及用人制度改革，建立与社会主义市场经济相适应、能够满足公共需要、科学合理、精简高效的现代化事业组织体系，精简压缩财政供养事业单位规模。二是强化"编、人、财"管理。

五是加强和规范政府债务管理，防范和化解财政风险。一是规范政府部门举借和偿还债务行为，建立科学规范的管理监督程序。二是全面清理和积极化解县乡政府债务。通过建立健全规章制度，采取对债务重新登记造册，明确债权债务关系，针对不同的债务主体制定不同的偿还办法，借用债权债务转换互抵债务，盘活资产，清理挂账，加大清理到期债务力度等多种有效措施，分类处置目前已形成的长期拖欠的债务，以增强防范和抵御债务风险的能力。三是严格控制新增债务。除国家规定外，一律不得举借新债或变相借债，更不得为企业举借债务提供担保。

(本文与王泽彩合写，发表于
《中国财经报》2005 年 12 月 27 日)

# 论中国税负公平原则

在我国经济转型时期，在构造和完善社会主义市场经济体制的过程中，税负公平问题不仅仅是个重要的经济问题，还是一个事关全局的政治问题。尤其是在当前经济体制改革攻坚的关键时期，重提税负公平原则，坚持研究并深入探讨这一原则对于我国最终建立起具有中国特色的社会主义市场经济体制具有极其重要的意义。

## 一 税负公平原则内涵的界定

### （一）公平的内涵

在不同的社会生产方式下，在社会生产力发展的不同时期，人们衡量公平的标准不尽相同，从而使公平的概念复杂化。应该说在公平的问题上，马克思的历史唯物观是正确的。马克思认为，公平是一个历史的、相对的而不是永恒的范畴，世界上不可能存在一个放之四海而皆准的、永恒的、共同的公平观念。在资本主义社会，资产阶级主张"机会均等"的公平，实质上掩盖了资本主义制度的剥削性。因为多种因素的影响使得人们所处的生存环境、发展的起点不可能有均等的机会。我国在计划经济时期，把"大锅饭"、平均主义作为公平的象征。这种公平观带来的结果是严重地挫伤了劳动者的生产积极性，社会经济效益低下，社会资源浪费极大。

我国由计划经济向市场经济过渡，原有计划经济体制的分配格局已发生了很大变化，这就再度引起人们对公平问题的思考。在坚持公有制主体和按劳分配主体的前提下，多种经济成分共同发展，多种分配方式并存，客观上出现了收入差距扩大的矛盾。由于我国目前处在社会主义初级阶段，生产力水平还比较低，必须以经济建设为中心。解放和发展生产力是我国今后在较长时期内的首要任务，也是社会主义本质的客观要求。

因此，适应社会主义市场经济的公平应该包括两方面：经济上的公平和社会上的公平。所谓经济上的公平是指在收入分配中坚持以等量的投入取得等量的报酬。这与资本主义社会的"机会均等"的所谓公平有本质上的区别。我们所说的公平是公有制主体下社会成员劳动权利的公平。多劳多得，多投入多收益，彻底清除"平均主义"的弊端，激励全体社会成员奋发向上，体现着效率优先的原则，有利于社会经济持续、快速和健康地发展，有利于社会生产力的提高。

所谓社会上的公平是指全体成员的政治权利和政治地位的平等，国家法律保障每个公民的基本生存和发展权，即在"效率优先"的前提下兼顾公平。坚持社会上的公平，是社会主义制度优越性的体现和社会进步的客观要求。我们确立适应社会主义市场经济的公平观念，不能片面强调经济上的公平而忽视社会上的公平。否则，由于社会成员的基本权利得不到保障，个人收入差距扩大引起的社会成员心理失衡所造成的社会震荡就会导致诸多的社会矛盾，严重阻碍社会生产力的发展。反之，片面强调社会上的公平，激励机制将会被抑制，效率原则不能发挥作用，整个社会就会陷入计划经济时代的平均主义，这会严重阻碍经济建设的发展。片面强调哪一个方面都有违解放生产力、发展生产力这个社会主义本质的客观要求。因此，我们要兼顾两种公平，坚持两种公平的辩证统一，实际上就是支持效率与公平原则的有机结合。

## (二) 税负公平的内涵

税收作为满足社会公共需要的分配形式，体现着国家的意志。

因此，上述对公平问题的理解决定了税负公平原则的内涵。可见，税负公平亦应包括税负经济意义上的公平和社会意义上的公平。所谓税负经济上的公平是指税收应该为市场行为主体（企业和个人）创造公平竞争的市场环境，使其收入的多少与其投入的大小以及所产生的效益高低相对称，即等量投入及其所产生的效益取得等量报酬。所谓税负社会意义上的公平是指在经济意义上的公平的初次分配的基础上，政府运用税收手段对各种收入分配，特别是对个人收入分配予以必要的调节，以缩小收入差距，防止两极分化，从而使收入分配在整个社会范围内达到适度公平。

  关于税负公平的内涵，经济理论界有不同观点，有一种观点认为税负公平就是指税收本身的公平。认为税收本身的公平是指在不同纳税人之间税收负担程度的比较，如果纳税人条件相同则纳同样的税，条件不同则纳不同的税，就可以认为税负是公平的。公平是相对于纳税人的课税条件来说的，不单是税收本身的绝对负担问题，它包括横向公平和纵向公平。认为"税收具有在一定范围内纠正社会分配不公的作用"，却很难在税收实践中发挥这种作用。原因有三：一是税收具有强制性，以国家法律的形式颁布，属法律范畴，而社会分配不公属道德范畴。用法律范畴的税收来纠正道德范畴的社会分配不公，已超出了税收的职能范围，一味用税收纠正这种不合理现象会失去税收法律的严肃性。二是课税对象是合法的，不应去追究课税对象是否合理，如此才能实现税负公平。三是任何税收制度都无法区分每一项具体纳税行为的合法性，更难区分其合理性。因此说，坚持税负公平原则不是去实现其自身分配之外的公平。如果用税收纠正社会分配不公，就会造成因其消化其他社会分配不公而导致自身税负不公。本文不赞同上述观点，即税负公平原则仅仅指税负自身公平，或者说仅仅指经济意义上的公平。

  首先，我们承认社会分配公与不公属道德范畴，税收属法律范畴。但是，我们必须看到，任何道德与法律都是一定社会生产方式下的产物，都决定于特定历史发展阶段的生产力水平。没有超越历史的道德规范和法律制度。而且一定社会生产方式和社会结构状态下的道德与法律并不是对立的，而是相辅相成的，作为体现国家意志的法律正是社会道德规范的内在要求，是其道德规范的社会体现。用法律手段解决道德领域出现的问题也是社会道德规范所要求的，而包括税法在内的法律制度并未因此而失去严肃性，而是作为国家意志体现的法律规范的内在要求。税收囿于法律范畴，如果作为满足社会公共需要的税收不能全面参与社会再生产的各个环节，不能从全社会角度参与分配与再分配，那么税收也就失去了作为国家宏观调控经济杠杆的意义。

其次，作为税收基本要素的课税对象首先应该是建立在合理的前提下，不应该存在所谓合法不合理的社会现象。在一定的社会形态下的特定阶段，合理与合法不是对立的，而是统一的。税收的课税对象虽然具有固定性，但不是一成不变的。因为税法不能局限于某一方面或某一领域，而应该体现整个国家或全社会的利益和要求，对课税对象做适时合理的调整正是税法的内在规定性的要求，是真正体现税负公平的原则，而不是搞税收歧视。

最后，我们承认任何税收制度都无法区分每一项具体纳税行为的合理性，因为任何税收制度都不是尽善尽美的。但这不能说明税收制度可以回避纳税行为的合法性与合理性，否则就不是一个有效的现代税收制度，更有违税制产生的初衷。

因此，认为中国社会主义市场经济条件下的税负公平原则仅指其自身公平是不妥的，在社会经济生活和政治生活中是缺乏理论根据的。从社会的两难选择—公平与效率的关系看，税收分配中公平与效率经常发生矛盾，为此中外学者曾煞费苦心地寻找二者的最佳结合点。如果只强调公平原则，而忽视达到所要求的分配格局的各类成本，似乎形成一种对经济博弈"胜利者"的"惩罚"。这样会妨碍市场提供的基本动力，激励机制会被削弱，造成效率损失，税后收入愈平等，其消极效应愈大。如果片面强调效率，又会造成诸多的社会矛盾和一系列政治性问题。

我国处在社会主义初级阶段，"效率优先，兼顾公平"是我们在处理效率与公平关系上的基本原则。以经济建设为中心，解放生产力，发展生产力，则要求体现效率优先；而消灭剥削，消除两极分化，最终达到共同富裕，则要求体现社会主义的公平。以上两个方面是社会主义的内在规定性，我们在研究和处理一切经济和社会问题时都必须服从服务于这一本质要求。在对待税负公平原则时，不能仅就税收谈税收，因为税收作为国家意志的体现，它的职能和作用领域应取决于国家职能的需要。当然，税负自身的横向公平和纵向公平也很重要，而且是税负公平原则的基本内容，也是市场公平的一个重要因素。但是，社会公平是全局的公平，是最终的公平，离开社会公平的税负自身公平并没有真正的现实意义，也不符合社会主义的本质要求。况且任何公平，包括税负自身的公平都是相对的，绝对而永恒的公平是不存在的。

事实上，我们也赞同税收在参与社会分配中，应力求做到保持税收本身的负担公平，而不应让税收率先干预其他社会分配。因为毕竟社会分配手段多样，社会某一领域内出现分配不公，应首先在该领域查找原因，寻求解决办法。否则，社会分配将处于一种无序和低效状态。但是，如果必须借助税收手段参与再分配，并且要在维持税负自身公平和社会公平之间作出选择，那么，维护社会公平就是第一位的。这不仅是社会主义本质的客观要求，也是市场机制发挥作用的必要条件。因为社会公平是市场公平的基础，归根到底是为市场公平创造外部条件的。作为影响和制约市场机制形成因素的税收制度，首先应当体现的是市场公平，但绝不能因此而固守这一状态，违背税收产生的初衷。因此，作为中国税收制度的一个重要原则——税负公平原则的内涵不能仅仅局限于其自身公平。

根据上述分析，笔者认为税负公平的内容应当包括普遍征税和平等征税两个方面的内容。所谓普遍征税，通常是指征税遍及税收管辖权之内的所有法人和自然人。也就是说，所有有纳税能力的人都应毫无例外地照章纳税，当然不完全排除对某些特殊纳税人的减免税照顾。所谓平等征税，通常是指国家征税的比例或数额要与纳税人的负担能力相适应。具体有两方面的含义：一是经济能力或纳税能力相同的人应当缴纳数额相同的税收，即以同等的方式对待条件相同的人。税收不应是专断的或有差别的。这就是所谓的"横向公平"。二是经济能力或纳税能力不同的人应当缴纳数额不同的税收，即以不同的方式对待条件不同的人。这就是所谓的"纵向公平"。另外，我国的税负公平原则还要体现为通过税收调节，达到社会财富分配上的公平，防止两极分化，实现共同富裕。

## 二 税负公平原则的实现

通过上面的分析可以看出，税负公平原则的内容不是主观臆造的。同样，税负公平原则的实现也决定于一定的客观条件，即一定生产方式下的主体所有制结构或经济属性。如果由于经济属性形成的分配不公或失衡，那么税收手段是不能从根本上解决问题的。在以私有制为基础的市场经济中，国民收入的分配首先全部分配给个人，形成个人收入，由个人依法纳税，税后可支配收入安排消费、投资等支出。所以，尽管西方发达资本主义国家具有比较完备的税收制度，其中富有弹性的个人所得税在调节社会成员个人收入分配中发挥了重要作用，但西方社会严重的贫富差距和两极分化的局面并未得到改观。在我国社会主义市场经济条件下，公有制和按劳分配的主体地位决定了按经济属性分配所形成的个人收入分配的公平性，以及国家利用税收这一经济杠杆进行调节的现实性。但是，由于社会产品和国民收入的生产和分配是一个复杂的过程，这就决定了作为这一过程最终综合反映的个人收入分配及其形成的复杂性。因此，税负公平的实现，不仅包括对个人收入分配结果的直接调节，还应当包括对国民收入分配过程中个人收入的形成、分配结果、收入的使用、财富的积累与转让等实施全面调节，只有这样才能实现具有双重意义的税负公平。

第一，应当实现起点上的税负公平。要把税收作为一种客观的经济衡量标准，消除原计划经济条件下的税收歧视观，避免在政策上形成人为偏差。对不同类型、不同所有制企业应一视同仁，适用同一税率，从而实现起点上的公平。

第二，要以完善的法律和制度来保障实现过程的公平。它主要包括以下几个方面：其一，在流转税中，以增值税、营业税为主体税种，参与生产经营单位新增价值的分配，规定和制约新增价值中可供个人分配的比例，规范个人收入总体水平；其二，在所得税中，要以企业所得税等参与企业利润分配，规定利润中个人收入分配的比例，并制约其向个人收入的倾斜；其三，要以消费税等税种，进一步参与个人收入的形成和使用，调节社会成员的消费水平和财富积累状况。在对个人收入分配的全面调节中，无论是起点的公平还是过程的公平，都是运用各种税收手段。对不同层面的课税对象进行广泛的调节，以期实现税负经济意义上的公平。

第三，为了缩小社会成员之间的收入水平、财富积累等方面不同所造成的贫富差距，避免两极分化，把个人收入分配的差距控制在社会普遍接受的限度内，形成相对公平的社会产品分配格局，实现税负的社会公平，就要对个人收入分配结果进行直接的调节。具体包括以下几个方面：一是对个人的各种合法的过高收入或偶然所得以个人所得税进行调节，缩小个人收入差距；二是对个人收入形成的财富积累以财产税进行调节，缩小社会成员之间的贫富差距；三是对由于个人的财产转让形成的贫富差距以赠与税和遗产税进行调节。

第四，为了消除税制扭曲，鼓励平等竞争，应当取消一般行业的政策性减免税和优惠措施，减少效益低下的企业对政府的依赖及在市场机制下的寻租行为，同时也防止政府对经济过多的行政干预。而且简化税制，堵塞漏洞，避免给生产者带来超额负担，给管理带来不便，减少纳税者的奉行费用，也是实现税负公平所要求的。

但事实上，国民收入的个人分配过程不可避免地会有一些人通过各种非法手段获取私利，形成各种非法收入。对这些非法收入是不能用税收进行调节的，否则就等于国家承认了这些非法收入的合法性。所以，税负公平原则的内容并不包含这一部分。这方面的问题需要通过进一步加强法治建设来解决。

(本文与孙飞合写，发表于
《税务与经济（长春税务学院学报）》1999年第2期)

# 论税收负担的内涵及与税收的关系

## 一 税收负担的内涵

税收负担理论是税收理论构成中的重要组成部分,税收负担在总量上是否适度,在结构上是否公平合理,既影响到一国经济的发展水平,又影响到各纳税人的经济利益和他们的行为方式,所以税收负担历来是政治家、经济学家以及社会各层人民所普遍关心的问题,也是税收制度中的一个核心问题。

由于人们分析研究的视角差异,因而对税收负担的认识也不尽相同,形成了不同的界说。

其一,税收负担,简称"税负"。国家征税减少纳税人的经济利益,从而使其承受的经济负担。[1]

其二,税负是国家征税加给纳税人的负担程度或负担水平。它通常用负担率来衡量和表示。[2]

其三,税收负担问题,从广义来说,并不简单是多少和轻重问题,而是包含更广泛的内容。不仅要看税收占纳税人收入的比例,而且要联系整个分配结构,税收收入的用途和税收对整个国民经济的影响。[3]

---

[1] 张复英等主编:《税收辞海》,辽宁人民出版社1993年版,第67页。
[2] 经济工作者学习资料编辑部编:《税收与财务手册》,经济管理出版社1987年版,第8页。
[3] 侯梦蟾:《税收经济学导论》,中国财政经济出版社1990年版,第190页。

其四，税负，指纳税人或征税对象承受国家税收的状况或量度，体现税收分配的流量。①

其五，税收负担就是税收在不同人身上引起的社会福利后果与社会效率后果。②

其六，税负是所征税收的最后着落。但实际上，当人们谈到税负时，指的是纳税人是谁，以及所纳税款是多少。③

其七，从税负运动的全过程考察，将税收负担定义为国家征税而给纳税人造成的经济利益的损失（包括收入损失和福利损失）。④

其八，税收负担是指一定时期内因国家课税而给纳税人造成的经济利益的损失。⑤

其九，税收负担，简称"税负"，是指纳税人按照税法规定向国家缴纳税款所承担的税额。⑥

其十，所谓税收负担，就是指纳税人或负税人所损失的经济利益。⑦

其十一，税收负担的经济实质，是税收分配过程中的物质利益关系，是税收分配关系的一种量的表现形式。⑧

究竟应该怎样认识和界定税收负担？本文认为税收负担是指由于课税主体的运行而给纳税主体带来的经济利益减少，是纳税主体承受的税收状况或量度。它体现税收分配的流量，反映一定时期内

---

① 刘志城主编：《社会主义税收理论若干问题》，中国财政经济出版社1992年版，第169页。

② 平新乔：《财政原理与比较财政制度》，生活·读书·新知三联书店上海分店1995年版，第178页。

③ [美] D. 格林沃尔德主编：《现代经济词典》，"现代经济词典"翻译组译，商务印书馆，第438页。

④ 刘飞鹏：《税收负担理论与政策》，中国财政经济出版社1995年版，第7页。

⑤ 胡怡建主编：《税收学》，中国财政经济出版社1996年版，第193页。

⑥ 朱明熙、刘蓉、蒙长寿编著：《税收学》，西南财经大学出版社1996年版，第88页。

⑦ 马海涛、李保春、周文军主编：《税收学概论》，北京经济学院出版社1997年版，第113页。

⑧ 安福仁：《现代税收理论》，东北财经大学出版社1995年版，第49页。

社会产品在国家与纳税人之间的税收分配数量关系,是税收参与国民收入分配所形成的分配关系的数量体现。

税收负担是在税款的收支转移过程中形成的,它既是制定税法、执行税法的始点,又是一种税收制度运行结果的终点。税负的轻重,对社会生活和经济活动必然产生正面或负面影响,因此,税负问题也就成了国家税收制度和税收政策的核心,也是税收理论体系的重要组成部分。可以说,离开税收负担理论就不能形成完整的税收理论,从来不存在没有负担而又能独立存在的税收理论或税收制度。也可以说,税收就是负担,离开负担就不存在税收。

税收负担的构成比较复杂,主要包括税收负担的总体水平、税收负担的分布,以及促使税收负担分布状况发生变动的各种因素。就主体而言,它包括承负主体和受负主体两个方面。承负主体是纳税人,受负主体是国家。正是由于双主体的存在,才使税收负担表现为纳税人对国家的一种支付关系。就客体而言,它包括承负客体与受负客体两个方面。承付客体是纳税人的收入,受负客体是以税收收入形式表现的国家物质产品需求。由于承负主体和受负主体的存在,使得税收负担表现为纳税人的收入对国家物质产品需求的一种承负关系。

税收负担作为一个独立的经济现象,它本身并不存在产生和发展的自发因素,它是由于税收制度的制定而形成。从理论上讲,税收制度一经制定,那么税收制度规定的纳税人的税收负担或税制授予的纳税人的经济负担就已形成,纳税人是受动者。但事实上,纳税人的经济状况是限定税收制度制定的先决条件,任何一项税收制度的制定,通常总是由纳税人经济收入及其经济构成所决定的。当然,税收制度的制定不只是根据现实的经济收入水平确立纳税人的负担水平或负税水平,还要考虑税制的操作效率即税务成本的大小,包括征税成本和纳税人的奉行费用。因此说,纳税人的经济状况是税负确定的决定因素,是制定税收制度的首要条件,而税负水平是与之相应的聚财目标。

税收负担形成的理论内涵囿于三个方面。

第一，由于资源具有稀缺性，使税收负担的承付客体具有有限性。无论在什么生产方式下，也不论生产力水平有多高，纳税人在一定时期内占有的收入总是有限的。纳税人税后的可支配收入必然减少，自身利益必然因征税而遭受损失。如果物质资源是充分的，不具备稀缺性，纳税人缴税多少都不会影响自身的经济利益，那么税负就不会存在了，但这种假定资源具有无限性同样是不存在的。

第二，税收负担的形成，在于承负主体的物质利益同社会公共利益之间存在矛盾即具有独立性。国家征税，凭借的是政治权力而不是财产权利，政治权力凌驾于所有权之上。国家征税一方面否认不同的所有者对社会产品的不可侵犯性，另一方面也承认社会产品最初归属不同的所有者，即纳税人的物质利益是独立的或相对独立的。国家强制地课征必然使承负主体即纳税人自身的直接物质利益受到损失，因而税收负担问题必然存在。

第三，税收负担的形成还决定于税收职能。经济学界和财政税收学家公认的税收两个主要职能是收入手段职能和调节经济职能，二者在税收负担确定中起着不同的作用。收入手段职能在税收负担的确定中主要是影响税收负担总水平。在经济规模和经济发展水平为一定的条件下，随着税收收入的增加，税收负担总水平会随之提高；随着税收收入的减少，税收负担总水平会相应下降。调节经济职能对税收负担来说既影响税收负担总水平，又影响税收负担的分布，以及二者相互交叉影响。从影响税收负担水平看，主要体现为影响供求平衡，使社会经济正常、良性运转。当总需求大于总供给的情况下，为了限制需求，使之与总供给相适应，可以增加税收，提高税收负担总水平；当总供给大于总需求的情况下，为了刺激需求，使之与总供给相适应，可以减少税收，降低税收负担总水平。其实质是税收负担起着一种经济杠杆的作用。从影响税收负担分布看，为了限制某个行业、某个地区或某种产品的发展，可以增加税收、减少税后利润，使其税收负担率高于社会平均水平；相反，为了鼓励某个行业、某个地区或某种产品的发展，可以减少税收，提高税收优惠程度，使其税收负担水平低于社会平均水平。然而，在现实经济生活中，两种方式影响往往交叉进行，互相协调。如在调整税收负担总水平时，一般要视调节对象的具体情况，合理分布税收负担，有升有降，发挥杠杆机制作用。

税收负担的实现。一国税收制度的确立，相应地确立了税收负担水平，即完成了税收负担的形成过程。但税收制度规定的税收负担能否顺利地给予承付主体即纳税人则是税收负担的实现问题。所谓税收负担的实现过程就是指税制自实施开始到税款入国库为止的过程。这个过程除包括税务部门按照税收制度向纳税人课征税款、组织入库的过程即征管过程之外，还包括含纳税人税负在内的纳税对象的实现过程，即税负的生产过程。纳税人从事各种生产经营活动从而具备了税制规定的课税对象，完成了税负的生产和积累过程，而后税务部门方能开始征收。可见，税负的生产过程是征管过程的先决条件。当税款额从纳税人转至国库后，税收负担实现过程结束。其结果是，作为国家表现为取得了收入，作为纳税人表现为税收负担的形成。

但是，税收负担的形成并不表明税负运动的结束，付税人也不一定就是负税人。其原因为，一是供求结构不平衡的影响等因素使税收负担在不同的纳税主体之间发生转移，即税收负担的转嫁；二是税种不同，其税收负担归宿不同；三是避税、逃税、偷税、漏税等纳税主体的寻租行为可能使其税收负担失真甚至落空，造成理论负担或名义负担的失实或逆转。

上述对税收负担的内涵的研究是从动态的角度出发，而不仅是把税收负担看作一种凝固形态，因为税制确立的负担是理论负担，而税款入库形成的负税人的经济利益损失才是现实的负担。这种界定税收负担内涵的逻辑应该是合理的。

## 二　税收负担与税收的关系

（一）对税收概念的再认识

税收既是一个财政范畴，又是一个历史范畴。自税收产生至今，人们对此一直进行着研究和探讨，形成了不同的界说。仅就税收概念而言，其主流观点可分为五类。

1. 财政收入说

譬如，"税收是国家为了实现其职能，凭借政治权力，按照法定标准和程序，强制地、无偿地取得的财政收入"①；"税收是人们拿出自己一部分私人的收入，给君主或国家，作为一笔公共收入"②；"税收的作用在于应付政府开支的需要而筹集稳定的财政资金"③；"国家需要钱来偿付它的账单，它偿付它支出的钱的主要来源就是赋税"④。

2. 收入形式说

譬如，"税收是国家为了实现其职能，制定并依据法律规定的标准，强制地、无偿地取得财政收入的一种手段"⑤；"税收是国家为满足社会公共需要，依照其社会职能，按照法律规定，参与国民收入中剩余产品的分配的一种规范形式"⑥；"税收是国家或政府为了满足社会公共需要，凭借其政治权力，制定并依据法律规定的标准，强制、无偿地取得财政收入的一种方式；同时，也是政府调控社会经济活动的主要手段"⑦。

3. 分配关系说

譬如，"税收是国家为了实现其职能，凭借政治权力，按预定标准，无偿地征收实物或货币所形成的特定分配关系"⑧；"税收是

---

① 王亘坚主编：《财会知识手册》，天津科技出版社1983年版，第53页。

② [英] 亚当·斯密：《国民财富的性质和原因的研究》（下册），郭大力、王亚南译，商务印书馆1974年版，第383页。

③ The American Dictionary of Economics, Facts on File Lne. 1983, p. 311.

④ [美] 萨缪尔森：《经济学》（上册），高鸿业译，商务印书馆1979年版，第228页。

⑤ 董庆铮编：《税收理论研究》，中国财政经济出版社1991年版，第5页。

⑥ 金鑫、刘志城、王绍飞主编：《中国税务百科全书》，经济管理出版社1991年版，第1页。

⑦ 马海涛、李保春、周文军主编：《税收学概论》，北京经济学院出版社1997年版，第7页。

⑧ 王诚尧主编：《国家税收》，中国财政经济出版社1988年版，第9页。

国家为满足一般的社会共同需要,按事先确定的标准,对社会剩余产品所进行的强制、无偿的分配"①;"税收是满足社会公共需要的分配形式"②。

4. 客观过程说

譬如,"税收是国家按法律规定,向经济单位和个人无偿征收实物或货币"③;"税收是国家为了支付行政经费而向人民强制征收的财物"④;"我们可把税收看作政府收入形式、征税活动和税收制度的统称"⑤;"税收是由政府机构实行不直接偿还的强制性征收"⑥。

其他表述。譬如,"税收是公民所付出的自己财产的一部分,以确保他所余的财产的安全或快乐地享用这些财产"⑦;"所谓租税,系公共机关的一种强制征收。租税的本质之异于政府其他收入者,即在纳税人与政府间并无直接的同等交换物之存在"⑧;"税收具有强制性与无偿性的特点。就无偿性而言,税收与规费相同,政府无须对私营部门的付款人承担偿还的义务,而借款则是一种政府承诺在将来某一时期须归还的货币提取及利息。而就强制性而言,税收明显地区别于规费和借款。前者是一种强制性的征收,而后两者则涉及自愿的交易"⑨;"税收是国家向居民、企业和组织征收的义务缴款。税收的社会经济本质,它在社会经济政治生活中的用途

---

① 侯梦蟾:《税收经济学导论》,中国财政经济出版社1990年版,第3页。
② 杨秀琴主编:《国家税收》,中国人民大学出版社1995年版,第3页。
③ 许涤新主编:《政治经济学词典》,人民出版社1980年版,第131页。
④ [日]小川乡太郎:《租税总论》,萨孟武译,商务印书馆1931年版,第11页。
⑤ 胡怡建、朱为群:《税收学教程》,上海三联书店1994年版,第1页。
⑥ [英]西蒙·詹姆斯、[英]克里斯托弗·诺布斯:《税收经济学》,罗晓林、马国贸译,中国财政经济出版社1988年版,第10页。
⑦ [法]孟德斯鸠:《论法的精神》(上册),张雁深译,商务印书馆1963年版,第212页。
⑧ [英]道尔顿:《财政学原理》,周玉津译,正中书局1969年版,第16页。
⑨ [美]理查·A. 穆斯格雷夫、皮吉·B. 穆斯格雷夫:《美国财政理论与实践》,邓子基、邓力平编译,中国财政经济出版社1987年版,第182—183页。

和作用是社会制度决定的"①;"税收是私人、企业和机关必须向国家预算或地方预算缴纳的款项"②。

从上述列举有关税收定义中,中外学者的共识是其一,税收是由国家或者说是政府征收的;其二,国家征税是为了满足国家(政府)经费开支的需要,实现国家职能;其三,国家征税凭借的是政治权力;其四,税收是一个分配范畴,是国家参与社会产品分配的一种主要形式,并具有无偿性。

除上述共识外,还存在着诸多分歧。主要表现为,其一,税收同税收收入是不是等价的;其二,税收是一种分配关系,还是一种收入形式,或者是征税的客观过程;其三,税收何以区别于其他收入,其标准或特征是什么;其四,税收课征对象是什么;其五,税收课征采取什么方法。

要完整科学地界定税收,以下两点需要特别明确。

第一,税收是对公共产品和劳务成本的补偿。

税收是政府的经济基础。在人类社会发展的过程中,不管社会形态、国家形式发生了什么变化,税收始终是国家财政收入的主要形式。马克思曾说:"赋税是喂养政府的娘奶"③"国家存在的经济体现就是捐税"④"赋税是政府机器的经济基础,而不是其他任何东西"⑤"捐税体现着表现在经济上的国家存在。官吏和僧侣、士兵和舞蹈女演员、教师和警察、希腊式的博物馆和歌德式的尖塔、王室费用和官阶表,这一切童话般的存在物于胚胎时期就已安睡在一个共同的种子——捐税之中了"⑥"赋税是官僚、军队、教士和宫廷的生活源泉,一句话,它是行政权力整个机构的生活源泉。强

---

① [苏联] M. N. 沃尔科夫主编:《政治经济学词典》,吕亿环等译,北京师范大学出版社1984年版,第435页。

② 上海社会科学院经济研究所工业经济组编:《简明工业经济辞典》,上海人民出版社1961年版,第377页。

③ 《马克思恩格斯全集》第七卷,人民出版社1959年版,第94页。

④ 《马克思恩格斯全集》第四卷,人民出版社1958年版,第342页。

⑤ 《马克思恩格斯全集》第十九卷,人民出版社1963年版,第32页。

⑥ 《马克思恩格斯全集》第四卷,人民出版社1958年版,第342页。

有力的政府和繁重的赋税是同一个概念"①。

　　阐明税收是政府的经济基础固然很重要，但如果分析的视角仅仅局限在把政府视为一个单纯的政治权力机构而不是经济部门的基础上，即政府是一个不创造任何价值的部门，那么这种认识并不能完全回答国家征税的依据问题。事实上，政府也是一个经济部门。政府征税凭借的是政治权力，但这只是税收的现象形态，在政治权力背后还有深刻的经济根源。

　　在阶级社会的早期阶段，政府的职能是比较单一的，但即便如此，政府也或多或少地行使一部分经济上的职能，如兴办水利工程、修建道路桥梁、兴办教育事业等。到了自由资本主义时期，实行所谓"廉价政府"，强调尽可能地减少国家对经济活动的干预，但也并不能否认政府在经济生活中是起一定作用的。亚当·斯密认为在政府的四类支出（国防费用、司法费用、工程费用和教育经费）中的后两项支出是具有经济性质的支出。可见，亚当·斯密已经看到政府的经济职能。资本主义发展到垄断时期，特别是20世纪30年代的大危机以后，政府在经济与社会发展方面担负起越来越重要的作用。在我国，政府在经济与社会发展中的作用比西方国家要重要得多。这就要求我们在考察税收时，不要仅把政府单纯视为一个政治权力机构，还要把它视为一个经济部门。

　　我们知道，由政府经济部门或公共经济部门生产和提供的公共产品和劳务同由私人经济部门生产和提供的各种私人产品和劳务具有完全不同的特性。

　　私人产品和劳务必须经由市场机制来提供，而公共产品和劳务由于具有利益的不可分割性、消费的非排他性、受益的不可阻止性等特点而不能由市场机制来提供，即所谓市场失灵。但政府部门生产和提供公共产品和劳务却需要从市场上购买商品和劳务，这种对商品和劳务的购买，即构成了公共产品和劳务的成本。有一部分公共产品和劳务的提供如交通、邮电、电视等可以采取收费的办法弥

---

①《马克思恩格斯全集》第八卷，人民出版社1961年版，第221页。

补其成本,更多的公共产品和劳务则不可能采取收费的办法,而采取征税的办法是政府弥补公共产品和劳务的最佳选择。

由于税收是对公共产品和劳务成本的补偿,因而税收并不具有无偿性特征,是有偿的。诚然,政府征税对具体的纳税人来说是不存在直接的返还关系,但如果把纳税人作为一个整体来对待,政府征税的数量与纳税人从公共产品和劳务的受用中得到的利益则大体是一致的。因此,从征税的主体——政府(国家)而言,税收不是无偿的,而是有偿的。[1]

第二,税收是政府宏观经济调控的重要手段。

税收参与国民收入分配的结果是一部分经济资源从私人经济部门转向公共或政府经济部门,这就决定了税收不仅是集中财政收入的方式,而且是贯彻国家经济和社会政策、实施宏观经济调控的手段。事实上,在人类社会发展的不同时期,税收从来就不只是集中财政收入的一种工具,不同性质的国家都不同程度地运用税收手段对经济进行调节。资本主义生产方式确立后,尤其是 20 世纪 30 年代大危机以来,资本主义各国都普遍采取各种手段,加强对经济活动的干预,而税收则是政府实施宏观经济调控的重要手段。我国传统计划经济体制下,由于对税收缺乏足够的认识,因而税收调节经济的职能作用的发挥受到限制。改革开放以来,随着理论认识的发展和突破,人们越来越认识到税收在调节经济方面不可忽视的重要作用,政府日益把税收作为一个重要的经济杠杆加以运用。伴随着中国体制的转轨,政府将会全面运用税收手段,调整资源配置,实现资源的有效利用;再分配国民收入与社会财富,提高社会福利水平;调节有效需要,稳定经济发展,充分发挥税收在政府实施调控经济方面的职能作用。

因此,我们应该能够对税收这个经济范畴有个正确科学的认识。

"财政收入说"把税收等同于税收收入,实质上是把税收看成

---

[1] 袁振宇等编著:《税收经济学》,中国人民大学出版社 1995 年版,第 8—15 页。

一种物,这只说明税收是财政收入的一种形式,而不是筹集财政收入和调控经济的一种方式。"客观过程说"界定税收既不是分配关系也不是国家取得的收入或取得收入的形式,而是国家依法无偿课税的动态过程。这种观点并没有抽象出税收的内涵,又把税收混同于税务,因而是不能接受的。至于从税收的特点,或同国家预算的关系,或从课税对象或方法等某个侧面概括税收内在质的规定性,都是不妥的。

本文认为,税收的本质是满足社会公共需要的分配形式。正因如此,才成为筹集财政收入和调控经济的一种方式。税收不等于税收收入,但税收的构成实体表现为可度量的一定数量的实物或货币所形成的税收收入。而"税收是对公共产品和劳务成本的补偿"的观点并没有超出"税收是满足社会公共需要的分配"的内涵。又由于概念是反映客观事物一般的、本质的特征,而不是本质本身,因此,仅就概念而言,税收的定义应该概括为,税收是国家或政府为了满足社会公共需要,凭借其政治权力,制定并依据法律规定的标准,强制地参与国民收入分配取得财政收入和调控经济的一种方式。

### (二) 税收负担与税收的关系

在以往的学术论著中,中西学者几乎都把税收负担等同于税收,认为是同一概念,例如常常可以看到把税收负担的转嫁说成是税收转嫁。[①] 事实上,相对于税收负担来说,税收包含的内容要广泛得多。虽然税收概念本身也包含有负担的含义,但税收负担绝不能等同于税收。我认为二者既有密切联系,又有不可混淆的区别。

首先谈谈区别。

1. 从税收负担的两个基本职能看,税收负担不等于税收

税收负担的有两个基本职能。

---

① 袁振宇等编著:《税收经济学》,中国人民大学出版社1995年版,第11页。

(1) 构成国家税收收入的实现内容的职能

一个国家税收制度的贯彻实施,就是收入的实现,即课税主体把税收负担给予承付主体的过程;而对纳税人来说,就是付出了税款,或称承担了税负。可以说,没有负担就没有税收,从来没有无负担而能存在的税收制度,也从来没有无负担而能够成立的税收理论;离开税收负担,一切税务活动都将失去意义,税收调节经济的职能也就不复存在了。由此可见,一国政府通过给予纳税人税负并组织税负的实现,是税收负担的形成与实现的基本职能,其他任何职能都是这一职能的派生或作用。

(2) 构成纳税人收入转移趋避内容的职能

由于资源的稀缺性及物质利益原则的制约,纳税人对税收负担普遍存在趋避的心理和动机。一般情况下,当社会公共福利及个人所得为一定时,追求税收负担最小;当税收负担和社会公共福利为一定时,追求个人所得最大。可见,纳税人在能享受的国家用税收收入形成的满足公共需要的支出中所给予的福利为既定的条件下,追求个人税收负担最小化的欲望是普遍存在的。因而,为此所采取的避税、逃税和偷税等手段就成为经常和必然。实际经济生活中,国家运用税收手段调节经济,就是通过增加或减少纳税人的税收负担而引导其经济规模和经营方向。

上述税收负担的两个基本职能不同于税收的两个基本职能——收入手段职能和调节经济职能;两类职能也不是平行的,而是决定和被决定的关系。

*2. 税收负担的职能决定税收的职能*

其主要表现为,第一,税收负担决定税收制度构成的主要内容。任何关于税收的法律、法令、政策、规定,都只能是决定纳税人税收负担的构成及纳税人税收负担实现的规定。离开了税收负担,就不能称其为税收制度;第二,税收负担的形成与实现,是税收制度的目的,离开了税收负担的形成与实现,同样也就无所谓税收制度及其职能作用。而税收制度正是税收这种集中财政收入和调控经济方式的体现。

可见，税收负担的职能决定着税收的职能。税收负担的内涵，规定着税收制定的内容；税收负担的外延，规定着税收制度的范围。税收无论作为一种方式还是作为反映满足公共需要分配的形式，都不能直接等价于因国家课税而使纳税人经济利益遭受损失所形成的税收负担。

我们说税收不等于税收负担并不意味着二者没有联系，相反，二者关系极为密切，是互为前提、互为条件的关系。

首先，从概念本身看，税收作为国家集中财政收入和调控经济的一种方式，其构成实体是税收收入，这就是税收负担的直观的数量形式。税收收入和税收负担是相近的概念，二者是对同一对象从不同角度进行定义或分析的。从国家角度看，对纳税人课税形成的是国家税收收入；从纳税人角度看，则构成了纳税人的税收负担。因此，我们通常把税收收入看作税收负担，或把税收收入作为计量税收负担指标的依据。税收收入一般是用绝对数值来表示，反映一定时期的税收规模；而税收负担一般是用相对数值来表示，反映一定时期税负状况。税收负担实际上是个相对量的概念，是纳税人缴纳的税额相对税基的关系。

其次，从本质属性看，二者也存在着不可分离的关系。税收的本质是满足社会公共需要的分配形式；而税收负担的经济实质正是税收这种满足社会公共需要分配过程中的物质利益关系，是税收分配关系的一种量的表现形式。

## 三 研究税收负担与税收关系的意义

**（一）辨析税收负担与税收的关系是税收理论研究的基础和前提**

探讨分析二者的关系并不是做概念游戏，也不是脱离实际或过时的思维方式，而正是现实理论研究的需要。我国传统体制下的税收理论应该说有很多不足和缺陷，而当代西方一些著名经济学家对税收理论研究的视角往往仅限于从一国或全社会的经济发展出发，探讨税收的价值和意义。其中，从国家的角度出发展开论述的，一般只谈收入、税收、税款、税负转嫁等；从纳税人角度出发展开论述的，一般都把税收作税收负担或税收负担的同义语使用。都是从税收收入这一表面现象出发论述税收，而没有揭示这种表象下面的税负运动的本质属性。即税款的征收是国家给予纳税人负担；税款的缴纳是纳税人接受负担；税款的入库是纳税人税收负担的实现；税务管理是为确保税收负担的形成和实现，防止纳税人偷漏税等趋避和寻租行为，以保证国家规定的税负水平不被扭曲。税收负担作为一个独立的经济因子，由于它的运动的客观性决定了税收负担理论囿于一般税收理论，但又具有相对独立性，二者不能是完全等价的。应该说，税收经济学原理揭示的是税收作为满足社会公共需要的分配形式的基本理论，而税收负担理论则是反映纳税人承担税收状况或度量的形成、实现、转嫁与归属的理论。澄清两种理论，使之不至于在应用税收理论和税收负担理论作为工具性理论时而相互替代，这为税收理论研究向广度和深度发展提供了基础和前提。

### （二）辨析税收负担与税收的关系对正确发挥税收及税收负担的职能具有重要意义

税收的两个基本职能是集中财政收入职能和调节经济职能，两个职能在不同时期的作用是不一样的。财政型税收时期由于税收基本上不干预社会经济运行，税收的调节经济的职能居于从属地位，而收入职能则居于主导地位。所以，税制的构成、税种的选择都以集中财政收入为中心，只要能及时、稳定地取得财政收入，实现预期的目标，满足国家实现其以政治职能为主的需要，则该税制就是合理的。

从财政型税收时期转入调节型税收时期，税收职能的侧重点发生了变化。政治职能和调节经济职能并重的格局要求税收不仅成为国家取得财政收入的重要工具，而且成为国家实施干预和调节经济的重要手段。即税收调节经济职能不再居于从属地位，这就要求税收作为一个重要的经济杠杆发挥作用。由于资源的有限性和物质利益原则的制约，税收经济杠杆的机制就在于给行为主体造成有利和不利条件，触及行为主体的利益，产生一种物质利益诱导。由于税收负担具有构成纳税人收入转移趋避内容的职能，即通常情况下，追求经济利益损失最小而收益最大，这是税收经济杠杆调节经济的着力点或作用点。而这种调节正是通过税负的变化及其运动来实现的，离开税收负担的变化及其运动，税收调节经济的职能便完全失去意义。可见，了解、掌握和运用税收负担与税收的关系对于税收和税收负担职能发挥作用不仅具有理论意义，更具有实践意义。

（本文与孙飞合写，发表于
《吉林大学社会科学学报》1998年第6期）

# 社会资本与城镇家庭负债行为研究

——基于 12 城市 3011 户家庭的实证分析

## 一 引言

家庭金融是近年来金融学中方兴未艾的重要研究领域，主要涉及分析家庭如何运用金融工具以及金融市场来实现其财务目标，具有广阔的研究前景。我国学者围绕家庭金融开展了大量研究，主要集中于家庭金融资产结构、家庭金融资产选择及其影响因素等，但针对家庭负债的研究则相对缺乏。事实上，家庭负债对城镇居民跨期消费决策具有重要意义，原因在于，对那些缺乏足够资金进行平滑消费的城镇家庭而言，适度的家庭负债作为金融杠杆可以平滑收入，提高家庭生活质量。当然，过度负债也会给家庭经济带来沉重压力，同时会对宏观经济运行带来系统性风险。目前，我国全社会负债中家庭负债所占比例相对很低，家庭负债占可支配收入的比例相对不高，家庭消费和消费信贷应大有可为。然而，我国却被内需不足困扰，因此家庭负债行为的现状使得中国家庭负债的研究非常迫切。

以往家庭负债行为的研究，主要涉及家庭负债结构和负债程度、家庭是否负债、家庭负债决策和家庭负债规模，相关研究主要采用 Probit/Logit 模型、OLS 模型或 Tobit 模型进行分析，但很少完整地考察家庭负债行为。事实上，家庭负债行为可以分为以下三个层次：负债需求、负债与否和负债程度。只有具有负债需求，才能在此基础上考察是否负债，只有城镇家庭具有负债才可在此基础上考察负债程度。

关于家庭负债行为的影响因素，相关研究主要为人口统计学因素、家庭经济因素以及家庭对未来的预期等方面因素，主要涉及年龄、性别、受教育程度、婚姻状况、风险态度、税收、家庭收入和家庭资产等。然而，从社会资本角度进行研究的文献较为缺乏。事实上，我国是一个传统的关系型社会，社会资本对正规或者非正规金融渠道的负债行为等家庭或者社会的经济行为产生重要影响，社会资本的积累将有助于缓解家庭贷款难的问题，缓解家庭所面临的信贷约束。因此，研究社会资本对家庭负债行为的影响具有重要意义。

基于现有文献，本文采用2015年12城市3011户城镇家庭的微观调查数据，考察城镇家庭负债行为的影响因素，尤其是考察社会资本不同侧面对负债需求、负债与否和负债程度的影响，以及不同群体间的异质性影响。本文对相关文献的主要贡献如下：首先，本文将家庭负债行为分解为是否有负债需求、是否存在负债和负债程度三个层次，丰富和深化了家庭负债行为研究的内容和层次；其次，本文深入研究社会资本的不同侧面对家庭负债行为的影响，对以往研究往往忽略的社会资本的影响进行深入分析；最后，本文深入考察和比较社会资本在不同群体间的异质性影响。

## 二 基本数据事实

### （一）数据简介

本文使用的数据于2016年春节前后收集，主要调查城镇居民2015年的信息。调查主要采用多阶段随机抽样方法，首先从全国层面上抽取北京、宁波、济南、扬州、哈尔滨、武汉、长沙、太原、兰州、重庆、南宁、西安12个城市；其次，从上述各市中随机抽取3个区县；再次，从每个区县中随机抽取3个街道或者小区；最后，从每个区县中随机抽取30个家庭，获得城镇家庭样本3240户。

在剔除掉无效和流失样本后，调查共获得3011户城镇家庭完整的2015年样本信息。数据库中收集了样本城镇家庭人口社会学特征、经济特征和所处社区特征基本情况的详细资料,为本文的研究提供了坚实的数据支撑。

## (二) 变量设计

### 1. 核心变量——社会资本

本文借鉴世界银行(World Bank)以及马九杰对社会资本的衡量办法,从以下六个方面对社会资本进行测度。一是社会团体方面。调查问卷主要询问家庭成员参与了哪些类型的社会组织。二是社会网络方面。调查问卷主要询问若需要借贷时能够提供贷款的亲友数等。三是政治资本方面。调查问卷主要询问家庭成员是否为党员、政协委员或人大代表。四是社会信任方面。调查问卷主要询问个人对周边人群的信任程度等,根据非常不信任、较不信任、一般、较信任、非常不信任,分别从1到5打分。五是集体合作方面。调查问卷主要询问个体和他人合作的态度,根据很不愿和他人合作、较不愿意和他人合作、无所谓、较愿意和他人合作、非常愿意和他人合作,分别从1到5打分。六是信息交流方面。调查问卷主要询问个人和外界信息交流的频繁程度,根据非常少、较少、一般、较多、非常多,分别从1到5打分。

### 2. 因变量

一是家庭负债需求。通过调查问卷,询问城镇家庭在2015年内以下方面是否具有借贷需求(本文家庭负债包括从正规金融机构获得的贷款,也包括从非正规金融组织或个人得到的借款,下文不再单独说明),如购房、购车、教育、医疗、做生意和其他原因等。只要在上述每个方面具有借贷需求,则视该城镇家庭具有负债需求。此时,构建城镇家庭是否有负债需求的虚拟变量 $Demand$ 取值为1则具有负债需求,取值为零则没有负债需求。

二是家庭负债。对那些具有负债需求的城镇家庭,通过调查问卷继续询问2015年内是否在以下方面存在负债,如购房、购车、教育、医疗、做生意和其他方面负债等。只要城镇家庭回答具有其中任何一种负债,则视该城镇家庭具有负债,否则视该家庭没有负债。

此时，构建城镇家庭是否具有家庭负债的虚拟变量 Debt，取值为 1 则表明具有信贷需求，否则没有信贷需求。

三是家庭负债程度。对那些具有负债的城镇家庭，通过调查问卷继续询问 2015 年内每一项负债的具体金额，然后加总在一起，得到家庭总负债，在此基础上根据（总资产－总负债）/总资产计算负债程度，并标记为变量 Degree。其中，家庭总资产包括住房资产、金融资产、生产经营性资产和其他实物资产等。

3. 自变量

根据已有相关研究，本文引入了户主的人口社会学特征、家庭人口社会学特征、家庭经济特征、未来预期和地理特征等相关变量，具体含义见表 1。

第一，户主人口社会学特征，主要包括户主年龄、户主性别、户主受教育程度[1]、户主婚姻状态[2]、户主健康状况[3]。

第二，家庭人口社会学特征，主要有家庭人口规模、劳动力占比等变量。

第三，家庭经济特征，主要包括家庭总收入、住房资产比[4]、金融资产比[5]、风险投资偏好[6]等。

---

[1] 本文对户主受教育程度的规定如下：文盲赋值为 1，小学赋值为 2，初中赋值为 3，高中或大专赋值为 4，大学赋值为 5，硕士研究生赋值为 7，博士研究生赋值为 7。

[2] 本文引入户主是否结婚的二值虚拟变量，如果户主处于婚姻状态，则赋值为 1；如果处于离婚、丧偶、同居或者单身状态，均视为 0。

[3] 询问调查对象对自身身体健康状况的评价如何，根据答案"非常健康、较健康、正常、不太健康、常不健康"。对此，本文引入个体是否健康的虚拟变量，将取前三个值的认为身体处于健康状态，赋值为 1，取后两个值的则认为身体处于不健康状态，赋值为 0。

[4] 住房资产比为家庭住房资产价值与净资产之比，表示家庭房产的持有情况。

[5] 金融资产比为城镇家庭金融资产与家庭净资产的比值，表示家庭的金融资产持有状况。

[6] 本文参考何丽芬的思路，对风险投资偏好的测度主要基于一个假设性问题："假如现在您有一笔资金可以进行投资，又如果您可在股票（高风险）、基金（中等风险）和银行存款（低风险）三种方式中进行选择，您将如何分配您这笔资金：投向股票_%，投向基金_%，投向银行存款_%。"其中，投向银行存款的风险权重负值为 1，投向基金的风险权重赋值为 2，投向股票的风险权重负值为 3；然后，再对每个城镇家庭的投资比例和风险权重进行加权平均。

第四,未来预期,主要包括未来收入预期①、未来经济形势预期②和未来物价预期③等。

第五,地理特征方面。本文以北京市为参照组,引入是否位于每个城市的虚拟变量,以控制城市间不可观测因素的影响。

表1　　　　　模型所涉及的变量的样本数据的基本统计特征

| 变量 | 定义 | 取值说明 | 样本数 | 均值 | 标准差 | 最小值 | 最大值 |
| --- | --- | --- | --- | --- | --- | --- | --- |
| Demand | 负债需求 | 1是,0否 | 3011 | 0.6379 | 0.4807 | 0 | 1 |
| Debt | 家庭是否负债 | 1是,0否 | 1920 | 0.6964 | 0.4599 | 0 | 1 |
| Degree | 家庭负债程度 | (总产-总负债)/总资产 | 1337 | 0.4380 | 0.2090 | -3 | 1 |
| group | 社会团体 | 家庭成员参加的社会团体总个数(不累加) | 3011 | 2.2700 | 0.8800 | 0 | 5 |
| network | 社会网络 | 若要需要借款能够提供借贷的亲友数 | 3011 | 8.1800 | 3.2800 | 1 | 13 |
| politic | 政治资本 | 家庭成员为党员、政协委员和人大代表的人数(不累加) | 3011 | 0.4600 | 0.7800 | 0 | 3 |
| trust | 社会信任 | 户主对周边人群的信任程度,从1到5打分 | 3011 | 3.1800 | 1.6400 | 1 | 5 |
| aetion | 社会合作 | 户主与别人的合作程度,从1到5打分 | 3011 | 3.660 | 1.3700 | 1 | 5 |

---

① 询问调查对象,您对未来收入的预期是怎样的,根据回答"乐观、不悲观也不乐观、悲观",以"不悲观也不乐观"为参照组,分别引入收入乐观和收入悲观的二值虚拟变量。
② 询问调查对象,您对未来经济形势的预期是怎样的,根据回答"乐观、不悲观也不乐观、悲观",以"不悲观也不乐观"为参照组,分别引入经济形势乐观和经济形势悲观的二值虚拟变量。
③ 询问调查对象,您对未来物价的预期是怎样的,根据回答"上涨、不变、下降",以"不变"为参照组,分别引入物价上涨和物价下降的二值虚拟变量。

续表

| 变量 | 定义 | 取值说明 | 样本数 | 均值 | 标准差 | 最小值 | 最大值 |
| --- | --- | --- | --- | --- | --- | --- | --- |
| information | 信息交流 | 与外界信息交流频繁程度从1到5打分 | 3011 | 3.2900 | 1.4200 | 1 | 5 |
| age | 户主年龄 | 单位为年 | 3011 | 49.9400 | 12.7800 | 22 | 90 |
| edu | 户主受教育程度 | 取值从1到7 | 3011 | 12.0500 | 2.9400 | 0 | 16 |
| male | 户主为男性 | 1是,0否 | 3011 | 0.9555 | 0.2062 | 0 | 1 |
| status | 户主已婚 | 1是,0否 | 3011 | 0.9037 | 0.2951 | 0 | 1 |
| health | 户主健康 | 1是,0否 | 3011 | 0.6826 | 0.4656 | 0 | 1 |
| pop | 家庭人口规模 | 单位为个 | 3011 | 2.8200 | 0.8800 | 0 | 1 |
| labor | 劳动力占比 | 家庭中18—60成员占家庭人口比例 | 3011 | 0.6820 | 0.2810 | 0 | 1 |
| salary | 家庭总收入 | 单位为万元 | 3011 | 6.8980 | 3.5170 | -1.3 | 300 |
| house | 住房资产比 | 家庭住房资产价值与净资产之比,单位为% | 3011 | 0.8210 | 0.3220 | 0 | 2 |
| finance | 金融资产比 | 家庭金融资产价值与净资产之比,单位% | 3011 | 0.2140 | 0.1090 | 0 | 1.5 |
| risk | 风险投资偏好 | 加权计得到 | 3011 | 1.1300 | 0.8900 | 1 | 3 |
| futuroeu | 未来经济形势乐观 | 是否对未来经济形势持乐观态度,1是,0否 | 3011 | 0.3315 | 0.4708 | 0 | 1 |
| futureed | 未来经济形势悲观 | 是否对未来经济形势持悲观态度,1是,0否 | 3011 | 0.3354 | 0.4722 | 0 | 1 |
| futuresu | 未来收入乐观 | 是否对未来收入持乐观态度,1是,0否 | 3011 | 0.3361 | 0.4725 | 0 | 1 |
| futuresd | 未来收入悲观 | 是否对未来收入持悲观态度,1是,0否 | 3011 | 0.3391 | 0.4734 | 0 | 1 |

续表

| 变量 | 定义 | 取值说明 | 样本数 | 均值 | 标准差 | 最小值 | 最大值 |
|---|---|---|---|---|---|---|---|
| *futurepu* | 未来物价上涨 | 是否对未来物价上涨持支持态度,1 是,0 否 | 3011 | 0.3381 | 0.4731 | 0 | 1 |
| *futurepd* | 未来物价下跌 | 是否对未来物价下跌持支持态度,1 是,0 否 | 3011 | 0.3354 | 0.4722 | 0 | 1 |
| 城市变量 | | 为简便起见,此处不再列出 | | | | | |

## 三 计量模型和实证分析

### (一) 计量模型

下面,构建估计社会资本对城镇家庭负债行为影响的计量模型。首先是城镇家庭是否具有负债需求的 Probit 模型:

$$Demand = l(C_1 + X_1'\beta_1 + \gamma_1' Captial + \varepsilon_1)$$

其中, $l(\cdot)$ 表示城镇居民是否具有负债需求的示性函数, 1 表示具有负债需求, 0 表示不具有; $C_1$ 表示常数项, $X_1$ 表示影响城镇居民负债需求的因素, $\beta_1$ 表示其估计系数变量; $Captial$ 表示城镇居民社会资本的不同因素, $\gamma_1'$ 表示其估计系数变量; $\varepsilon_1$ 表示随机误差项。类似地,构建城镇家庭是否具有负债需求的 Probit 模型,为简便起见,此处不予赘述。

最后是城镇家庭负债程度的 Tobit 模型:

$$Degree^* = C_2 + X_2'\beta_2 + \gamma_2' Captial + \varepsilon_2$$

其中, $Degree$ 表示城镇居民负债程度的隐变量 (Latent Variable),原因在于我们实际上所能观测到的因变量 $Degree$ 与实际上只有当城镇居民具有负债时 ($Debt = 1$) 才可以被观测到,此时应该采用 Tobit 模型对城镇家庭负债程度进行分析,否则估计结果会由于样本选择性 (Sample Selection) 问题产生估计偏误; $C_2$ 表示常数项, $X_2$ 表示影响城镇居民负债程度的因素, $\beta_2$ 表示其估计系数变量；Captial 表示城镇居民社会资本的不同因素，$\gamma_2'$ 表示其估计系数变量；$\varepsilon_2$ 表示随机误差项。

## （二）实证结果分析

表 2 给出了计量模型的估计结果，首先讨论社会资本不同方面的影响。由表 2 可知，社会团体对城镇家庭负债需求和负债程度的影响分别为正向和负向不显著，对负债与否的影响正向且在 10% 的水平上显著。也就是说，城镇家庭成员参与社会组织的多少，对其负债需求和负债程度的影响并不显著，但当城镇居民具有负债需求时，家庭具有负债的可能性显著提高。社会网络对负债需求和负债程度的影响不显著，但对负债与否的影响正向且在 5% 的水平上显著。换句话说，城镇居民能够借贷的亲友数越多，那么城镇居民负债可能性显著提高，但对负债需求和负债程度并无显著影响。政治资本对负债需求、负债与否和负债程度的影响均为正向且分别在 5%、10% 和 10% 的水平上显著，这意味着城镇家庭成员中党员、政协委员或人大代表的数量越多，家庭负债需求就会越为强烈，负债的可能性也会越高，同时负债的程度也会显著提升。社会信任对家庭负债需求和负债与否影响不显著，对负债程度影响正向且在 10% 的水平上显著，这意味着城镇家庭社会信任程度越高，则家庭负债程度就越高，但对负债需求和负债可能性并无显著影响。社会合作对家庭负债需求、负债与否和负债程度的影响并不显著，这意味着家庭成员的合作程度并不会对家庭负债行为产生显著影响。信息交流对城镇家庭的负债需求影响并不显著，对负债与否和负债程度的影响正向且分别在 1% 和 10% 的水平上显著。这意味着个人与社会交流越为频繁，那么负债的可能性显著提高，同时负债程度也会显著上升，但对负债需求并无显著影响。

下面分析户主人口社会学特征的影响。由表 2 可知，户主年龄对家庭负债需求、负债与否和负债程度的影响均为正向，且分别在 5%、10% 和 10% 的水平上显著；而户主年龄平方对家庭负债需求、负债与否和负债程度的影响均为负向，且均在 5% 的水平上显著，这表明户主年龄对家庭负债行为具有倒"U"形曲线关系。进一步来看，户主负债需求最为旺盛的年龄在 32 岁，负债可能性最高的年龄在 43 岁，负债程度最高的年龄在 40 岁。户主受教育程度对家庭负债需求和家庭负债与否的影响正向且分别在 10% 和 5% 的水平上显著，但对负债程度影响不显著。户主为男性对负债需求和负债程度的影响正向且均在 10% 的水平上显著，但对负债与否的影响不显著。户主已婚对信贷需求的影响正向且在 10% 的水平上显著，但对家庭负债与否和家庭负债程度的影响均不显著。户主健康对负债需求和负债程度的影响均不显著，但对负债与否的影响负向且在 10% 水平上显著。

其次是家庭人口社会学特征的影响。由表 2 可知，家庭人口规模对负债需求和负债与否的影响正向且均在 10% 的水平上显著，对负债程度的影响并不显著。家庭抚养比对家庭负债需求和负债与否的影响均为负向，且分别在 5% 和 10% 的水平上正向显著，对负债程度的影响正向且在 10% 的水平上显著。

再次是家庭经济特征的影响。由表 2 可知，家庭收入对家庭负债需求的影响负向且在 5% 的水平上显著，对负债与否和负债程度的影响正向且分别在 1% 和 10% 的水平上显著。住房资产比对家庭负债需求的影响不显著，但对家庭负债与否和家庭负债程度的影响均为正向，且分别在 1% 和 5% 的水平上显著。金融资产比对家庭负债需求、负债与否和负债程度的影响均不显著，而风险投资偏好对家庭负债需求、负债与否和负债程度影响均为正向，且分别在 5%、5% 和 10% 的水平上显著。

最后是未来预期的影响。由表 2 可知，未来收入预期乐观对家庭负债需求的影响正向且在 10% 的水平上显著，但对负债与否和负债程度均无显著影响。未来收入悲观对家庭负债需求和负债与否影响负向且均在 5% 的水平上显著，但对负债程度的影响不显著。未来经济形势乐观对家庭负债需求和负债程度的影响正向，且均在 10% 的水平上显著，但对负债与否影响不显著。未来经济形势悲观对家庭负债需求影响负向，且在 10% 的水平上显著，但对负债与否和负债程度影响不显著。预期物价上涨对家庭负债需求和负债程度的影响正向,且分别在 5% 和 10% 的水平上显著,但对负债与否影响不显著。预期物价下降对家庭负债需求影响负向且在 10% 的水平上显著,但对负债与否和负债程度影响不显著。

表 2　　　　　城镇居民负债行为影响因素的估计结果

| 变量 | 负债需求 | 负债与否 | 负债程度 |
| --- | --- | --- | --- |
| group | 0.0878(0.0556) | 0.1024*(0.0568) | 0.0019(0.00113) |
| network | 0.0653(0.0796) | 0.1657**(0.0820) | 0.0023(0.0017) |
| politic | 0.15797(0.0782) | 0.1135*(0.06413) | 0.0082*(0.0045) |
| trust | 0.0554(0.0771) | 0.0690(0.0998) | 0.0093*(0.0051) |
| action | 0.0396(0.0458) | 0.0589(0.0712) | 0.0030(0.0025) |
| information | 0.0281(0.0382) | 0.2098***(0.0709) | 0.0011*(0.0006) |
| age | 0.0194*(0.0092) | 0.0173*(0.0096) | 0.0079*(0.0044) |
| age 平方 | 0.0003**(0.0017) | 0.0002**(0.0001) | 0.0001**(0.0000) |
| edu | 0.0784*(0.0443) | 0.1008**(0.0551) | 0.0062(0.0108) |
| male | 0.0329*(0.0184) | 0.0119(0.0087) | 0.0098*(0.0055) |
| status | 0.0425*(0.0223) | 0.0288(0.0311) | 0.0035(0.0048) |
| health | 0.0290(0.0194) | -0.0488*(0.0272) | -0.0067*(0.0059) |
| pop | 00994*(0.0056) | 0.1007*(0.0056) | 0.0074(0.0067) |
| labor | -0.0009**(5.0005) | -0.0006*(0.0003) | 0.0004*(0.0002) |
| salary | -0.1446**(0.0682) | 0.1277*(0.0072) | 0.0190*(0.1056) |
| house | 0.0002(0.0003) | 0.0014***(0.0004) | 0.0005**(0.0002) |
| finance | 0.0003(0.0005) | 0.0009(0.0011) | 0.0001(0.0004) |
| risk | 0.0778**(0.0370) | 0.0964**(0.0458) | 0.0756*(0.0421) |

续表

| 变量 | 负债需求 | 负债与否 | 负债程度 |
| --- | --- | --- | --- |
| *futureeu* | 0.0668*(0.0371) | 0.0231(0.0388) | 0.0007(0.0014) |
| *futureed* | -0.0889*(0.0499) | -0.0698**(0.0324) | -0.0001(0.0003) |
| *futuresu* | 0.0567*(0.0315) | 0.0119(0.0284) | 0.0011(0.0006) |
| *futuresd* | -0.0992*(0.0551) | -0.0098(0.0113) | -0.0003(0.0009) |
| *futurepu* | 0.1007**(0.0559) | 0.0109(0.0078) | 0.0009*(0.0005) |
| *futurepd* | -0.0766*(0.0423) | -0.0228(0.0517) | -0.0004(0.0007) |
| 城市 | 已控制 | | |
| 样本数 | 3011 | | |

注：(1) *、**、***：分别表示在10%、5%和1%的水平上显著；(2) 括号中为标准误值。

### (三) 稳健性分析①

为了排除极端值的影响，将城镇家庭收入水平最高和最低的5%的样本剔除掉，相关结论见表3。和表2相比，表3中社会资本不同侧面影响的系数大小、方向和显著性均未发生明显变化，这表明本文的估计结果是稳健的。

表3　　　　　　　　　稳健性检验

| 变量 | 负债需求 | 负债与否 | 负债程度 |
| --- | --- | --- | --- |
| *group* | 0.0978(0.0689) | 0.1075*0.0597) | 0.0020(0.0017) |
| *network* | 0.0724(0.0565) | 0.1739*(0.0820) | 0.0024(0.0019) |
| *politic* | 0.1752**(0.0883) | 0.1191*(0.0672) | 0.0087*0.0048) |
| *trust* | 0.0614(0.0556) | 0.0722(0.0772) | 0.0095*(0.0053) |

① 简便起见，稳健性检验仅给出社会资本的估计结果，其他解释变量的估计结果不再给出，若有兴趣可向作者索要。下文中的异质性分析也做类似处理，不再单独说明。

续表

| 变量 | 负债需求 | 负债与否 | 负债程度 |
|---|---|---|---|
| action | 0.0431(0.0398) | 0.0618(0.0516) | 0.0032(0.0027) |
| information | 0.0310(0.0285) | 0.2201(0.0552) | 0.0010*(0.0006) |

注：(1) *、**、***分别表示在10%、5%和1%的水平上显著；(2) 括号中为标准误值。

## 四 异质性分析

异质性分析一：根据户主年龄将城镇家庭分为三个层次，即年轻人群（年龄在40岁以下）、中年人群（40—60岁）和老年人群（60岁以上），以观测社会资本影响随年龄变化的规律，估计结果见表4。

表4　　　　　　　　　异质性分析一

| 变量 | 年轻人群 负债需求 | 年轻人群 负债与否 | 年轻人群 负债程度 | 中年人群 负债需求 | 中年人群 负债与否 | 中年人群 负债程度 | 老年人群 负债需求 | 老年人群 负债与否 | 老年人群 负债程度 |
|---|---|---|---|---|---|---|---|---|---|
| group | 0.0561 (0.0394) | 0.0716 (0.0810) | 0.0013 (0.0012) | 0.0790 (0.0662) | 0.0972* (0.0546) | 0.0017 (0.0013) | 0.1053* (0.0585) | 0.1208*** (0.0575) | 0.0021 (0.0017) |
| network | 0.0411 (0.0382) | 0.1159* (0.0654) | 0.0016 (0.0011) | 0.0587 (0.0440) | 0.1575* (0.8751) | 0.0021 (0.0014) | 0.0783 (0.0596) | 0.1955*** (0.0611) | 0.0025 (0.0018) |
| politic | 0.1010* (0.0571) | 0.0794 (0.0625) | 0.0059 (0.0702) | 0.1421** (0.0673) | 0.1078* (0.0609) | 0.0075* (0.0041) | 0.1891*** (0.0552) | 0.1331** (0.0663) | 0.0091 (0.0065) |
| trust | 0.0351 (0.0287) | 0.0483 (0.0367) | 0.0066 (0.0039) | 0.0498 (0.0320) | 0.0655 (0.0483) | 0.0085* (0.0048) | 0.0664 (0.0427) | 0.0814 (0.0558) | 0.0104* (0.0058) |
| action | 0.0254 (0.0199) | 0.0412 (0.0323) | 0.0021 (0.0017) | 0.0356 (0.0268) | 0.0559 (0.0448) | 0.0027 (0.0019) | 0.0475 (0.0302) | 0.0695 (0.0441) | 0.0033 (0.0024) |
| inforuation | 0.0179 (0.0991) | 0.1468** (0.0730) | 0.0007 (0.0005) | 0.0252 (0.0187) | 0.1993*** (0.0662) | 0.0012* (0.0007) | 0.0337 (0.0219) | 0.2475*** (0.0557) | 0.0012* (0.0007) |

注：(1) *、**、***分别表示在10%、5%和1%的水平上显著；(2) 括号中为标准误值；(3) 此时计量模型中不再包含户主年龄变量。

由表4可知，对年轻人群而言，社会团体对负债需求、负债与否和负债程度的影响均不显著；社会网络对负债需求和负债程度的影响正向均不显著，对负债与否的影响正向且在10%的水平上显著；政治资本对负债需求的影响正向且在10%的水平上显著，但对负债与否和负债程度的影响均为正向不显著；社会信任对负债需求、负债与否和负债程度的影响均不显著；社会合作对负债需求、负债与否和负债程度的影响均不显著；信息交流对负债与否的影响正向且在10%的水平上显著，对负债需求和负债程度的影响正向不显著。

对中年人群而言，社会团体对负债与否的影响正向且在10%的水平上显著；社会网络对负债与否的影响正向且在10%的水平上显著；政治资本对负债需求、负债与否和负债程度的影响均为正向，且分别在5%、10%和10%的水平上显著；社会信任对负债程度的影响正向且在10%的水平上显著；信息交流对负债与否和负债程度的影响正向且分别在1%和10%的水平上显著。

对老年人群而言，社会组织对负债需求和负债与否的影响正向且分别在10%和5%的水平上显著；社会网络对负债与否的影响正向且在1%的水平上显著；政治资本对负债需求和负债与否的影响正向且分别在1%和5%的水平上显著；社会信任对负债程度的影响正向且在10%的水平上显著；信息交流对负债与否和负债程度的影响正向且分别在1%和10%的水平上显著。

综上可知，社会资本不同侧面对不同年龄段人群的影响存在明显的异质性。从系数的大小和显著性来看，年轻人群的影响最为微弱，老年人群的影响最为显著，中年人群的影响次之。

异质性分析二：按照户主受教育程度分为三个群体，估计结果见表5。按照户主受教育程度，本文将其分为三个群体，即低文化程度群体（高中文化程度及以下）、中等文化程度群体（大学文化程度）和高文化程度群体（硕士研究生及以上），进而研究社会资本影响在不同受教育群体的异质性。

简便起见，本文不再对户主受教育程度的异质性进行讨论，但由表 5 可以看出，社会资本的不同侧面在不同受教育程度群体间呈现明显的异质性。

表 5　　　　　　　　　　　　　　异质性分析一

| 变量 | 文化程度低群体 ||| 文化程度中等群体 ||| 文化程度高群体 |||
|---|---|---|---|---|---|---|---|---|---|
| | 负债需求 | 负债与否 | 负债程度 | 负债需求 | 负债与否 | 负债程度 | 负债需求 | 负债与否 | 负债程度 |
| group | 0.1095* | 0.1316* | 0.0022 | 0.0869 | 0.1127* | 0.0018 | 0.0594 | 0.0743 | 0.0014 |
| | (0.0618) | (0.0655) | (0.0018) | (0.0664) | (0.0633) | (0.0013) | (0.0461) | (0.0558) | (0.0012) |
| network | 0.0814 | 0.2130*** | 0.0027 | 0.0645 | 0.1827* | 0.0022 | 0.0435 | 0.1205* | 0.0017 |
| | (0.0669) | (0.0689) | (0.0019) | (0.0561) | (0.1015) | (0.0018) | (0.0382) | (0.0669) | (0.0013) |
| politic | 0.1966*** | 0.1450* | 0.0098* | 0.1563** | 0.1250* | 0.0080* | 0.1070* | 0.0825 | 0.0063 |
| | (0.0582) | (0.0727) | (0.0054) | (0.0737) | (0.0702) | (0.0044) | (0.0597) | (0.0625) | (0.0048) |
| trust | 0.0690 | 0.0887 | 0.0112 | 0.0547 | 0.0759 | 0.0090* | 0.0372 | 0.0502 | 0.0071 |
| | (0.0551) | (0.0629) | (0.0089) | (0.0424) | (0.0619) | (0.0050) | (0.0274) | (0.0388) | (0.0056) |
| action | 0.0494 | 0.0757 | 0.0035 | 0.0391 | (0.0219) | 0.0028 | 0.0269 | 0.0428 | 0.0022 |
| | (0.0301) | (0.0508) | (0.0029) | (0.0649) | (0.0489) | (0.0020) | (0.0187) | (0.0391) | (0.0019) |
| information | 0.0350 | 0.2697*** | 0.0012** | 0.0277 | 0.2311*** | 0.0012* | 0.0189 | 0.1526* | 0.0007 |
| | (0.0290) | (0.0818) | (0.0007) | (0.0188) | (0.0617) | (0.0007) | (0.0110) | (0.0729) | (0.0005) |

注：(1) *、**、***：分别表示在10%、5%和1%的水平上显著；(2) 括号中为标准误值；(3) 此时计量模型中不再包含户主年龄变量。

## 五　研究结论与政策建议

本文采用 2015 年 12 城市 3011 户城镇家庭的微观调查数据，考察城镇家庭负债行为的影响因素，尤其是考察社会资本不同侧面对负债需求、负债与否和负债程度的影响，以及在不同群体间的异质性影响。

研究表明，社会团体对城镇家庭负债需求和负债程度的影响分别为正向和负向不显著，对负债与否的影响正向且在 10% 水平显著；社会网络对负债需求和负债程度的影响不显著，但对负债与否的影响正向且在 5% 的水平上显著；政治资本对负债需求、负债与否和负债程度的影响均为正向且分别在 5%、10% 和 10% 的水平上显著；社会信任对家庭负债需求和负债与否影响不显著，对负债程度影响正向且在 10% 水平上显著；社会合作对家庭负债需求、负债与否和负债程度的影响并不显著；信息交流对城镇家庭的负债需求影响并不显著，对负债与否和负债程度的影响正向且分别在 1% 和 10% 水平上显著。进一步来看，社会资本不同侧面对不同年龄段人群、不同受教育程度的影响存在明显的异质性。

根据研究结论，本文提出以下建议：为了鼓励城镇居民消费，改善我国经济增长结构，应关注社会资本在城镇家庭中的重要作用，可以通过机制创新和制度建设将城镇居民的社会资本聚合在一起，从而保障城镇居民的负债可得性与负债程度，尤其对那些社会资本较为缺乏的城镇居民而言更为重要。此外，一些类似于社会信任和社会合作的社会资本的影响并不显著，而类似于政治资本和社会网络的影响较为显著，这也表明我国的市场经济体制建设有待深入；同时鉴于社会资本在不同人群间的差异，相关改革措施需要因地制宜，而不能搞一刀切。

（本文与陈洪波合写，发表于《财经科学》2017 年第 2 期）